Georg Rothe

**Neue Wege beruflicher Qualifizierung
zur Stärkung der wirtschaftlichen Prosperität**

Schriften des
Interfakultativen Instituts für Entrepreneurship (IEP)
des Karlsruher Instituts für Technologie
Band 20

# Neue Wege beruflicher Qualifizierung zur Stärkung der wirtschaftlichen Prosperität

## Berufliche Bildung im Kontext des lebenslangen Lernens Herausforderungen an Staat und Unternehmen

von
Georg Rothe

Gefertigt von der

Projektgruppe Vergleichende Berufspädagogik des Karlsruher Instituts für Technologie
Leiter: em. Prof. Georg Rothe Ord.

Mitwirkende:
Rolf Dörflinger
Ulrike Maus
Friedemann Stooß

in Verbindung mit der

Gesellschaft für Ausbildungsforschung und Berufsentwicklung (GAB) München
Leiter: Prof. Dr. Michael Brater

**Impressum**

Karlsruher Institut für Technologie (KIT)
KIT Scientific Publishing
Straße am Forum 2
D-76131 Karlsruhe
www.uvka.de

KIT – Universität des Landes Baden-Württemberg und nationales
Forschungszentrum in der Helmholtz-Gemeinschaft

KIT Scientific Publishing 2010
Print on Demand

ISSN:   1614-9076
ISBN:   978-3-86644-438-6

# Geleitwort

Wirtschaftliches Wachstum verlangt in der wissensbasierten Gesellschaft Innovationen sowie die Erhöhung der Produktivität. Voraussetzung dafür ist die ständige, sich erneuernde und anpassungsfähige berufliche Qualifizierung bis hin zum lebenslangen Lernen. Wesentliche Impulse dafür gibt die Lissabon-Strategie für Wachstum und Beschäftigung.

Die mit der Realisierung des Lissabon-Reformpaketes befassten EU-Kommissionen haben in Zusammenarbeit mit den Mitgliedsstaaten bereits weitreichende Reforminitiativen diskutiert und verabschiedet. Die Mitgliedsstaaten stehen nun vor der Aufgabe, ihre Systeme beruflicher Bildung permanent und kritisch auf mögliche Verbesserungen zu überprüfen und erkannten Mängeln entgegenzuwirken. Auf diese Weise gelingt es, die Berufsbildungssysteme den aktuellen Anforderungen entsprechend zu reformieren und die von der Gemeinschaft beschlossenen Ziele zu erreichen.

Mit Blick auf die Reform der europäischen Volkswirtschaften richtet sich die Strategie der EU darauf, dass bei den Investitionen in neue Wachstumsquellen kohärent und miteinander abgestimmt vorgegangen wird. Kommissionspräsident Barroso erklärt dazu in seinen Leitlinien für die nächste Kommission:

> „Das bedeutet, Forschung, Entwicklung und Innovation zu stärken, die beruflichen Qualifikationen als Grundlage für mehr Beschäftigung zu verbessern, die Wettbewerbsfähigkeit zu steigern und den Verwaltungsaufwand zu verringern, um unsere industrielle Basis zu stärken."

In diesem Zusammenhang ist es von entscheidender Bedeutung, mehr als bisher Vergleiche zwischen den nationalen Berufsbildungssystemen durchzuführen und damit Hinweise auf innovative Ansätze von Partnerländern zu erhalten.

Ich begrüße es daher, dass die vorliegende Studie die berufliche Bildung in Deutschland mit Blick auf staatenübergreifend geltende Standards und Reformmodelle untersucht. Ich bin sicher, dass dieser Band hilfreich sein kann, den Gesamtzusammenhang der verschiedenartigen Reformen zu erkennen und eventuellen Handlungsbedarf für die eigenen Systeme abzuleiten.

*Maroš Šefčovič*

*Mitglied der Europäischen Kommission,*
*zuständig für allgemeine und berufliche Bildung,*
*Kultur und Jugend*

# Vorwort

In Deutschland stehen Reformen des Bildungssystems erneut zur Diskussion. Dabei geht es beispielsweise um die Problematik des dreigliedrigen Schulwesens, die Reduzierung der Zahl der Schulabgänger ohne Hauptschulabschluss, das acht- oder neunjährige Gymnasium usf.

Überlegungen, wie es gelingen kann, allen Schulentlassenen eine Berufsausbildung zu ermöglichen, treten in den Hintergrund. Wann immer es um Bildung und Schule geht, steht die Allgemeinbildung im Blickpunkt. Das unzureichende Angebot an betrieblichen Ausbildungsplätzen sowie der sich abzeichnende Fachkräftemangel werden nur selten angesprochen.

Es stellt sich also die Frage, warum in der Öffentlichkeit die berufliche Bildung nicht in gleichem Maße behandelt wird wie die allgemeine Bildung. Des Weiteren ist zu klären, weshalb sich beim derzeitigen Fehlen von Ausbildungsplätzen keine Institution zuständig fühlt, die bestehenden Defizite zu beseitigen.

In einer Mitteilung an die EU hat das Bundesbildungsministerium zur Zuständigkeit in der beruflichen Bildung Stellung genommen und hervorgehoben, dass es in Deutschland keine oberste Verantwortlichkeit gibt. Zur Kompetenzverteilung führte es aus:

> „Die Länder sind zuständig für das Schulwesen einschließlich der beruflichen Schulen, für die Hochschulen und die Weiterbildung, soweit das Grundgesetz nicht dem Bund Gesetzgebungsbefugnisse verleiht. Der Bund ist nach dem Grundgesetz u. a. zuständig für die außerschulische berufliche Aus- und Weiterbildung, die allgemeinen Grundsätze des Hochschulwesens, die Ausbildungsförderung sowie Maßnahmen zur Arbeitsförderung. Eine verfassungsrechtliche Kompetenz, die eine Koordinierung im Bildungsbereich erzwingen könnte, gibt es in der Bundesrepublik Deutschland nicht."

Die Mitteilung an die EU lässt offen, wie der Mangel an zentraler Zuständigkeit zu erklären ist. Geht man dieser Frage nach, dann fehlt in der Auflistung des BMBF die Position der Kammern als nach dem Berufsbildungsgesetz 1969 zuständigen Stellen. Damit wurde die bereits mit der Reichsgewerbeordnung 1897/1900 vollzogene Übertragung der Verantwortung für die berufliche Bildung an die Kammern der Wirtschaft gesetzlich festgeschrieben.

Bei der Nachwuchsgewinnung folgt die Wirtschaft, wie in anderen Staaten auch, primär ökonomischen Gesichtspunkten. Beim bestehenden Mangel an Ausbildungsplätzen sind Hauptschüler ohne Abschluss, also sozialschwächere Personengruppen sowie diejenigen mit Migrationshintergrund benachteiligt. Die Wirtschaft fühlt sich für diese Personengruppen ganz offensichtlich nicht in vollem Umfang zuständig, weil sie verständlicherweise leistungsfähige und leistungswillige Schulabgänger bevorzugt. In einer funktionierenden Gesellschaft ist es daher erforderlich, dass bei der Bereitstellung von Ausbildungsmöglichkeiten Wirtschaft und Staat zusammenwirken und staatlicherseits die entsprechenden Weichen gestellt werden.

VI

Die Benachteiligung der beruflichen Bildung ist nicht neu. Schon Georg Kerschensteiner beklagte in seinem Buch „Theorie der Bildung" (1926):

> „Es ist und bleibt einer der großen pädagogischen Irrtümer unserer vom Bildungslärm erfüllten Gegenwart, daß sie die beruflich gerichteten Schulen gegenüber den allgemein gerichteten als an sich minderwertige Schulen ansieht."

Eduard Spranger räumte beruflichen Curricula beim Aufstieg im Bildungswesen und für die gesellschaftliche Entwicklung sogar den Vorrang ein, indem er betonte: „Der Weg zur höheren Allgemeinbildung führt über den Beruf und nur über den Beruf." (1918)

Derzeit umfassen die Fachklassen an beruflichen Schulen nur etwa die Hälfte der schulentlassenen Jugendlichen, während der andere Teil in so genannte Warteschleifen einbezogen ist, die von dafür kaum ausgebildeten Lehrern betreut werden. Im kostenintensiven Übergangssystem findet eine echte Vorbereitung auf die Erwerbstätigkeit also nicht statt. Gleichzeitig erscheint die Hinführung auf Arbeit und Beruf in den allgemein bildenden Schulen unzureichend. In Österreich z. B. wurde das neunte Pflichtschuljahr der beruflichen Bildung zugeordnet; in Deutschland blieb es aber im Zuständigkeitsbereich der allgemein bildenden Schule. In Ländern mit ausgebautem und differenziertem Übergang in die Berufsausbildung mündet die Jugend also viel früher in die Erwerbstätigkeit ein.

Obwohl die Wirtschaft immer wieder über die mangelnde Ausbildungsreife der Schulabgänger klagt, hat sich das Bildungssystem damit noch nicht in ausreichendem Maße befasst. Weitgehend fehlt die Grundeinstellung der Schule zur Vorbereitung auf das Erwerbsleben sowie die Einbeziehung von praxisnahen Fächern.

Deutschland lebt in Bezug auf Bildung in einer Zwei-Klassen-Gesellschaft; auf der einen Seite die Allgemeinbildung mit Abitur und Hochschulzugang, auf der anderen Seite die Berufsausbildung mit unzureichenden Aufstiegsmöglichkeiten. Mit einer derartigen Struktur wird Deutschland den EU-Reforminitiativen Lissabon 2000 nicht gerecht. Der gleichberechtigte Ausbau der beruflichen Bildung gegenüber der Allgemeinbildung und dem Hochschulbereich ergibt sich aus den Reformansätzen der Europäischen Union zwangsläufig.

Die derzeit positive, ja sogar überschwängliche Beurteilung des dualen Systems in Zuständigkeit der Wirtschaft versperrt den Blick für die Notwendigkeit von überfälligen Veränderungen in der beruflichen Bildung.

Prof. Götz W. Werner
Leiter des Interfakultativen Instituts für Entrepreneurship
am Karlsruher Institut für Technologie (KIT)

## Zusammenfassung

In Deutschland hat sich zwischen Schulentlassung und Eintritt in die Berufsausbildung ein Übergangssektor etabliert, der verschiedenartige Wege der Berufsvorbereitung und Grundqualifizierung umfasst. In diesen Sektor münden derzeit fast ebenso viele Jugendliche ein wie in die Ausbildung im dualen System. Eine solche Entwicklung kennen andere EU-Staaten nicht.

Die Studie geht der Frage nach, weshalb in Deutschland derart gravierende Probleme beim Übergang von der Schule in die berufliche Erstausbildung bestehen. Die Ursachen liegen nicht nur im seit Jahren anhaltenden Mangel an betrieblichen Ausbildungsplätzen, sondern auch in Besonderheiten und Schwächen des Berufsbildungssystems insgesamt. Aufgrund der Defizite im Bereich der beruflichen Aus- und Weiterbildung zeichnet sich ein zunehmender Fachkräftemangel ab, der die wirtschaftliche Leistungsfähigkeit Deutschlands schwächt. So besteht erheblicher Handlungsbedarf, um die von der EU gesetzten Wachstumsziele für die europäischen Volkswirtschaften zu erreichen und die eng damit verknüpften Reformen im Bereich der beruflichen Bildung zu realisieren.

Die Reformbereitschaft ist in Deutschland allerdings gering und die realistische Einschätzung des eigenen Berufsbildungssystems durch Grundüberzeugungen wie Festhalten am Berufsprinzip und Beschränkung des Staates auf subsidiäre Funktionen erschwert. Daher widmet sich ein besonderer Teil der Studie diesen Zusammenhängen.

Die Untersuchung lenkt den Blick auch darauf, wie andere europäische Staaten mit den Herausforderungen der sich wandelnden Anforderungen an die berufliche Bildung umgehen.

Die zur Diskussion gestellten Vorschläge zur Ergänzung und Aktualisierung der beruflichen Aus- und Weiterbildung in Deutschland befassen sich einmal mit neuen berufsqualifizierenden Bildungsgängen, die den Übergangssektor weitgehend verzichtbar machen sollen. Zum anderen geht es um den Aufbau eines gestuften Bildungsgesamtsystems zur Verwirklichung des lebenslangen Lernens.

## Abstract

In Germany, a so called transition sector with various forms of vocational preparation and basic training has established itself between school leaving and entry into vocational training. The number of young people entering this sector almost equals those who start training in the dual system. A development of this kind is unparalleled in other countries of the European Union.

The study deals with the question why the problems in the transition from school to initial vocations training in Germany are so serious. The causes are to be found not only in the lack of training places in industry lasting for many years but also in specific features and deficiencies of the system of vocational education and training as a whole. The shortcomings in the field of initial and continuing vocational training tend to lead to a growing skill shortage weakening Germany's economic performance. As a result, considerable changes are necessary in order to meet the growth targets set by the EU for the European economies and to realize the closely linked reforms in the area of vocational education and training.

However, Germany is rather unwilling to tackle reforms and a realistic view of the national training system is difficult to obtain. This is due to fundamental convictions such as the necessity to adhere to the vocational principle (*Berufsprinzip*) and the believe that the state can restrict itself to subsidiary functions. A special part of the study is dedicated to these questions.

The study also looks at how other European countries are dealing with the challenges of changing demands in vocational education and training. The suggestions for completing and updating initial and continuing vocational training in Germany on the one hand refer to new training paths with the aim of making the transition sector largely unnecessary. On the other hand, they refer to the creation of a comprehensive and structured education and training system allowing the realization of lifelong learning.

## Sommaire

Entre la fin de la scolarité et l'entrée en formation professionnelle s'est développé en Allemagne un secteur de transition comprenant divers chemins de préparation professionnelle et formation de base. Le nombre de jeunes qui entrent dans ce secteur est presque identique à celui des entrées dans le système dual. Les autres pays de l'UE ne connaissent pas un tel phénomène.

L'étude cherche à expliquer pourquoi l'Allemagne est confrontée avec des problèmes tellement graves à l'occasion de la transition de l'école à la formation professionnelle. Les difficultés ne proviennent pas seulement du manque de places d'apprentissage en entreprise mais aussi des particularités et des faiblesses du système de formation professionnelle dans l'ensemble. Les déficiences en matière de formation professionnelle initiale et continue tendent à amener à un déficit croissant de personnel technique qualifié qui affaiblit la performance économique de l'Allemagne. Il est donc nécessaire d'agir afin de pouvoir atteindre les objectifs de croissance fixés par l'UE en vue des économies européennes et de réaliser les réformes en matière de formation professionnelle étroitement liées avec ces buts.

Pourtant, l'Allemagne est peu disposée à réaliser des réformes et l'estimation réaliste du propre système de formation professionnelle est difficile. Ceci résulte des convictions fondamentales comme la justesse du principe de la formation initiale selon des profils professionnels très différenciés (*Berufsprinzip*) et la restriction de l'Etat aux fonctions subsidiaires. Un chapitre particulier de cette étude est donc consacré à ces questions.

En outre, d'étude met en évidence comment d'autres pays européens cherchent à maîtriser les défis changeants en matière de formation professionnelle.

Les propositions présentées pour supplémenter et actualiser la formation professionnelle initiale et continue en Allemagne regardent d'un côté des nouvelles voies de formation qualifiantes susceptibles de rendre en grande partie inutile le secteur de transition. D'autre côté, il s'agit de créer un système éducatif compréhensif et différencié permettant la réalisation de la formation tout au long de la vie.

## Riepilogo

In Germania tra fine degli sudi scolastici e l'ingresso nella formazione professionale si è creato un settore di passaggio che comprende diversi tipi di percorsi della preparazione professionale e della qualifica di base. In questo settore attualmente entra un numero di giovani quasi identico di quello della formazione duale. Uno sviluppo simile gli altri stati dell'UE non lo conoscono.

Lo studio si occupa di studiare il motivo per cui esistono simili gravi problemi nel passaggio tra la scuola e la prima formazione professionale. Le cause non sono dovute solo alla carenza di posti di formazione professionale che persiste da molti anni, ma anche nelle particolarità e nelle debolezze del sistema di formazione professionale. A causa delle carenze nel settore della formazione professionale e dei corsi di aggiornamento si nota una crescente carenza di personale specializzato che indebolisce la capacità economica della Germania. Pertanto è necessario agire per raggiungere gli obbiettivi di crescita previsti dall'UE per le economie nazionali e realizzare le relative riforme nel campo della formazione professionale.

La disponibilità di riforme tuttavia in Germania è scarsa e la stima realistica del proprio sistema di formazione professionale con convincimenti di base come il principio professionale e la limitazione dello stato a funzioni sussidiarie è resa più difficile. Pertanto una parte dello studio è dedicata a questi rapporti.

La ricerca si occupa inoltre anche del modo in cui gli altri stati dell'Unione europea affrontano le sfide della formazione professionale.

Le proposte fatte per la discussione per il completamento e l'aggiornamento della formazione professionale ed i corsi di aggiornamento in Germania si occupano di nuovi percorsi di formazione qualificanti con l'intento di rendere superfluo il settore di passaggio. Dall'altro si occupa della realizzazione di un sistema di formazione graduale per realizzare l'apprendimento a vita.

# Inhaltsübersicht

**Übersichten**

# Einführung

In den ab 2006 alle zwei Jahre erscheinenden Berichten „Bildung in Deutschland" des Konsortiums unabhängiger Experten wird auf hohe Quoten Schulentlassener verwiesen, die noch nicht in eine Ausbildung eintreten konnten. Konkret handelte es sich im Jahre 2007 um etwa 385.000 Altbewerber.[1]

Bereits ein Jahr später richtete sich der Blick auf deutlich gestiegene Eintrittsquoten in die Lehre und auch darauf, dass Lehrstellenangebote im Handwerk unbesetzt bleiben. Nach diesem veränderten Bild wird auch in den Medien zumeist keine Notwendigkeit für Reformen in der Berufsbildung gesehen.

Die Zahlen der neu in eine Ausbildung Eintretenden beziehen sich allerdings auf alle Altersstufen; sie berücksichtigen nicht, dass weit mehr als die Hälfte der Auszubildenden die Lehre erst im Erwachsenenalter beginnt.

Dessen ungeachtet wird in Deutschland die aktuelle Entwicklung auf dem Lehrstellenmarkt als Überwindung des bisher bestehenden Versorgungsengpasses verstanden. Damit stimmen diese positiven Stellungnahmen wieder mit den früheren Äußerungen amtlicher Institutionen überein, wie z. B. im an die Europäische Kommission gerichteten Fortschrittsbericht des BMBF vom Jahre 2005:

> „Deutschland bringt in die europäische Entwicklung ein wirksames und bewährtes, weil an der beruflichen Praxis orientiertes Berufsbildungssystem ein."

Einschätzungen des deutschen Systems fallen demzufolge wieder nahezu lückenlos positiv aus; nur vereinzelt gibt es negative Stellungnahmen, so z. B. im ZDF-Magazin *Frontal21* vom 24.3.09, das sich wie folgt gegen Warteschleifen wandte:

> „Wer nach der Schule keine Lehrstelle findet, landet meist im so genannten Übergangssystem. Dort kreisen viele Jugendliche zum Teil jahrelang von einer berufsvorbereitenden Maßnahme zur anderen. ... Sie holen Schulabschlüsse nach, besuchen berufsvorbereitende Kurse oder absolvieren ... Einstiegspraktika. ... Maßnahme reiht sich an Maßnahme, ohne dass die Jugendlichen wirklich vorankommen."

Die öffentliche Hand brachte im Jahre 2006 allein hierfür 5,6 Mrd. Euro auf. Feststellungen dieser Art sind aber selten und beeinflussen die vielen positiven Bewertungen des deutschen Berufsbildungssystems nicht. So betont auch der Koalitionsvertrag der neuen Bundesregierung die Vorzüge der beruflichen Bildung wie folgt[2]:

> „Die berufliche Bildung in Deutschland wird weltweit hoch geschätzt. Das duale Ausbildungssystem ist ihr Herzstück. Es ist Garant für gute Übergänge in den Arbeitsmarkt und eine im internationalen Vergleich geringe Jugendarbeitslosigkeit."

In der Zeit, in der alle EU-Mitgliedsstaaten in das Reformpaket Lissabon 2000 und die Beratungen und Beschlussfassungen anlässlich der Nachfolgetreffen einbezogen sind, kann nicht ausbleiben, dass die immer wieder positive Einschätzung des deutschen Systems auch von Experten aus anderen Ländern als Vorbild gesehen wird.

---

[1] BMBF: Berufsbildungsbericht 2008. Bonn, Berlin 2008, S. 18

[2] Wachstum. Bildung. Zusammenhalt. Koalitionsvertrag, 17. Legislaturperiode, S. 61

Dies unterstreicht das Votum der britischen konservativen Oppositionspartei, die vorschlägt, in Großbritannien das deutsche Berufsbildungssystem einzuführen. Gefordert wird vor allem, ein „neues Netzwerk von Berufsschulen im Land" auszubauen, und zwar „komplett mit einem angegliederten Ausbildungswesen".[3]

Mit dieser Formulierung zielt die Initiative ganz offensichtlich auf die wichtige Funktion der Berufsschule gegenüber dem ins Dualsystem einbezogenen Ausbildungspartner Betrieb, wie es beispielsweise schon nach den EU-Vorschlägen von 1979 als effiziente Lösung mit vertraglich geregelter Kooperation zwischen Betrieben und staatlichen Schulen gesehen wird. Die EU-Empfehlung ist hinsichtlich ihrer positiven Konsequenzen den Mitgliedsstaaten bekannt. Eine Ausbildungsform dieser Art wird in Deutschland nach Regelungen des Bundes nur in den paramedizinischen Berufen praktiziert.

Den das deutsche Dualsystem bewundernden Briten blieb verständlicherweise die schwache Position der hiesigen Berufsschulen verborgen. Das Berufsbildungsgesetz als Basis für die anerkannten Ausbildungsberufe übertrug nämlich die Lenkungsfunktion im Dualsystem den Betrieben und Kammern der Wirtschaft. Hinsichtlich der wichtigen Kooperation von Schule und Betrieb stimmt also das in Deutschland bestehende System nicht mit den Empfehlungen der EU zum dual-alternierenden System überein.

Geht man diesen Problemen nach und stellt fest, welche Aufgaben die Lehrkräfte in den deutschen Berufsschulen wahrnehmen, ergibt sich derzeit die folgende Situation:

- Etwa ein Drittel der Lehrkräfte unterrichtet Klassen im Dualsystem, kleinere Anteile in berufsqualifizierenden Vollzeitschulen oder in Schulzweigen der Vorbereitung auf Fachhochschulreife und Abitur.
- Der größte Teil der Lehrer wird in Warteschleifen und anderen Zweigen des Übergangssektors eingesetzt, also in einer Art *Berufsvorbereitungsschule*.

Insofern stimmt die im In- und Ausland positive Einstellung zum deutschen System keineswegs mit der Realität überein. Ein wesentlicher Grund dafür dürfte sein, dass bisher das eigene Berufsbildungssystem weder in seinen Abhängigkeiten noch in der differenzierten Gesamtheit selbstkritisch dargestellt wurde.

Geprägt ist die deutsche Berufsbildung vielmehr durch eine Reihe von Grundannahmen, zu denen die Überzeugung gehört, das Dualsystem sei der vollschulischen Ausbildung überlegen. Ähnlich verfestigt ist die Auffassung, die Wirtschaft sei allein in der Lage, den Fachkräftenachwuchs über ihr duales Qualifizierungsangebot zu sichern. So wirkt das Beibehalten derartiger Grundprinzipien entwicklungshemmend und wird in einem speziellen Abschnitt (Teil 3) erörtert. Aufgabe dieser Studie ist es, auf neue Wege beruflicher Qualifizierung zu verweisen und das deutsche System den EU-Reforminitiativen gegenüberzustellen. Vorgegangen wird wie folgt:

- Reformbedarf in der beruflichen Aus- und Weiterbildung (Teil 1)
- Stärken und Schwächen des deutschen Berufsbildungssystems (Teil 2)
- Dogmatische Grundprinzipien verhindern Systementwicklung (Teil 3)
- Erforderliche Ergänzung und Aktualisierung der beruflichen Bildung (Teil 4)
- Vorschläge für die Beseitigung erkannter Defizite im Qualifikationssystem (Teil 5)

---

[3]  Artikel „In der Not blicken die Briten nach Deutschland", Bonner Generalanzeiger vom 9.10.09

# 1. Reformbedarf in der beruflichen Aus- und Weiterbildung

Die raschen Veränderungen in Wirtschaft und Technik sowie die zunehmende Bedeutung länderübergreifender Wirtschaftsbeziehungen stellen immer neue Anforderungen an die berufliche Bildung. An die Qualifikationen der ins Beschäftigungssystem einbezogenen Fachkräfte werden oft neuartige und in der Regel höhere Ansprüche gestellt, um die wirtschaftliche Prosperität auf nationaler Ebene sicherzustellen. In zunehmendem Maße sind also Flexibilität und Mobilität in der Aus- und Weiterbildung gefordert. *(Mobilität und Flexibilität gefordert)*

Herausforderungen dieser Art zeigen sich beispielsweise an der wachsenden Zahl von Absolventen von Erstausbildungsgängen, denen es nach dreijähriger Ausbildung nicht gelingt, einen ihrer erworbenen Qualifikation entsprechenden Arbeitsplatz zu finden. Sofern danach Tätigkeiten außerhalb des erlernten Berufs aufzunehmen sind, können sie ihre Fähigkeiten und Fertigkeiten kaum verwenden. Daraus wird ersichtlich, dass die Erstausbildung immer stärker mit Initiativen der Weiterbildung zu verzahnen ist.

Mit dem Strukturwandel verbunden ist der Übergang zur postindustriellen Informations- und Wissensgesellschaft, was u. a. zu Veränderungen in den Ausbildungsgängen der in der Produktion eingesetzten Arbeitskräfte führt. Gemeinsame Kennzeichen der künftigen sozio-ökonomischen Rahmenbedingungen sind: *(Trend zur postindustriellen Gesellschaft)*

- Deutliche Abschwächung der Dominanz des industriell-handwerklichen Sektors (Industriegesellschaft) durch die stetig wachsende Bedeutung des tertiären Sektors (Dienstleistungsbereich).
- Zunehmende Prägung der Erwerbsstruktur durch Kommunikation bzw. Informationsgewinnung sowie Informationsverarbeitung und -austausch.
- Einbeziehung des Erfahrungslernens parallel zur wachsenden Wissensproduktion, wobei sich im globalen Wettbewerb die Systeme im Vorteil befinden, die breites Basiswissen vermitteln und es verstehen, Wissen zügig innovativ umzusetzen.

Die Qualifizierung für die Informations- und Wissensgesellschaft setzt gekoppelt mit einer breiten, fundierten Allgemeinbildung neue Maßstäbe für alle Ebenen der beruflichen Bildung und ist gleichzeitig Voraussetzung für die allseits geforderte Flexibilität. Darauf bauen nicht allein Studiengänge des Tertiärbereichs auf; vielmehr bildet die solide grundlegende Bildung inzwischen weithin die Basis für die Rekrutierung von Nachwuchs in qualifizierten Ausbildungsberufen, wie z. B. im Umfeld der Informations- und Kommunikationstechnologie, der Mechatronik und anderer Fachrichtungen. Die deutsche praxiszentrierte Ausbildung im Arbeitsprozess zielt vor allem auf die Bedarfsdeckung der Ebene Facharbeiter. Nicht abgedeckt ist der immer stärker werdende Bedarf auf höheren Qualifikationsebenen. So gehört es bereits zum internationalen Standard, auf fundierter Allgemeinbildung aufbauend auf gehobenem und höherem Level beruflich zu qualifizieren. Generell lässt sich auf der Basis einer umfassenden *(Neue Maßstäbe für die berufliche Qualifizierung)*

Grundausbildung das Qualifikationspotenzial rascher und effizienter anpassen und auch der berufliche Aufstieg sicherstellen.

**Ansteigen höherer Qualifikationen** Auf Zusammenhänge zwischen dem Wandel der Anforderungen an die Arbeitskräfte und der dafür erforderlichen Qualifikationsstruktur wies bereits 1973 Professor Kneschaurek hin. Nach seiner Vorstellung reicht die seitherige Fähigkeitspyramide als Vorbedingung für den wirtschaftlichen, sozialen und kulturellen Fortschritt nicht aus. In Form eines Diagramms veranschaulichte er zweierlei (vgl. Abbildung 1)[4]:

– Der Wissensstock, auf dem die berufliche Qualifizierung aufbaut, steigt im Zeitverlauf weiter an; bisherige Stufen des Übergangs in die berufliche Bildung reichen morgen nicht mehr aus.

– Der Bedarf an Erwerbspersonen mit gehobener und höherer Qualifikation wächst stark an; umgekehrt wird es auf der unteren Ebene – für die Arbeitskräfte ohne beruflichen Abschluss – immer weniger Beschäftigungsmöglichkeiten geben.

**Entwicklungsstufen** Nach Kneschaurek führt dies dazu, dass sich die Qualifikationspyramide zu einer – wie er es nennt – Wabenform entwickelt, die auf noch anspruchsvollerer grundlegender Bildung aufbaut.

Dieter Mertens, Leiter des Instituts für Arbeitsmarkt- und Berufsforschung der Bundesanstalt für Arbeit, griff die Überlegungen Kneschaureks auf, als es in den Jahren nach 1976 um die Frage ging, ob die rasche Expansion der Hochschulbildung am Ende ein Proletariat an Akademikern entstehen lasse, während auf der anderen Seite Einfacharbeitsplätze mangels ungelernter Kräfte nicht mehr zu besetzen seien.[5] Zum damaligen Entwicklungsstand sprach Mertens die in der Grafik dargestellten Modelle und Stufungen an:

„Die Bundesrepublik Deutschland ist durch die Bildungsentwicklung der letzten Jahrzehnte auf dem besten Wege, in der Qualifikationsstruktur der Bevölkerung Stufe 2 zu erreichen, während sich die Arbeitsplätze, wie gezeigt wurde, schon nach Stufe 3 hin weiterentwickelt haben."[6]

Unter Einbeziehung der gleichen Grafik bestätigt Rudolf H. Strahm in einer aktuellen Schweizer Publikation die Gültigkeit der Feststellungen und Prognosen Kneschaureks. Der Autor stellt heraus, dass heute bereits anteilig eine wesentliche Verstärkung von Absolventen höherer Qualifikationsebenen zur Abdeckung der gestiegenen Anforderungen erforderlich ist und begründet dies wie folgt:

---

[4] Vgl. Kneschaurek, F.; Graf, H. G.: Neue Erkenntnisse zum Arbeitskräfteangebot der Zukunft. In: Industrielle Organisation, 42. Jg., 1973, Nr. 6, S. 265

[5] Vgl. Mertens, Dieter: Unterqualifikation oder Überqualifikation? Anmerkungen zum Bedarf an unqualifizierten Arbeitskräften. In: Buttler, F.; Reyher, L. (Hrsg.): Wirtschaft – Arbeit – Beruf – Bildung. Dieter Mertens: Schriften und Vorträge 1968–1987. Beiträge zur Arbeitsmarkt- und Berufsforschung (BeitrAB) Bd. 110, Nürnberg (IAB) 1991, S. 412–423

[6] Ebd.

„Alle Berufstätigen benötigen einerseits mehr Grundwissen wie Fremdsprachen, Informatik und Schlüsselkompetenzen wie Team- und Konfliktfähigkeit. Deshalb ist eine frühe Einschulung wichtig. Anderseits braucht es auch mehr bis zur Tertiärstufe Ausgebildete (Höhere Fachschulen, Fachhochschulen, Universitäten, ETH).“[7]

**Abb. 1: Entwicklung der Bildungs- und Qualifikationsanforderungen**

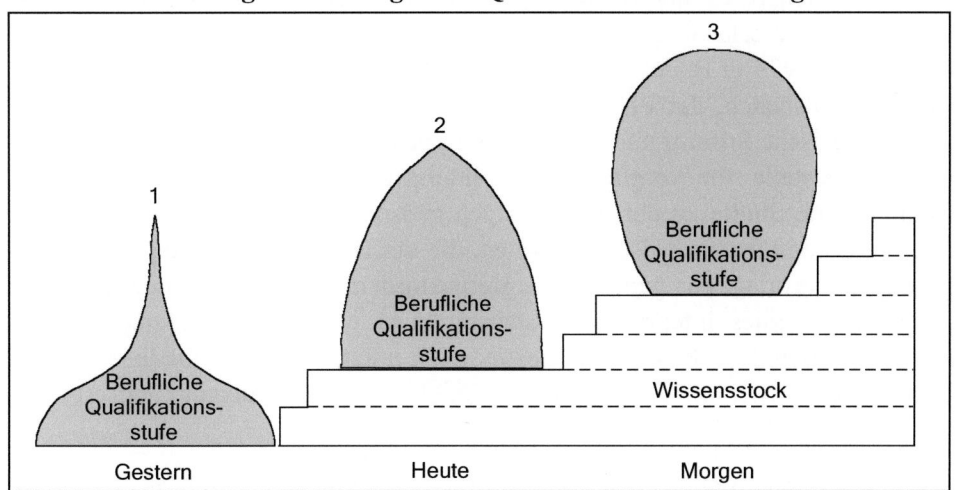

Angesichts der von Mertens gesehenen Probleme ist bisher die Zahl der Hochqualifizierten in Deutschland nur mäßig gestiegen, und zwar im Jahre 2006 auf rund ein Sechstel der Erwerbspersonen.[8] Gleichzeitig steigt aber mit der Knappheit an Ausbildungsplätzen seit Jahren auch die Zahl derer wieder an, die keinen Berufsabschluss erwerben. Die Voraussetzungen für die wirtschaftliche Prosperität Deutschlands zu verbessern, stellt also eine der großen Herausforderungen dar, zumal sich inzwischen bereits eine doppelte Fachkräftelücke – auf der Ebene der Facharbeiter wie auch der Hochqualifizierten – abzeichnet. — Fachkräftemangel auf zwei Ebenen

Der in Deutschland eingetretene wirtschaftliche Wandel lässt sich auch an der Entwicklung der Erwerbstätigkeit nach Wirtschaftsbereichen ablesen. Waren im Jahre 2000 noch 12,3 Mio., also 31,3 % der Erwerbstätigen in der Produktion von Nahrungsmitteln, Industrieerzeugnissen sowie im Bau- und Ausbau beschäftigt, ging deren Zahl bis zum Jahre 2006 auf 10,8 Mio. zurück, was einem Abbau von rund 1,5 Mio. Arbeitsplätzen oder fast 12 % entspricht. Im Jahre 2006 arbeitete nur noch ein Viertel aller Erwerbstätigen im Produktionssektor und rund zwei Drittel, absolut 28,3 Mio., im Dienstleistungssektor.[9] — Bedeutungswandel der Wirtschaftsbereiche

Der Bedarf größerer Anteile höher qualifizierter Fachkräfte kann nicht allein über den so genannten Königweg (Abitur – Hochschule) abgedeckt werden. Es gilt also, über neu auszubauende Qualifizierungsmöglichkeiten auf dem Weg — Höherqualifizierung über lebenslanges Lernen

---

[7]    Strahm, Rudolf H.: Warum wir so reich sind. Wirtschaftsbuch Schweiz. Bern 2008, S. 106
[8]    Statistisches Bundesamt (Hrsg.): Statistisches Jahrbuch 2007, S. 128
[9]    Vgl. ebd., S. 642

des lebenslangen Lernens unter Einschluss des Schwerpunkts *informelles Lernen* nach Absolvierung der Grundqualifikation den beruflichen Aufstieg, und zwar zu höheren Qualifikationsstufen einschließlich des Übergangs in den tertiären Bereich sicherzustellen.

**Beziehungen zwischen Wirtschaft und Bildung**

Die EU befasste sich bereits vor Verabschiedung der Ratsbeschlüsse von Lissabon 2000 intensiv mit den Beziehungen zwischen Bildung und Wirtschaft. Diese dynamischen Wechselbeziehungen standen beispielsweise schon im Mittelpunkt der im Juni 1999 in Budapest abgehaltenen Konferenz der Bildungsminister der EU-Mitgliedstaaten, der PHARE-Staaten[10] sowie einer Reihe weiterer Länder. Die Europäische Stiftung für Berufsbildung in Turin erstellte in Kooperation mit der Arbeitsstelle für vergleichende Bildungsforschung der Ruhr-Universität Bochum eine Studie zu den Beziehungen zwischen Bildung und Wirtschaft in den mittel- und osteuropäischen Staaten, die der Budapester Tagung als Hintergrundpapier vorlag. Als gemeinsame Herausforderung führt die Studie u. a. „die Entwicklung eines integrierten Erstausbildungs- und Weiterbildungssystems" an, „das vorhandene Ressourcen bestmöglich nutzt, Angebote für lebenslanges Lernen unterbreitet und die Anpassungsfähigkeit des Einzelnen auf dem Arbeitsmarkt erhöht".[11]

**Drei Zielsetzungen**

Auf die Herausforderungen an die berufliche Qualifizierung zur Sicherung der wirtschaftlichen Prosperität ging bereits die im Herbst 2008 im Universitätsverlag Karlsruhe erschienene Publikation *Berufliche Bildung in Deutschland* in Teil 2 ein. In der vorliegenden Studie stehen die folgenden Zielsetzungen im Vordergrund:
– Wechselbeziehungen zwischen wirtschaftlicher Entwicklung und Bildung (1.1)
– Realisierung des lebenslangen Lernens als pädagogisches Grundprinzip (1.2)
– Einbindung in den europäischen Bildungsraum (1.3)

### 1.1 Wechselbeziehungen zwischen wirtschaftlicher Entwicklung und Bildung

**Zielsetzung leistungsstarker Wirtschaftsraum**

Seit dem Ratsbeschluss Lissabon 2000 beschäftigt sich die Europäische Union intensiv mit diesen Problemen. Ihre Reformansätze zielen darauf, die Union bis zum Jahre 2010 zu einem leistungsstarken, wissensbasierten Wirtschaftsraum zu entwickeln. Die hierzu erarbeiteten Strategien konzentrieren sich auf die Wechselwirkungen zwischen beruflicher Bildung und wirtschaftlicher Prosperität. Die Berufsbildung ist demnach so zu gestalten, dass sie dem Qualifikationsbedarf der benötigten Fachkräfte entspricht, was zu den Voraussetzungen für Wirtschaftswachstum und hohen Beschäftigungsstand zählt und auch die individuellen Entwicklungsmöglichkeiten der Erwerbstätigen fördert.

---

[10] *PHARE* ist ein EU-Programm zur Unterstützung beitrittswilliger Staaten in Mittel- und Osteuropa. Sie erhalten Hilfen bei Verwaltungsaufbau sowie Infrastruktur- und Regionalentwicklung. Vgl. *http://europa.eu/scadplus/leg/de/lvb/e50004.htm*

[11] BMBF (Hrsg.): Das europäische Haus der Bildung: Bildung und Wirtschaft – Eine neue Partnerschaft. Konferenz der europäischen Bildungsminister, Budapest 24.–26. Juni 1999. Bonn 1999, S. 49

Die EU-Staaten stimmten zu, dass zu den Kernelementen der im europäischen Raum anzustrebenden beruflichen Qualifizierung die folgenden Punkte gehören: Kernelemente der Reformen

– Orientierung am Ziel der *Beschäftigungsfähigkeit*, die neben der Vermittlung hervorragender marktfähiger fachlicher Qualifikationen auch soziale Kompetenzen einschließt sowie Selbstlernfähigkeit und Mobilität auf nationalen wie internationalen Arbeitsmärkten.

– Anpassung an unterschiedliche individuelle Voraussetzungen, so dass Jugendliche *unmittelbar von der Schule in eine Ausbildung wechseln* und die höchstmögliche Qualifikation erreichen können.

– Einbettung in ein System des *lebenslangen Lernens*, in dem auch das informelle Lernen voll anerkannt und zertifiziert wird, was den beruflichen Aufstieg ermöglicht und – wenn erforderlich – eine nötige fachliche Umorientierung erleichtert.

– Integration aller Bildungsleistungen in eine geschlossene, gestufte Ordnung von zertifizierbaren Lernergebnissen, die allgemeine, berufliche, Hochschul- und Erwachsenenbildung umfasst und damit die *Durchlässigkeit zwischen den Bildungsbereichen und Qualifikationsebenen* gewährleistet, insbesondere zwischen den Abschlüssen von Berufsbildungsgängen gehobener Ebene und dem Tertiärbereich.

– Gliederung in *flexible, modularisierte Elemente*, die eine optimale berufsbiografische Anpassung an den stetigen Wandel ermöglichen und durch Koppelung mit einem europaweit geltenden Leistungspunktesystem für die Berufsbildung (European Credit Transfer System for Vocational Education and Training – ECVET) zu Teil- oder Vollqualifikationen akkumuliert werden können.

Die Konferenz von Budapest verfolgte vorrangig das Ziel, die lange bestehende Auffassung zu überwinden, wonach die Interessen von Wirtschaft und Bildungswesen getrennt zu sehen sind. Die versammelten Bildungsminister stimmten darin überein, dass in dieser Hinsicht eine engere Kooperation erforderlich ist, um dem Wandel in Arbeitswelt und Gesellschaft zu Beginn des 21. Jahrhunderts gerecht werden zu können. Die Kernpunkte der verabschiedeten gemeinsamen Schlussfolgerungen lassen sich wie folgt zusammenfassen[12]: Kernpunkte gemäß Budapest 1999

– Staat, Wirtschaft, Sozialpartner und Bürger sollten verstärkt in Aus- und Weiterbildung investieren. Dies erfordert mehr staatliche Anreize für ein Engagement von Institutionen und Unternehmen in der praxisorientierten Aus- und Weiterbildung.

– Auf lokaler und regionaler Ebene sollten Partnerschaften zwischen Bildungseinrichtungen und Unternehmen gefördert werden.

– Die Realisierung des Konzepts des *lebenslangen Lernens* erfordert eine enge Verbindung zwischen Arbeit und Lernen und damit eine intensivere Verknüpfung des Bildungswesens mit dem Beschäftigungssystem. In diesem Zusammenhang fällt der Weiterbildung gegenüber der Erstausbildung ein höheres Gewicht zu.

– Bildungseinrichtungen und Unternehmen müssen sich zu lernenden Organisationen weiterentwickeln, die partnerschaftlich zusammenarbeiten.

---

[12] Vgl. ebd., S. 12f.

– Die Mitwirkung der Wirtschaft im Bildungsbereich sollte intensiviert werden, um die Erfordernisse des Arbeitsmarktes stärker berücksichtigen zu können. Dies gilt z. B. für den Dialog mit der Wirtschaft über die Bildungsstandards im Schulwesen wie auch für die Beteiligung der Sozialpartner an der Analyse von Qualifikationsanforderungen, für die Definition von Kompetenzniveaus sowie die Zertifizierung von Berufsbildungsabschlüssen.
– Betriebe und Bildungeinrichtungen sollten sich gegenseitig stärker für eine Verbindung des Lernens an verschiedenen Lernorten öffnen. Dies betrifft die Bereitstellung von Ausbildungs- und Praktikumsplätzen in Betrieben sowie die gemeinsame Gestaltung von Lernprozessen einschließlich des Erwerbs von Berufserfahrung.
– Bildung und Wirtschaft sollten eng zusammenwirken, um benachteiligten Jugendlichen Bildungsmöglichkeiten zu eröffnen. Die Wirtschaft ist dabei in besonderer Weise angesprochen, sei es bei der Konzeption arbeitsmarktrelevanter Qualifikationen oder bei kürzeren Ausbildungsangeboten unter Einschluss von Betriebspraktika.

**Abschließende Stellungnahme der EU-Kommission**

Bereits auf der Budapester Tagung betonte die EU-Kommission, dass die Mitgliedsstaaten unabhängig vom Entwicklungsstand ihrer Systeme Reforminitiativen ergreifen müssen. Schwerpunkte setzte sie dabei hinsichtlich der Diversifizierung des Erwerbs beruflicher Kompetenzen durch angepasste Validierungssysteme unter Berücksichtigung des informellen Lernens, der Verbreitung des Konzepts der dual-alternierenden Ausbildung[13] auf allen Bildungsebenen sowie generell bezüglich aller Maßnahmen, die den Einzelnen dabei unterstützen, die eigene Qualifikation dem kontinuierlichen Wandel in der Arbeitswelt anzupassen, um seine Beschäftigungsfähigkeit zu erhalten.[14]

**Zielvorgaben**

Waren bereits in der Frühphase der Europäischen Wirtschaftsgemeinschaft die Aufgabenbereiche Bildung und Berufsbildung angesprochen, so werden sie in den derzeitigen Reformprozessen der EU ungleich höher gewichtet. Die Schlussfolgerungen des Gipfels Lissabon 2000 fassen die Zielvorgaben wie folgt zusammen[15]:

„Die Union hat sich heute ein neues strategisches Ziel für das kommende Jahrzehnt gesetzt: das Ziel, die Union zum wettbewerbsfähigsten und dynamischsten wissensbasierten Wirtschaftsraum in der Welt zu machen – einem Wirtschaftsraum, der fähig ist, ein dauerhaftes Wirtschaftswachstum mit mehr und besseren Arbeitsplätzen und einem größeren sozialen Zusammenhalt zu erzielen."

Der Aufbau von Wissensinfrastrukturen, die Förderung von Innovationen und Wirtschaftsreformen sowie die Modernisierung der Bildungs- und sozialen Sicherungssysteme werden als Elemente des Reformprogramms insgesamt genannt.

**Zielsetzung wirtschaftliche Prosperität**

Wirtschaftliche Prosperität und nachhaltiges Wachstum setzen aus der Sicht der Europäischen Union Berufsbildungssysteme voraus, die in der Lage sind, über verknüpfte Angebote der Erstausbildung und Weiterbildung Innovationen zu

---

[13] Die EU benutzt die in Frankreich übliche Bezeichnung alternierende Ausbildung, was gleichbedeutend ist mit Dualsystem.
[14] Ebd., S. 37ff.
[15] Europäischer Rat Lissabon, 23. u. 24. März 2000: Schlussfolgerungen des Vorsitzes.

fördern und entsprechend den sich wandelnden Qualifikationsanforderungen die Beschäftigungsfähigkeit sicherzustellen.

Die deutsche Volkswirtschaft durchlief eine lange Phase der Wachstumsschwäche, in der beispielsweise für den Zeitraum von 1995 bis 2005 ein durchschnittlicher jährlicher Anstieg des Bruttoinlandsprodukts von nur 1,4 % zu verzeichnen war. Für den EU-Raum ergaben sich erhebliche Unterschiede, wie Abb. 2 zeigt.

**Abb. 2: Jahresdurchschnittliche reale Veränderung des Bruttoinlandsprodukts ausgewählter Staaten in Prozent von 1995 bis 2005**

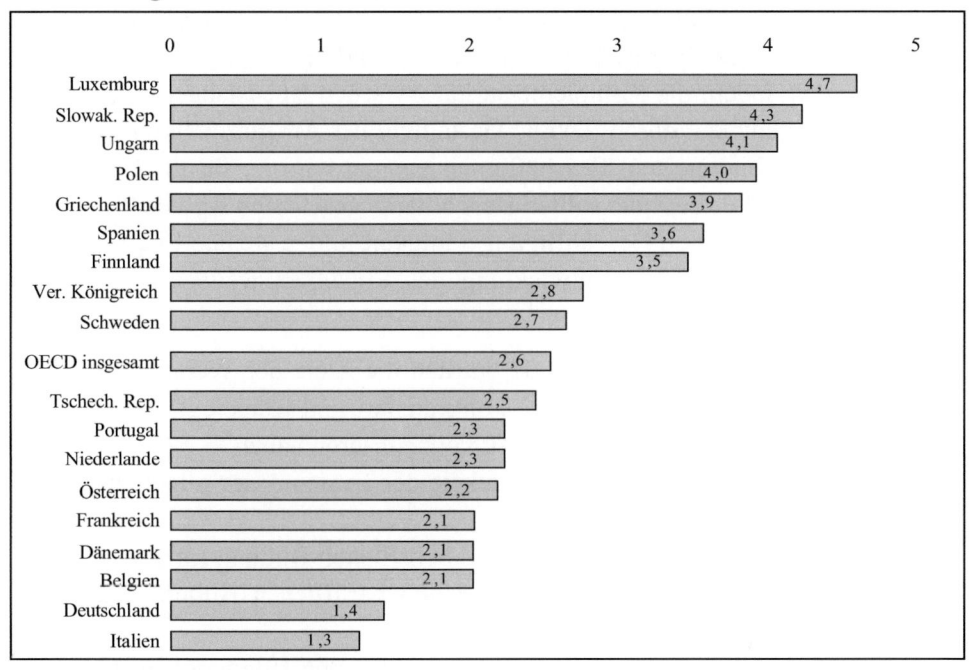

Quelle: OECD (www.oecd.org/de)

Im Jahre 2006 setzte in Deutschland zwischenzeitlich ein Aufschwung ein. Dieser Trend wurde allerdings im Jahre 2008 im Sog der weltweiten Finanz- und Wirtschaftskrise gestoppt. Auch die anderen EU-Staaten insgesamt werden durch die damit verbundene Rezession in ihren Wachstumszielen zurückgeworfen. **Auswirkungen der Rezession**

Nach der jüngsten Prognose der EU-Kommission bricht die Wirtschaftsleistung der Union um 4 % ein, in Deutschland um 5,4 %. Auch wird davon ausgegangen, dass die Rezession noch andauert.[16] Umso dringlicher erscheinen nun Investitionen und Innovationen, um Europa wieder auf einen Wachstumspfad zu führen.

Die Initiativen der EU-Kommission zielen in den nächsten Jahren darauf ab, verstärkte Kohärenz und Abstimmung bei der Investition in Wachstumspoten-

---

[16]  Vgl. http://www.welt.de/wirtschaft/article3671173/Rezession-erwischt-Europa-noch-haerter-als-gedacht.html

ziale für die europäischen Volkswirtschaften zu erreichen, was nach Kommissionspräsident Barroso u. a. bedeutet, „die beruflichen Qualifikationen als Grundlage für mehr Beschäftigung zu verbessern".[17]

## 1.2 Realisierung des lebenslangen Lernens als pädagogisches Grundprinzip

Im Rahmen der Lissabon-Strategie nimmt das lebenslange Lernen eine Schlüsselstellung ein. Dabei setzte sich die EU folgendes Ziel:

> „Erreichung höherer Priorität für ein lebenslanges Lernen als Grundbestandteil des europäischen Gesellschaftsmodells, indem unter anderem Vereinbarungen zwischen den Sozialpartnern über Innovation und lebenslanges Lernen gefördert werden, indem die Komplementarität zwischen lebenslangem Lernen und Anpassungsfähigkeit durch flexible Gestaltung der Arbeitszeiten und Wechsel zwischen Ausbildung und Beschäftigung genutzt wird ...; für die Fortschritte im Hinblick auf diese Ziele sollten Benchmarks geschaffen werden."[18]

Neben der Förderung von Beschäftigungsfähigkeit bilden soziale Eingliederung, Bürgersinn und persönliche Entwicklung des Einzelnen weitere Aspekte des lebenslangen Lernens.

Im Arbeitsprogramm des Jahres 2002 wurden die Ziele der Weiterentwicklung und der Reform der Bildungssysteme konkretisiert und festgelegt, dass sich die Anstrengungen auf folgende Bereiche zu konzentrieren haben[19]:

–  Erhöhung der Qualität und Wirksamkeit der Systeme der allgemeinen und beruflichen Bildung in der EU
–  Leichterer Zugang zur allgemeinen und beruflichen Bildung für alle
–  Öffnung der Systeme der allgemeinen und beruflichen Bildung gegenüber der Welt

Noch im selben Jahr verabschiedeten die europäischen Bildungsminister sowie die EU-Kommission in Kopenhagen eine Erklärung zur verstärkten Zusammenarbeit in der beruflichen Bildung, womit der so genannte *Kopenhagen-Prozess* eingeleitet wurde. In dieser Erklärung wird betont[20]:

> „Strategien für das lebenslange Lernen und die Mobilität sind entscheidend für die Förderung von Beschäftigungsfähigkeit, aktivem Bürgersinn, sozialer Eingliederung und persönlicher Entwicklung. Ein wissensbasiertes Europa zu schaffen und zu gewährleisten, dass der europäische Arbeitsmarkt allen offen

---

[17]  Barroso, José Manuel: Politische Leitlinien für die nächste Kommission. Brüssel, 3. September 2009, S. 3

[18]  Ebd.

[19]  Rat der Europäischen Union: Detailliertes Arbeitsprogramm zur Umsetzung der Ziele der Systeme der allgemeinen und beruflichen Bildung in Europa. Dok. 6365/02. Amtsblatt der Europäischen Gemeinschaften C 142 vom 14.6.2002

[20]  Erklärung der europäischen Bildungsminister und der Europäischen Kommission bei ihrer Versammlung in Kopenhagen am 29. und 30. November 2002 zur verstärkten Zusammenarbeit in der beruflichen Bildung

steht, stellt die größte Herausforderung für die Berufsbildungssysteme in Europa und alle Verantwortlichen dar. Das Gleiche gilt für die Notwendigkeit, dass diese Systeme sich ständig an neue Entwicklungen und veränderte Anforderungen der Gesellschaft anpassen."

Ferner wurde das Ziel gesetzt zu untersuchen, wie Transparenz, Vergleichbarkeit, Übertragbarkeit und Anerkennung von Qualifikationen zwischen den Ländern und verschiedenen Ebenen gefördert werden können. Dazu gehört die Festlegung von Referenzebenen sowie gemeinsamen Zertifizierungsgrundsätzen, einschließlich des europäischen Leistungspunktesystems für die Berufsbildung. In der Kopenhagen-Erklärung wurde auch die Entwicklung gemeinsamer Grundsätze zur Anerkennung und Validierung nicht formalen und informellen Lernens angesprochen. Letztlich sind diese Initiativen auf die „Unterstützung der beruflichen und geografischen Mobilität der Bürger Europas" auszurichten.[21]

## 1.3 Einbindung in den europäischen Bildungsraum

In Fortführung des im Jahre 2002 eingeleiteten Kopenhagen-Prozesses wurden weitere bedeutende Schritte auf dem Weg zu einem europäischen Berufsbildungsraum herausgestellt, so z. B. der Europäische Qualifikationsrahmen mit acht Kompetenzstufen zur Einordnung von Lernergebnissen aus allen Bildungsbereichen. Den EU-Staaten, die noch kein solches Klassifikationsschema kennen, wurde empfohlen, entsprechende nationale Qualifikationsrahmen zu erarbeiten. *(Weiterentwicklung zum europäischen Bildungsraum)*

Das Kommuniqué der EU-Tagung von Helsinki 2006 als weiterer Folgekonferenz von Kopenhagen hob die Bedeutung der beruflichen Bildung als dem wesentlichen Bestandteil des lebenslangen Lernens erneut hervor[22]:

„Die Strategien des lebenslangen Lernens sollten darauf ausgerichtet sein, einen gut funktionierenden Ausbildungsmarkt und eine breite Wissensbasis zu sichern. Die berufliche Bildung ist hiervon integraler Bestandteil. Sie spielt eine Schlüsselrolle beim Aufbau des Humankapitals im Hinblick auf die Verwirklichung von Wirtschaftswachstum sowie beschäftigungspolitischen und sozialen Zielsetzungen."

Das in Helsinki verabschiedete Kommuniqué stellte insbesondere auch die zweifache Herausforderung der europäischen Berufsbildungspolitik heraus, einerseits eine hochwertige berufliche Erstausbildung sicherzustellen und andererseits den Qualifikationsstand der Erwerbsbevölkerung durch berufliche Weiterbildung zu fördern. So wurde betont: *(Zweifache Herausforderung)*

„Die Maßnahmen sollten alle jungen Menschen in die berufliche und/oder Hochschulbildung einbinden ... Die Berufsbildungssysteme sollten im Rah-

---

[21] Ebd.
[22] Kommuniqué von Helsinki über die verstärkte europäische Zusammenarbeit in der Berufsbildung. Kommuniqué der für Berufsbildung zuständigen europäischen Minister, der europäischen Sozialpartner und der Europäischen Kommission – Überprüfung der Prioritäten und Strategien des Kopenhagen-Prozesses in Helsinki am 5. Dezember 2006

men flexibler Bildungswege zunehmend den Übergang zur Weiterbildung ermöglichen, insbesondere von der beruflichen Bildung zur Hochschulbildung."

Das Kommuniqué von Bordeaux vom Jahre 2008 fordert als nächsten Schritt explizit eine stärkere Verbindung zwischen beruflicher Bildung und Arbeitsmarkt zur Erhöhung der Wettbewerbsfähigkeit[23]:

„Um zu mehr Beschäftigungsfähigkeit und Beschäftigungssicherheit beizutragen, Veränderungen auf dem Arbeitsmarkt zu antizipieren und zu bewältigen sowie die wirtschaftliche Wettbewerbsfähigkeit zu steigern, muss die Berufsbildungspolitik den Erfordernissen des Arbeitsmarktes angepasst und die Sozialpartner einbezogen werden."

In diesem Zusammenhang erklärte Ján Figel', EU-Kommissar für allgemeine und berufliche Bildung, Kultur und Jugend:

„Wir wollen, dass sich die berufliche Aus- und Weiterbildung in Europa zu einer weltweiten Qualitätsreferenz entwickelt. Für die langfristige Tragfähigkeit unserer Wirtschaft und unserer Gesellschaft ist eine qualitativ hochwertige Berufsbildung von entscheidender Bedeutung."[24]

Auch die jüngsten Leitlinien des EU-Kommissionspräsidenten für die Tätigkeit in den kommenden Jahren heben hervor, dass hochwertige Arbeitsplätze nur durch entsprechende Anstrengungen im Bildungsbereich gesichert werden können:

„Wir müssen ... an einer deutlichen Erhöhung der Qualifikationen und der Qualität der Bildung arbeiten, wozu auch die viel stärkere Berücksichtigung des lebenslangen Lernens gehört. ... Wir können unser Ziel einer Erwerbsquote von 70 % erreichen und sogar übertreffen, indem wir den Menschen die Fertigkeiten vermitteln, die sie benötigen, um wettbewerbsfähig zu bleiben ..."[25]

Im Rahmen der Fortentwicklung der Lissabon-Strategie im kommenden Jahrzehnt liegt ein Schwerpunkt bei der Förderung der Wechselwirkungen zwischen den drei Sektoren *Bildung, Forschung* und *Innovation*, die das so genannte *Wissensdreieck* bilden. Hierzu stellte die EU heraus[26]:

„Allgemeine und berufliche Bildung sind Grundvoraussetzungen für ein gut funktionierendes Wissensdreieck ... und tragen maßgeblich zur Förderung von Wachstum und Beschäftigung bei."

---

[23] The Bordeaux Communiqué on enhanced European cooperation in vocational education and training. Communiqué of the European Ministers for vocational education and training, the European social partners and the European Commission, meeting in Bordeaux on 26 November 2008 to review the priorities and strategies of the Copenhagen process

[24] http://europa.eu/rapid/pressReleasesAction.do?reference=IP/08/1772&format=HTML&aged=0&language=DE&guiLanguage=en

[25] Barroso, a.a.O., S. 23

[26] Stärkung von Innovation, Forschung und Bildung. Bulletin EU 3-2007. Schlussfolgerungen des Vorsitzes (5/11); http://europa.eu/bulletin/de/200703/i1006.htm (Abruf 12.10.09)

## 2. Stärken und Schwächen des deutschen Berufsbildungssystems

Über Vergleiche nationaler Berufsbildungssysteme lassen sich unschwer Sachverhalte herausstellen, die in den betreffenden Staaten jeweils als Stärken oder Schwächen gelten können. Seit die EU im Jahre 1979 den Ausbau des dual-alternierenden Systems empfohlen hat, wird im Inland wie im Ausland eine höhere Quote der Qualifizierung über diesen Weg positiv gesehen. In den deutschsprachigen Ländern liegt der Anteil betriebsgebundener Ausbildung besonders hoch.

So standen in Deutschland bis zur Ölkrise des Jahres 1973 nahezu für alle Schulabgänger Ausbildungsplätze zur Verfügung. Seit den 1980er Jahren gelingt es immer weniger Schulabgängern, ohne Verzug eine betriebliche Ausbildung anzutreten. Als wesentlicher Grund dafür werden vor allem Defizite in der Ausbildungsreife der Entlassschüler genannt. Dessen ungeachtet besteht in Deutschland in Wirtschaft und Gesellschaft die traditionelle Wertschätzung der dualen Ausbildung mit dem Grundsatz des Zusammenwirkens von Schule und Betrieb als herausragendes Merkmal ungebrochen weiter.

So gilt es, diese positive Einstellung dadurch zu stärken, dass die Voraussetzungen für den Eintritt Schulentlassener in eine Ausbildung verbessert und das Zusammenwirken der beiden Lernorte Schule und Betrieb intensiviert werden.

Ein weiterer Sachverhalt, in dem über Ländervergleiche unschwer Stärken oder Schwächen zu erkennen sind, ist das enge Zusammenwirken von Erstausbildung und Weiterbildung und damit verbunden der lückenlose Aufbau eines Systems von Bildung und Berufsbildung. Hier befindet sich das deutsche Berufsbildungssystem noch in einer eher schwachen Position, denn Deutschland versteht sich weiterhin als Land der Erstausbildung, in dem das so genannte Berufsprinzip mit generell fachlich eng abgegrenzten Ausbildungsgängen gilt. Die berufliche Weiterbildung ist im Ländervergleich dagegen nur äußerst schwach ausgebaut.

Weiterbildungsprogramme der Kammern als den zuständigen Stellen für Berufsbildung beziehen sich bisher nur auf die regionale Ebene und bilden kein Gesamtsystem. Zielsetzung muss also sein, ein geschlossenes System der Aus- und Weiterbildung im nationalen Qualifikationsrahmen zu schaffen.

Eine besondere Bedeutung beim Herausstellen von Stärken und Schwächen kommt dem Ausbaustand des *lebenslangen Lernens* zu. Zur Realisierung dieses Grundsatzes ist die Bewältigung meist kleinerer Lerneinheiten, also Module, unabdinglich, die auch zertifiziert werden und – gleich in welcher Weise – auf die zuvor erreichten Qualifikationen oder aufbauende Stufen auszurichten sind. In der jetzigen Form gibt es für das lebenslange Lernen und die über diesen Weg zu bewältigenden Lernbereiche in Deutschland noch kaum Angebote, in denen beispielsweise schulische Initiativen in Verbindung mit betrieblichen Praktika zusammenwirken.

Unter diesen Gesichtspunkten erscheinen allerdings nach dem derzeitigen Stand die EU-Staaten unterschiedlich entwickelt zu sein. In einer speziellen Untersuchung stellte das CEDEFOP heraus, dass das Vereinigte Königreich und Finnland an vorderer Stelle liegen, im Mittelfeld z. B. Frankreich; Deutschland gehört in dieser Hinsicht zu den schwächer strukturierten Ländern.[27]

**Verbindung von allgemeiner und beruflicher Bildung**

Als weiterer Gesichtspunkt für die Beurteilung der nationalen Berufsbildungssysteme gilt das Zusammenwirken bzw. die Verzahnung von Allgemeinbildung und beruflicher Bildung. Dies wirkt sich vor allem hinsichtlich der Übergangsmöglichkeiten für die Absolventen berufsqualifzierender Bildungsgänge in den Hochschulbereich aus. Hier erweist sich die Situation in Deutschland als besonders defizitär, da Bildung und Berufsbildung getrennt gesehen werden und damit zu erwartende Bildungsgänge, die beides verbinden, kaum zu realisieren sind.

**Selbsteinschätzung**

Eine erhebliche Rolle bei der Einschätzung von Stärken und Schwächen spielt die Art, wie die Experten des betreffenden Landes im Vergleich zu anderen Ländern ihr eigenes System beurteilen. Hier gibt es verschiedenartige Einstellungen, und zwar einmal, das eigene System eher kritisch zu beleuchten, während andere ihr System aufgrund bestimmter Details überwiegend positiv sehen bzw. zu kritischen Sichtweisen kaum fähig sind. Zu den Ländern, die sich gerne selbst sehr kritisch einschätzen, gehört z. B. das Nachbarland Frankreich, in dem in der Presse immer wieder Reformvorschläge diskutiert werden. Andererseits kann Deutschland als das Land gelten, in dem bezüglich der Einschätzung große Unsicherheit besteht und eher die Tendenz überwiegt, das eigene Ausbildungsmodell als weltweites Referenzsystem für Berufsbildung zu deklarieren.[28]

**Situation in Deutschland**

Amtlicherseits wird in Deutschland immer wieder ein hoher Qualifikationsstand der Ausbildung herausgestellt, was eine Bestandsaufnahme zum aktuellen Stand und zu den eingeleiteten Reformen erschwert. Mit der Zielsetzung, Stärken und Schwächen beschreiben zu wollen, betritt die vorliegende Studie also Neuland. Vorgegangen wird wie folgt:
- Unsicherheit in der Einschätzung der bestehenden Aus- und Weiterbildung (2.1)
- Entwicklungsstufen des deutschen Dualsystems (2.2)
- Ausbildungsangebote im Vergleich mit Nachbarländern (2.3)
- Berufliche Qualifizierung im Spiegel der amtlichen Statistiken (2.4)
- Vielfalt von Kompetenzen als Reformhemmnis (2.5)

---

[27] Vgl. Tessaring, Manfred/Wannan, Jennifer: Berufsbildung – der Schlüssel zur Zukunft. Lissabon-Kopenhagen-Maastricht: Aufgebot für 2010. Synthesebericht des CEDEFOP zur Maastricht-Studie. Hrsg. CEDEFOP, Luxemburg 2004, S. 30

[28] Bundesbildungsministerin Schavan betonte anlässlich des Starts der Initiative *EDVANCE*, die die weltweite Vermarktung der deutschen Berufsbildung fördern soll: „Das deutsche Berufsbildungssystem gilt international als vorbildlich – sorgt es doch mit seiner engen Verknüpfung von ... Ausbildung in den Betrieben und ... Berufsschulen dafür, dass 90 Prozent der Auszubildenden direkt nach ihrer Lehre einen Job erhalten." BMBF: Pressemitteilung 030/2008 v. 19.02.2008, *http://www.bmbf.de/press/2240.php* (Abruf 15.10.09) Die hohen Quoten sind allerdings nicht belegt.

## 2.1 Unsicherheit in der Einschätzung der bestehenden Aus- und Weiterbildung

Als unbestritten kann gelten, dass mit der Anpassung der beruflichen Bildung an neue Herausforderungen ebenso wie an das von den EU-Staaten verabschiedete Reformpaket Lissabon 2000 in allen Mitgliedsstaaten Reformen unabdinglich sind. In Deutschland mit seiner spezifischen Berufsbildungstradition erweisen sich Veränderungen dieser Art als nicht unerheblich. Erschwerend kommt hinzu, dass weit verbreitet die Überzeugung dominiert, das eigene Berufsbildungssystem sei in seiner bestehenden Struktur im Ländervergleich effektiv und zukunftsfähig, damit also nicht reformbedürftig.

*Widerwille gegen Reformen*

Diese in Deutschland vorherrschende Meinung spiegelt sich in der vom Bundesministerium für Bildung und Forschung (BMBF) gefertigten Fassung des an die Europäische Kommission gerichteten *Fortschrittsberichts 2005* wider:

*Bestätigung des bewährten Zustands*

> „Deutschland bringt in die europäische Entwicklung ein wirksames und bewährtes, weil an der beruflichen Praxis orientiertes Berufsbildungssystem ein. Die Diskussionen der letzten Jahre zur Reform der beruflichen Bildung in Deutschland haben zu einer grundlegenden Novellierung des Berufsbildungsrechts geführt, die im April 2005 in Kraft getreten ist."[29]

In den Jahren vor 2006 wurde in Deutschland ein Konsortium konstituiert, um das Bildungswesen in seiner Gesamtheit von unabhängigen Experten beurteilen zu lassen. Neben die traditionell erscheinenden Berufsbildungsberichte trat damit eine neue und umfassende Berichterstattung. Auftraggeber für diese in zweijährigem Turnus durchgeführten Untersuchungen sind das BMBF und die Kultusministerkonferenz. Unterstützt wird die Berichterstellung von einem wissenschaftlichen Beirat, den Bundespräsident Johannes Rau empfing und dabei betonte[30]:

*Gutachten unabhängiger Experten*

> „Bund und Länder sollten die notwendige Reform des Bildungswesens in Wahrnehmung ihrer unterschiedlichen Aufgaben gemeinsam in Angriff nehmen. Unser Bildungssystem muss allen jungen Menschen die Chance geben, ihre Fähigkeiten zu entfalten und an unserer Gesellschaft aktiv mitzuwirken."

Im ersten Bericht vom Jahre 2006 zeigt sich noch eine gewisse Unsicherheit in der Einschätzung des eigenen Berufsbildungssystems. Im Kapitel „Berufliche Ausbildung" werden die verschiedenen Formen der Berufsvorbereitung nach Schulabschluss, auch *Warteschleifen* genannt, in der ganzen Breite statistisch aufgeschlüsselt. Zur betrieblichen Ausbildung selbst wird ausgeführt:

---

[29]  Europäische Kommission (Hrsg.): Umsetzung des Arbeitsprogramms „Allgemeine und berufliche Bildung 2010". Fortschrittsbericht 2005 Deutschland. Brüssel 2005, S. 21

[30]  BMBF: Pressemitteilung 129/2004 vom 16.06.2004: Bund und Länder starten gemeinsame Bildungsberichterstattung. *http://www.bmbf.de/press/1180.php* (Abruf 08.10.09)

„Bezieht man sich nur auf die duale Berufsausbildung, so zeigt sich über die 1990er Jahre eine zunächst konstant hohe, sich ab 2002 aber zunehmend öffnende Lehrstellenlücke und eine abnehmende Zahl nicht besetzter Ausbildungsplätze."[31]

**Neuer Begriff: Übergangssystem**

Für die Gesamtheit der meist einjährigen Bildungsgänge im Bereich der Berufsvorbereitung prägte das Konsortium den Begriff *Übergangssystem*. Dieser neue Terminus suggeriert, dass sich die entsprechenden Initiativen durchaus positiv auf die Entwicklung der jungen Menschen auswirken. In der Zeitschrift des Bundesverbandes der Lehrerinnen und Lehrer an berufsbildenden Schulen wird dazu allerdings kritisch herausgestellt[32]:

> „Der Begriff *Übergangssystem* im Bildungsbericht ist beschönigend. Das Wort *System* verweist auf ein geordnetes Ganzes, was hier nicht zutrifft. Richtiger ist es, vom *Übergangsdschungel*, vom *Übergangslabyrinth* oder zumindest neutral vom *Übergangssektor* zu sprechen.
>
> Im Übergangssektor befinden sich z. B. die Berufsfachschulen, die keinen beruflichen Abschluss vermitteln, die vielen berufsvorbereitenden Maßnahmen der Bundesagentur für Arbeit, das schulische Berufsvorbereitungsjahr, das vollzeitschulische Berufsgrundbildungsjahr, die Einstiegsqualifizierung für Jugendliche, bekannt als EQJ-Maßnahmen, und die Jugendlichen ohne Ausbildungsvertrag in den Berufsschulen."

Die positive Formulierung *Übergangssystem* erweckt in der Öffentlichkeit zweifelsfrei den Eindruck, hier würde wirklich gefördert. Verborgen bleibt, dass es sich zumeist um echte *Warteschleifen* handelt, die in einer sich später eventuell anschließenden Ausbildung weder anerkannt noch angerechnet werden. Weiterhin wird übersehen, dass das mittlere Alter beim Lehrantritt bereits bei ca. 19 Jahren liegt, also drei Jahre nach Abschluss der Pflichtschule, was auf den hohen quantitativen Umfang des Übergangssystems schließen lässt.

**Ambivalenz der Berichterstattung**

So ist die dem Kapitel „Berufliche Ausbildung" des Bildungsberichts vorangestellte Beurteilung des Konsortiums schwer nachzuvollziehen:

> „Die deutsche Berufsausbildung unterhalb der Hochschulebene gilt bis heute in der internationalen Diskussion als vorbildlich. Ihren Ruf verdankt sie insbesondere dem dualen System aus betrieblicher und schulischer Ausbildung. Die duale Berufsausbildung schuf und schafft nicht nur ein großes Reservoir gut ausgebildeter Fachkräfte, das als wichtige Voraussetzung für den wirtschaftlichen Erfolg und als komparativer Vorteil der deutschen Wirtschaft im internationalen Wettbewerb angesehen wird."[33]

---

[31] Bildung in Deutschland. Ein indikatorengestützter Bericht mit einer Analyse zu Bildung und Migration. Hrsg.: Konsortium Bildungsberichterstattung im Auftrag der KMK und des BMBF. Bielefeld 2006, S. 85

[32] Schelten, Andreas: Der Übergangssektor – ein großes strukturelles Problem. In: Die berufsbildende Schule, 61. Jg., Heft 4/2009, S. 108

[33] Bildung in Deutschland 2006, a.a.O., S. 79

Angesichts derartiger Stellungnahmen ist es nicht verwunderlich, dass die deutsche Berufsbildung im eigenen Land als etwas gilt, was andere Staaten mit Neid erfüllt. Die Partner innerhalb der EU orientierten sich bei ihren Reformen jedoch de facto nicht am deutschen System, sondern bevorzugen andere Entwicklungsrichtungen.

Geht man der Frage nach, warum sich das deutsche Berufsbildungssystem traditionell in wichtigen Bereichen von anderen Systemen unterscheidet, so zeigt sich als Ursache unschwer, dass in Deutschland länderübergreifende Orientierungsmöglichkeiten fehlen, wie z. B. über systematisch erarbeitete Vergleichsergebnisse. Anlässlich des EU-Folgegipfels Maastricht 2004 regte der Staatssekretär Wolf-Michael Catenhusen des deutschen Bildungsministeriums (BMBF) an, zwischen den Bildungssystemen Vergleiche durchzuführen: **Fehlen von Vergleichsergebnissen**

> „Für mich liegt auch in Zukunft die Zuständigkeit für die nationalen Bildungssysteme bei den EU-Mitgliedsstaaten. ... Gerade die Unterschiedlichkeit der Bildungssysteme erlaubt den offenen Wettbewerb um die besten Lösungen für gemeinsame Herausforderungen. Deshalb müssen wir, auch in der beruflichen Bildung, den Vergleich der Systeme und Reformvorhaben verstärken, um gegenseitig von best practice zu lernen. Die Pisa-Studie der OECD für den allgemeinen Bildungsbereich war hier für Deutschland ein Lehrstück."

Mit Blick auf die künftige Entwicklung bezeichnete Catenhusen bestehende nationale Abschottungen als überholt: **Keine nationalen Abschottungen**

> „Die weitere Verbesserung der Qualifikationen unserer Bürgerinnen und Bürger ist damit eine gemeinsame Aufgabe und Verpflichtung im Wirtschaftsraum Europa; nationale Scheuklappen gegenüber den gemeinsamen Anforderungen aus und an Europa können wir uns nicht mehr leisten. Die Schaffung eines europäischen Bildungsraums ... ist schlichte Notwendigkeit zur Sicherung der Zukunft Europas."

Gleichzeitig bestätigte der Staatssekretär, dass in Deutschland Vergleichen im Sektor der beruflichen Bildung bisher nur eine untergeordnete Bedeutung zukam und vorgelegte Vergleichsergebnisse kaum zur Kenntnis genommen wurden.

Die Unterbewertung von Vergleichen im Bildungssystem seitens der zuständigen Stellen ebenso wie von Experten der beruflichen Bildung ist für die jüngste Zeit kennzeichnend, was z. B. das „Handbuch Berufsbildungsforschung" vom Jahre 2006 bestätigt. Der Abschnitt *Vergleichsforschung* in dieser Publikation weist darauf hin, dass Vergleiche in der deutschen Berufsbildungsforschung über viele Jahrzehnte nur Randthemen waren und sich dies vor kurzem geändert hat. Demnach sind Vergleichsstudien als „Medium der Legitimation von Reformentscheidungen" zu betrachten.[34] Der Autor dieses Beitrags sieht dies jedoch mit großer Skepsis. **Unterbewertung von Vergleichen**

Mit Verweis auf die Kontextgebundenheit der jeweiligen nationalen Strukturen beruflicher Bildung zieht er den Schluss, dass Vergleichen nur ein sehr begrenzter Stellenwert beizumessen ist:

---

[34] Georg, Walter: „Vergleichende Berufsbildungsforschung" in: Rauner, Felix (Hrsg.): Handbuch Berufsbildungsforschung. Bielefeld 2006, S. 186–193, hier S. 186

„Der Verweis auf die historischen und kulturellen Besonderheiten gesellschaftlicher Arrangements von Berufsbildung und Arbeitsorganisation bedeutet ..., dass sich vom internationalen Vergleich keine Aufschlüsse über Vor- und Nachteile des einen gegenüber dem anderen System erwarten lassen und auch keine unmittelbar verwertbaren Erkenntnisse für die Berufsbildungspraxis und -politik. Statt praktischer und bildungspolitischer Handlungsanleitungen kann die vergleichende Berufsbildungsforschung jedoch Einsichten in die Dynamik und Steuerungsmechanismen vielfach miteinander verwobener Bedingungsstrukturen gesellschaftlichen, betrieblichen und individuellen Handelns liefern."[35]

Auf bestehende Defizite in der Vergleichsforschung insgesamt und diesbezügliche Forschungsdesiderate wird nicht eingegangen.

**Aufträge für Vergleiche fehlen**

Die Vernachlässigung von Vergleichen in Deutschland lässt sich unschwer anhand des Fehlens von Forschungsvorhaben nachweisen, die von amtlichen Stellen vergeben werden. Das novellierte Berufsbildungsgesetz nennt zwar als Ziel der Berufsbildungsforschung u. a., europäische und internationale Entwicklungen in der Berufsbildung zu beobachten (§ 84 Abs. 2); der Terminus *Vergleich* wird jedoch nicht angesprochen.

**Vergleichsarbeit gefordert**

Schon im Jahre 1966 hob der spätere Generalsekretär des 1969 gegründeten Bundesinstituts für Berufsbildungsforschung (BBF), H.-J. Rosenthal, Berufspädagoge der Universität Hannover, hervor:

„Die Entwicklung in der BRD und in Westeuropa fordert den internationalen Vergleich heraus. Die Entwicklung in den einzelnen Ländern der BRD macht den Vergleich geradezu erforderlich." Er unterstrich ferner: „Mit dem internationalen Vergleich – insbesondere im Hinblick auf den EWG-Vertrag – wird der Blick über die Grenzen der BRD gezwungen."[36]

Das seit 1976 in Bundesinstitut für Berufsbildung (BIBB) umbenannte Institut dürfte im Vergleich zu anderen Industriestaaten bezogen auf Personal und Budget das größte Forschungsinstitut dieser Art sein und über entsprechende Kapazitäten verfügen.

**Aufgaben des Bundesinstituts für Berufsbildung**

Nach dem Berufsbildungsgesetz vom Jahre 2005 soll das BIBB durch wissenschaftliche Forschung zur Berufsbildungsforschung beitragen und Aufgaben im Rahmen der Bildungspolitik der Bundesregierung übernehmen. Das jährlich aufzustellende Forschungsprogramm bedarf der Genehmigung des Bundesministeriums für Bildung und Forschung (§ 90 Abs. 2 BBiG).

Derzeit werden im Institut fünf Forschungsschwerpunkte gebildet (vgl. Tabelle 1), deren quantitative Gewichtung sich nach Zahl der durchgeführten Projekte wie folgt darstellt[37]:

---

[35] Ebenda, S. 193
[36] Berufliche Bildung in Europa. Viertes bildungspolitisches Gespräch Dortmund, 18. und 19. November 1966. Hrsg.: Arbeitskreis für Europakunde. Bonn 1967, S. 3
[37] Laut Forschungsdatenbank des BIBB, *http://www.bibb.de*

**Tab. 1: Forschungsschwerpunkte des Bundesinstituts für Berufsbildung**

| Themenbereich | Zahl der Projekte |
|---|---|
| 1. Ausbildungsmarkt und Beschäftigungssystem | 26 |
| 2. Modernisierung und Qualitätsentwicklung der beruflichen Bildung | 128 |
| 3. Lebensbegleitendes Lernen, Durchlässigkeit und Gleichwertigkeit der Bildungswege | 16 |
| 4. Berufliche Bildung für spezifische Zielgruppen | 13 |
| 5. Internationalität der beruflichen Bildung | 26 |

Ganz offensichtlich versteht sich der zweite Themenbereich als Arbeitsschwerpunkt des BIBB; dabei stehen – wie sein Präsident im Vorwort zum Jahresbericht 2007/08 feststellt – neue und modernisierte Aus- und Fortbildungsordnungen im Vordergrund.[38]

Themen der vergleichenden Berufsbildungsforschung sind im BIBB dem Forschungsschwerpunkt *Internationalität der beruflichen Bildung* zugeordnet. In diesem Zusammenhang spricht das Institut die Bedeutung der Beobachtung und Analyse der europäischen und internationalen Entwicklung in der Berufsbildung an und stellt fest[39]:

> „Eine daran orientierte Berufsbildungsforschung liefert Grundlagen für die gebotene Internationalität der Berufsbildung. Diese orientiert sich an folgenden Zielen:
> – Förderung internationaler Kompetenzen der Beschäftigten;
> – Systemreformen auf der Basis internationaler Struktur- und Leistungsvergleiche;
> – Schaffung eines europäischen Bildungsraumes;
> – Förderung des Aufbaus effizienter Systeme der beruflichen Bildung im Ausland."

*Forschung zur Internationalität beruflicher Bildung*

Dessen ungeachtet kommt Vergleichen im engeren Sinn beim BIBB kein besonderes Gewicht zu. Die insgesamt 26 in der Forschungsdatenbank aufgeführten Projekte zum Schwerpunkt *Internationalität der Berufsbildung* sind in Tabelle 2 aufgelistet. Einzig die europäischen Untersuchungen CVTS zur Weiterbildung sind systematisch angelegt und vermitteln seit Jahren die deutschen Schwächen in der beruflichen Weiterbildung. In anderen Projekten, wie z. B. zur vollzeitschulischen Berufsbildung oder zum Übergang von der Schule in den Beruf, kommt es bisher zu keinem systematisch vergleichenden Ansatz.

Das BIBB erarbeitet detaillierte Daten zur Entwicklung der beruflichen Bildung in Deutschland. So sind auch Probleme wie der sich immer weiter verzögernde Ausbildungseintritt der Schulabgänger durchaus dokumentiert. Im Rahmen der „BIBB-Übergangsstudie" wurde ein „chronisch defizitäres Ausbildungsplatzangebot" konstatiert und ausgeführt[40]:

*Fehlen grundlegender Reformvorschläge*

---

[38] Vgl. BIBB Jahresbericht 2007/08. Bonn 2008, S. 4
[39] *http://www.bibb.de*
[40] BIBB REPORT 2/2007: „Deutlich längere Dauer bis zum Ausbildungseinstieg – Schulabsolventen auf Lehrstellensuche", S. 1 u. S. 7

„Ausbildungsanfänger immer älter. 1993 waren bundesweit noch knapp 53 % aller Jugendlichen, die eine Lehre begannen, nicht volljährig. Bis Ende 2006 sank ihr Anteil um gut 18 Prozentpunkte auf nunmehr 34 %. ... Das Durchschnittsalter aller Ausbildungsanfänger lag 2006 bereits bei 19,3 Jahren."

**Tab. 2: Forschungsprojekte des BIBB zur Internationalität der Berufsbildung**

| Nr. | Projekttitel |
| --- | --- |
| 1.0.511 | Datenbank zur Präsentation des deutschen Berufsbildungssystems im internationalen Kontext |
| 1.0.516 | Europäische Kooperation in der Berufsbildungsforschung im Rahmen des Refer-Netzwerks des CEDEFOP |
| 1.0.522 | Nationale Koordination des Netzwerks TTnet Deutschland (TTnetDE) "Netzwerk für Innovationen bei der Ausbildung von Lehr- und Ausbildungspersonal in der beruflichen Bildung" im Rahmen des europäischen "TTnet - Training of Trainers Network" (Cedefop) |
| 1.0.523 | Qualifikations- und Creditrahmen |
| 1.0.524 | Aufbau einer englischsprachigen Berufsbildungs-Terminologiedatenbank |
| 1.0.527 | Trans-European Qualifications Framework Development - (Leonardoprojekt TransEQFrame) |
| 1.0.528 | CREDCHEM - Entwicklung und Erprobung eines Credit-Transfer-Systems zur Verbesserung der Mobilität im Chemiesektor |
| 1.0.529 | Projekt "EQF Referencing Process (EQF-Ref) – Examples and Proposals" im Rahmen des EU-Programms für lebenslanges Lernen |
| 1.5.201 | Nationale Qualifikationsrahmen in England, Irland, Schottland - Konstruktion, Nutzung, Wirkung |
| 1.5.202 | Rekrutierung auf der mittleren Qualifikationsebene - Fallstudien aus Deutschland, England u. der Schweiz |
| 1.5.203 | Credit-Systeme als Instrumente zur Förderung des lebensbegleitenden Lernens |
| 1.6.102 | Vollzeitschulische Berufsausbildung in ausgewählten europäischen Ländern mit dualen Berufsbildungsangeboten |
| 2.0.538 | TACIS-Projekt EuropeAid/120525/C/SV/UA "Strengthening Regional Vocational Education and Training Management - Ukraine" |
| 2.0.540 | EU-Arbeitsgruppe "Teachers and Trainers in Vocational Education and Training" |
| 2.0.542 | Training in Micro Enterprises - South Tyrol |
| 2.0.543 | Nationale Ergänzungserhebung zur dritten europäischen Weiterbildungserhebung in Unternehmen (CVTS3-Zusatzerhebung) |
| 2.0.545 | Evaluation and interpretation of the third European Continuing Vocational Training Survey (CVTS3) Kurztitel: CVTS3 Eva |
| 2.6.103 | Länderspezifische Analyse beruflicher Weiterbildung auf der Grundlage von CVTS2 und Modellierung der Strukturen der Weiterbildung (CVTS2 überarbeitet) |
| 2.6.104 | Betriebliche Weiterbildung von älteren Arbeitnehmerinnen und Arbeitnehmern in KMU und Entwicklung von regionalen Supportstrukturen (Leonardo-Projekt) |
| 3.0.548 | Innovationstransfer durch Netzwerke am Beispiel der Verknüpfung von RegioKom (3.0.503) und E2-VET (Leonardo da Vinci, Fördernummer D 146090) |
| 3.0.557 | Unterstützung des EU-Forschungsprojekts "Eurotrainer" durch Expertenbefragungen in Deutschland und Erstellung des Länderberichts "Deutschland" |
| 3.0.561 | Analyse und Aufbereitung des Themenzusammenhangs "Übergang Schule - Beruf" als Beitrag zur 48. Internationalen Bildungskonferenz der UNESCO |
| 3.0.563 | Eurotrainer II |
| 3.0.565 | Unterstützung des EU-Projektes "Accreditation Centre for VET Curriculum Developers" (ACVCD) zur Entwicklung eines Online-Kurses für Curriculum-Entwickler in der Berufsbildung sowie zur Zertifizierung dieser Curriculum-Entwickler |
| 4.0.749 | European Dictionary on Skills and Competences |
| 4.0.907 | Beratung bei der Umsetzung der Berufsbildungsreform in Luxemburg |

Aus der Beobachtung der Entwicklung der beruflichen Bildung leitet das BIBB jedoch kaum konkrete Handlungsempfehlungen ab. Für die Erarbeitung grundlegender Reformvorschläge dürfte ihm letztlich auch die Zuständigkeit fehlen (vgl. §§ 90 f. BBiG). So heißt es im Jahresbericht 2007/2008, die Bildungspolitik müsse nach wie vor die Probleme auf dem Ausbildungsstellenmarkt bekämpfen, und die BIBB-Forschung habe dies durch die Bereitstellung von Daten, durch Analysen sowie durch die Evaluation von Maßnahmen und Programmen zu begleiten.[41]

Erst in jüngster Zeit zeichnet sich auf deutscher Seite ein größeres Interesse an Vergleichsuntersuchungen ab. Bundesbildungsministerin A. Schavan forderte anlässlich einer europäischen Berufsbildungskonferenz im Juni 2007 in München die Durchführung internationaler Leistungsvergleiche in der beruflichen Bildung. Ein solches „Berufsbildungs-PISA", das es bisher allerdings nur als Konzept gibt[42], soll u. a. zu einer Neueinstufung deutscher Berufsbildungsabschlüsse im internationalen Ranking beitragen.[43]

Das Vorhaben Berufsbildungs-PISA steht in Beziehung zum allgemein bildenden System. Informationsbezüge, wie sie für den Bereich der allgemeinen Bildung länderübergreifend erkennbar sind, gibt es allerdings in der beruflichen Bildung nicht. So stellte der Hauptausschuss des BIBB in einer im Dezember 2007 verabschiedeten Empfehlung zu einer internationalen Vergleichsstudie in der Berufsbildung, auch als „Large-Scale-Assessment" bezeichnet, fest, es könne hierbei

„nicht auf die Erfahrungen zurückgegriffen werden, die bei der Entwicklung von Testverfahren für die allgemeine Bildung vorliegen".[44]

Bei grundsätzlicher Unterstützung eines derartigen Vorhabens kritisierte der Hauptausschuss die vom BMBF präsentierten Vorarbeiten, u. a. dessen Konzept zur Messung der beruflichen Handlungsfähigkeit, das zu sehr auf schulisch bzw. lehrgangsmäßig erworbenes Wissen ausgerichtet sei. Der Hauptausschuss forderte die Entwicklung eines Forschungsansatzes, der

„einen aussagefähigen Vergleich unterschiedlicher Wege zur Herstellung umfassender beruflicher Handlungsfähigkeit ermöglicht" und dabei den Schwerpunkt auf die „Kompetenzmessung im realen Arbeitsprozess" legt.[45]

---

[41]  BIBB Jahresbericht 2007/08, S. 9

[42]  M. Baetghe u. a.: Berufsbildungs-PISA, Machbarkeitsstudie, Wiesbaden 2006

[43]  Sie bezog sich dabei auf Berufe des Gesundheitswesens, die in Deutschland im Gegensatz zu anderen Staaten nichtakademisch ausgebildet werden. Bei den Untersuchungen sollen die Lernergebnisse nach Abschluss der Berufsausbildung gemessen werden. Vgl. Bundesministerium für Bildung und Forschung: Pressemitteilung 119/2007 vom 04.06.07

[44]  Internationale Vergleichsstudie in der Berufsbildung („Large-Scale-Assessment"). Empfehlung des Hauptausschusses des Bundesinstituts für Berufsbildung. In: Aus der Arbeit des Hauptausschusses 2007. BWP Beilage zu 1/2008 (http://www.bibb.de/dokumente/pdf/a1__bwp_01_2008_Beilage_HA_3.pdf.pdf; Abruf 29.09.09)

[45]  Ebd.

| | |
|---|---|
| **Fehlende Vergleichs-erfahrungen** | An diesem Beispiel zeigt sich, dass in Deutschland im Bereich Bildungs- und Berufsbildungsforschung nur vereinzelt auf fundierte und in systematischer Form erarbeitete Vergleichsergebnisse zurückgegriffen werden kann. Die öffentliche Hand investierte bisher noch kaum in die Vergleichsforschung, während für andere Forschungsgebiete ausreichende Mittel zur Verfügung gestellt wurden. Eng damit verbunden ist, dass von anderer Seite vorgelegte Vergleichsergebnisse kaum beachtet werden. Ein internationaler Berufsbildungsvergleich erscheint also als eine schwer zu bewältigende Aufgabe, obwohl sich – wie in Kap. 2.3 und 2.4 gezeigt wird – schon anhand der in Deutschland erstellten Statistiken in Gegenüberstellung zu anderen Staaten erhebliche Schwachpunkte erkennen lassen. |
| **Komparatives Vorgehen** | Die jüngsten Überlegungen zu internationalen Vergleichen der Berufsbildungssysteme geben kaum ein klares Bild zum notwendigen Arbeitsaufwand und den Arbeitsschritten systematischer Vergleichsuntersuchungen. Weitgehend besteht Unsicherheit, wie ein Vergleich methodisch anzulegen ist. Anhaltspunkte für die Durchführung komparativer Untersuchungen von Berufsbildungssystemen sind nachfolgend kurz skizziert.[46] |
| | Ein ergebnisorientierter Vergleich benötigt eine Vergleichsbasis und ein Vergleichsziel. Die Vergleichsbasis entsteht aus der Gegenüberstellung von Informationseinheiten für jedes der einbezogenen Länder – auch als Elemente der Vergleichsbasis bezeichnet – die in Bezug auf Aussagegehalt und Aussageumfang abgeglichen sind. |
| **Fragenraster** | Durch ein detailliertes Fragenraster werden die Informationen für jede Einzelfrage parallel für die einbezogenen Länder ermittelt. Aus der so gewonnenen umfangreichen Informationsbasis entstehen durch stufenweise Verdichtung der erkennbaren Unterschiede Leistungsprofile der Berufsbildungssysteme der einbezogenen Länder. Diese werden z. B. an den auf EU-Ebene einvernehmlich beschlossenen Zielen gemessen, so dass Erreichen und Zurückbleiben gegenüber diesen Zielen für jedes System deutlich hervortreten. Dabei rückt die Leistungsfähigkeit des eigenen Systems vor dem Hintergrund der Stärken und Schwächen anderer Systeme ins Zentrum der Analyse. Damit ist das Vergleichsziel erreicht. Aus der Bewertung des Umfangs der Zielerreichung lassen sich darauf aufbauend Handlungsanforderungen ableiten. |

---

[46] Vgl. Waterkamp, Dietmar: Zur Methodik des internationalen Vergleichs. In G. Rothe: Berufliche Bildung in Deutschland. Das EU-Reformprogramm „Lissabon 2000" als Herausforderung für den Ausbau neuer Wege beruflicher Qualifizierung im lebenslangen Lernen. Universitätsverlag Karlsruhe. Karlsruhe 2008, S. 406ff.

## 2.2 Entwicklungsstufen des deutschen Dualsystems

Das Ausbildungsmodell der Zünfte bildete die Basis für die Weiterentwicklung beruflicher Bildungsgänge. Geregelt war es über Zunftordnungen und zum Teil auch städtische Statuten. Bei erkannten Fehlentwicklungen griff der Reichstag des alten Deutschen Reiches ein, zuletzt mit dem Reichsabschied des Jahres 1731 zur Beseitigung von Missständen anlässlich der Lossprechung.

*Modell der Ausbildung zur Zunftzeit*

Auf Initiative der Landesherren wurden schon zur Spätzeit der Zünfte vereinzelt in systematischer Form zu erarbeitende Fachgebiete gefordert. Die so ergänzte Ausbildung stellte eine Vorform des später eingeführten Zusammenwirkens von Betrieb und Teilzeitschule im dualen System dar.

Abhandlungen zur Geschichte der beruflichen Bildung führen als Beispiel für eine schon früh verlangte Ergänzung der Lehre den teilzeitigen Besuch der Zeichenschule in Durlach (Baden) an. Die landesherrliche Verfügung der Markgrafschaft Baden-Durlach vom Jahre 1769 legte dazu fest, dass

*Lehrgänge an der Zeichenschule in Baden-Durlach*

> Lehrlinge der Berufe *Zimmermann, Maurer, Steinhauer, Schlosser, Hafner, Schreiner* und *Glaser* die Durlacher Zeichenschule zu besuchen hatten. Parallel dazu wurde verfügt, dass kein Lehrling dieser Berufe ledig gesprochen werden durfte bzw. dass kein Geselle das Meisterrecht erlangen konnte, „er habe denn die etablierte geometrische, wie auch Handzeichnungs- und architektonische Zeichnungsschule besucht und sich desshalb zuvor legitimiert".[47]

Als Besonderheit der frühen Einführung eines zweiten Lernorts parallel zur Lehre in der Markgrafschaft Baden-Durlach ist hervorzuheben, dass in jener Zeit die betriebliche Ausbildung mit der Lossprechung endete und anlässlich des Lehrabschlusses von Seiten der Zünfte keine Prüfungen durchgeführt wurden. Das Verlangen entsprechender Kenntnisse im Zeichnen über den Besuch schulischer Lehrgänge unterstreicht die in Baden-Durlach schon damals erkannte Notwendigkeit, die Mitarbeit des Lehrlings in der Meisterwerkstätte durch den Besuch schulischer Lehrgänge zu ergänzen. Der Nachweis der am zweiten Lernort erworbenen Kenntnisse und Fertigkeiten wurde hier also vor der allgemeinen Einführung einer Lehrabschlussprüfung gefordert.

*Bedeutung des zweiten Lernorts*

Die im badischen Durlach zu besuchenden Lehrgänge der dortigen Zeichenschule deckten den Bedarf für die relativ kleine Markgrafschaft ab. Hinsichtlich der für größere Regionen zu besuchenden Teilzeitschulen ist aus der frühen Zeit ebenfalls aus dem südwestdeutschen Raum auf zwei Modelle zu verweisen:

*Verschiedenartige Modelle für Teilzeitschulen*

– *Sonntags- und spätere Fortbildungsschulen*
   Die Regelung ihres Besuchs und die Festlegung der einzubeziehenden Unterrichtsfächer lag bei staatlichen Stellen der Schulverwaltung und war auch in Schulgesetzen verankert. Ein solches Modell galt für Württemberg bereits von 1828/30 an.

---

[47] Gutman, Emil: Die Gewerbeschule Badens 1834/1930. Bühl: Konkordia 1930, S. 38f.

*– Badische Gewerbeschule*

Sie wurde speziell als Teilzeitschule und damals besondere Schulform für im Lehrverhältnis stehende Jugendliche in Baden 1834 landesweit eingeführt. Laut Gründungserlass hatte sie „den Zweck, jungen Leuten, die sich einem Handwerke oder einem Gewerbe widmen, welches keine höhere technische und wissenschaftliche Bildung erfordert, und das sie praktisch zu erlernen bereits begonnen haben, diejenigen Kenntnisse und graphischen Fertigkeiten beizubringen, die sie zum verständigen Betriebe dieses Gewerbes geschickt machen".

Hierbei handelt es sich um zwei grundverschiedene Modelle. Im erstgenannten bezogen sich die Unterrichtsstoffe zunächst auf allgemein bildende Fächer und später zunehmend auch auf berufsbezogene Inhalte wie Fachkunde, Werkstoffkunde und Zeichnen. Bei der neuen Schwerpunktbildung mit Einbeziehung berufsbezogener Inhalte blieben die allgemein bildenden Fächer erhalten.

Im zweitgenannten Modell war Zeichnen mit Modellieren das wichtigste Fach. Lehrlinge mit Schwächen in den allgemein bildenden Schulfächern hatten die damals in Baden ebenfalls bestehenden Sonntagsschulen zu besuchen; die Gewerbeschulen verstanden sich als allein für den beruflich-fachlichen Teil der Ausbildung verantwortlich.

**Sicherung des Schulbesuchs**

Zu den wesentlichen Unterschieden der beiden Modelle zählt die Verpflichtung der Lehrlinge zum Schulbesuch. Beim Modell der Sonntags- und Fortbildungsschulen war er über Gesetze der Schulverwaltung obligatorisch; der Besuch der badischen Gewerbeschule galt als freiwillig. Offensichtlich gelang es nicht, ein besonderes Schulpflichtgesetz zu verabschieden, das gleichzeitig die Arbeitszeit im Betrieb reduzierte. So behalf man sich über den Erlass von Ortsstatuten.

**Zielsetzung des kurz gefassten Rückblicks**

Das hier einbezogene Kapitel *Entwicklungsstufen des deutschen Dualsystems* beschränkt sich einmal auf die sich im Nacheinander ergebenden Konstruktionsformen des Zusammenwirkens von Schule und Betrieb und zum anderen auf die durchgeführten Lehrabschlussprüfungen mit Beteiligung beider Lernorte.

Der erste Hinweis in der deutschen Berufsbildungsgesetzgebung mit Forderung einer engen Kooperation von Schule und Betrieb erfolgte erst mit dem Berufsbildungsreformgesetz im Jahre 2005, allerdings ohne entsprechende Regelungen zu treffen.

**a) Badische Gewerbeschule als zweiter Lernort ab 1834**

**Badische Gewerbeschule**

In der weiteren territorialen Entwicklung Südwestdeutschlands mit Gründung des Großherzogtums Baden 1806 und dem von beiden Kammern der badischen Volksvertretung geäußerten Interesse am Ausbau der beruflichen Bildung wurden 1825 die *Polytechnische Schule* in Karlsruhe, Vorläuferin der späteren Technischen Hochschule, und im Jahre 1834 die *Gewerbeschulen* in allen gewerbereichen Städten eingeführt; letztere waren vor allem von den Lehrlingen anspruchsvoller Berufe mit Schwerpunkt Metall und Bau zu besuchen.

Während als Teilzeitschule und zweiter Lernort in den meisten Ländern die Sonntags- und späteren Fortbildungsschulen fungierten, bildete Baden mit seinen Gewerbeschulen eine Ausnahme, denn diese waren der Sekundarstufe II zugeordnet, obwohl sie nicht als Vollzeitschulen, sondern als Teilzeitschulen gegründet worden waren.

Teilzeitschule im Sekundarbereich II

Im Jahre 1834 übertrug das badische Innenministerium die Fachaufsicht über diese neuen Schulen den Professoren der Polytechnischen Schule Karlsruhe; koordiniert wurde ihre Tätigkeit von einem besonderen Ausschuss, in dem ihr Rektor über bestimmte Zeitabschnitte den Vorsitz innehatte. Mit dieser Aufgabe verbunden war die Lehrplanarbeit für den Lernort Schule. Als Voraussetzung für einen erfolgreichen Unterricht hatten die Professoren geeignete Lehrmittel zu erstellen. So entstanden die ersten Lehrbücher für Lehrlinge, wie z. B. für das Rechnen und Zeichnen an Gewerbeschulen (vgl. Abb. 3).

Fachaufsicht durch Professoren des Polytechnikums

**Abb. 3:**
**Lehrbuch:**
**Arithmetik für**
**die Gewerbeschulen**

# Arithmetik

für die

# Gewerbschulen

de\

## Großherzogthum\ Baden

Auf Veranlassung de\ hohen Ministerium\ de\ Innern

verfaßt von

## Guido Schreiber,

öffentlicher Lehrer der Mathematik an der Polytechnischen
Schule in Karl\ruhe

Erste Abtheilung

Zweite unveränderte Auflage

Karl\ruhe,
Ch. Fr. Müller'sche Hofbuchhandlung
**1837**

In den Jahresberichten der jungen badischen Gewerbeschulen in gewerbereichen Städten des Großherzogtums lassen sich die von den Professoren der Polytechnischen Schule wahrgenommen Aufgaben unschwer nachvollziehen. Anlässlich

Schulbesuche vor Ort

ihrer Besuche vor Ort waren sie bestrebt, die Lehrplanarbeit nach der sich regional ergebenden Situation auszurichten und halfen, Lehrkräfte für die Gewerbeschulen zu finden.[48] Die erste Ausbildung angehender Gewerbelehrer erfolgte an der Polytechnischen Schule Karlsruhe; erste staatliche Gewerbelehrerprüfungen wurden im Jahre 1857 durchführt.[49]

Der badische Staatsrat C. F. Nebenius hatte im Jahre 1833 in seinem Werk *Über technische Lehranstalten*[50] ausdrücklich die Notwendigkeit begründet, Gewerbeschulen einzurichten. Als Vorbild für diese nannte er einmal die in Frankreich seit der Revolution bereits landesweit ausgebauten berufsqualifizierenden Vollzeitschulen auf einer deutlich oberhalb der Stufe Facharbeiter liegenden Qualifikationsebene und zum anderen die *Mechanic's Institutes* als Teilzeitschulen in England. So ist es verständlich, dass die Karlsruher Professoren Auslandsbesuche insbesondere in Frankreich unternahmen, um die dort eingerichteten Schulen samt Lehrinhalten kennen zu lernen.

Die badischen Gewerbeschulen gehörten damals in Deutschland zu den ersten Schulen dieser Art, die nach speziell dafür erarbeiteten Lehrplänen die Ausbildung im Betrieb begleiteten.

**Besonderheiten in Baden**    In der Entwicklung der Teilzeitschulen in Baden ebenso wie in Württemberg stand die Gestaltung der Lehrpläne und auch Lehrmittel im Vordergrund. Das besondere Problem des zweiten Lernorts als Teilzeitschule lag in der Schwierigkeit, den Lehrlingen deren Besuch im Tagesunterricht zu ermöglichen.

Die badischen Gewerbeschulen waren zunächst nur in größeren Städten eingerichtet worden, in den kleineren wurden später parallel dazu Fortbildungsschulen gegründet. In letzteren galten von der Schulverwaltung verabschiedete Schulpflichtgesetze. Eine spezielle gesetzliche Regelung für den Besuch der Gewerbeschulen ließ sich, wie bereits erwähnt, in Baden nicht realisieren.

**Einführung von Schulwerkstätten**    Kennzeichnend für die Entwicklung in beiden Ländern war, dass man sich im Ausland umsah. Das galt beispielsweise in Württemberg für die Einführung von Schulwerkstätten, die Ferdinand von Steinbeis in Flandern kennen gelernt hatte. Die Einrichtung von Schulwerkstätten in Baden entwickelte sich aus der Unterrichtsarbeit selbst, und zwar dem Wechselspiel von Zeichnen und Modellieren, also der Herstellung von Werkstücken nach Zeichnungen. So entstanden die ersten Werkstätten als Modellierwerkstätten, die dann lehrplanmäßig zu Schul-

---

[48] So unterstützte das Polytechnikum z. B. die Gewerbeschule Bruchsal bei der Suche nach einer geeigneten Lehrkraft; im Jahre 1843 konnte der erste hauptamtliche Lehrer eingestellt werden. Dieser gehörte zu den ersten Lehrkräften, die sich nach Tätigkeit im Volksschuldienst durch Besuch des Polytechnikums auf das Gewerbelehramt vorbereitet hatten. Vgl. 100 Jahre Gewerbeschule Bruchsal. Bruchsal 1935, Kapitel III, S. 4f.

[49] Vgl. Gutman, a.a.O., S. 188

[50] Über technische Lehranstalten in ihrem Zusammenhange mit dem gesamten Unterrichtswesen und mit besonderer Rücksicht auf die Polytechnische Schule zu Karlsruhe. Erschienen in Karlsruhe, Verlag der Chr. Fr. Müller'schen Hofbuchhandlung.

werkstätten ausgebaut wurden. In der Gewerbeschule Karlsruhe gab es nach 1890 bereits Werkstätten für sieben verschiedene Fachrichtungen.[51]

Kerschensteiners Vorschläge

Anlässlich seiner Informationsreisen durch europäische Staaten besuchte der kurz zuvor als Münchner Stadtschulrat bestellte Georg Kerschensteiner im Jahre 1900 auch die Karlsruher Schule. Er hob das dort kennen gelernte Modell der Einbeziehung von Schulwerkstätten als Muster für das konstruktive Zusammenwirken von Betrieb und Schule hervor und empfal, in gewerblichen Fortbildungsschulen grundsätzlich Schulwerkstätten einzurichten. Sein Wirkungsort München und das Nachbarland Österreich folgten diesem Vorschlag. Seit jenen Jahren versteht sich die Schulwerkstatt in Österreich bis heute als wichtiges Element des Teilzeitunterrichts mit etwa einem Drittel der Stundenzahl pro Woche.

Bedeutung dieses Entwicklungsabschnitts

Als Besonderheit des Modells der badischen Gewerbeschulen ist die systematische Erarbeitung von Lehrplänen für den die betriebliche Ausbildung begleitenden Unterricht hervorzuheben. Die damit herausgestellte Planung wurde über die Landesgrenzen hinweg bekannt und anerkannt.

Beginnend mit den Jahren nach 1910 fasste man die badische Gewerbeschule mit den sich parallel entwickelnden gewerblichen Fortbildungsschulen zusammen; damit ging das Modell der *Teilzeitschule im Sekundarbereich II* als Partner der Berufsausbildung verloren.

## b) Ausbau gewerblicher Sonntagsschulen in Württemberg ab 1828

Einführung der Lehrabschlussprüfung

Zu den frühesten Teilzeitschulen, die parallel zur betrieblichen Ausbildung eingerichtet wurden, zählen die Sonntagsschulen, die sich später neben den Schulfächern der zuvor besuchten Volksschule auch auf die beruflichen Belange der zu unterrichtenden Lehrlinge konzentrierten. Als Beispiel dafür ist die frühe Entwicklung in Württemberg anzuführen.

Anlässlich der Verabschiedung der ersten Gewerbeordnung des jungen Königreichs Württemberg vom Jahre 1828 wurde die Lehrabschlussprüfung eingeführt und ihre Durchführung den Zünften übertragen. Dazu vermerkte die Stuttgarter Handwerkskammer in ihrem ersten Jahresbericht 1901[52]:

> „Schon im Jahre 1828 unterbreitete die Kgl. Württemb. Regierung – und sie war die erste, welche hierin bahnbrechend auftrat – den Ständen einen Gesetzentwurf, welcher obligatorische Lehrlingsprüfungen im Handwerk verlangte."

Durchführung von Prüfungen

Über die Bestimmungen zur Durchführung der Prüfungen vom Jahre 1830 verfügte die württembergische Landesregierung, dass Informationen über Art und Erfolg des Besuchs der parallel dazu eingerichteten *gewerblichen Sonntagsschulen* ins Prüfungsprotokoll aufzunehmen waren. Im Kern hatten diese Protokolle

---

[51] Vgl. Cathiau, Thomas: Chronik der Gewerbeschule der großh. bad. Landeshauptstadt Karlsruhe von ihrer Gründung bis zum Jahre 1902. Karlsruhe 1902: Macklot. (Beilage zum 52. Jahresbericht für das Schuljahr 1901/02), S. 15

[52] Jahresbericht der Handwerkskammer Stuttgart 1901

den Inhalt der durchgeführten Prüfungen als zu fertigende praktische Arbeiten und verbal die vom Lehrling zu beantwortenden Fragen zu vermerken. Ebenfalls festzuhalten war in diesen Prüfungsprotokollen der Besuch der Sonntagsgewerbeschule. Dies zeigt, wie wichtig es die württembergische Landesregierung erachtete, das Zusammenwirken von betrieblicher Lehre und Teilzeitschule zum Ausdruck zu bringen.

**Lehrplanarbeit in Württemberg** Der württembergische Wirtschaftsreformer Ferdinand von Steinbeis lernte anlässlich des Besuchs der Londoner Weltausstellung 1851 die in England auf freiwilliger Basis durchgeführten Lehrlingsprüfungen kennen. Nach intensiver Vorarbeit gelang es ihm, dieses Prüfungsmodell über einen königlichen Erlass des Jahres 1881 auch in Württemberg einzuführen. Die freiwilligen Lehrabschlussprüfungen entwickelten sich in der seit 1862 zunftfreien Zeit rasch.

Wegen des Fehlens von Lernmitteln bzw. Lehrbüchern ließ er aus dem Nachlass der Zünfte die von 1830 bis 1862 protokollierten Fragen anlässlich der absolvierten Lehrabschlussprüfungen zusammentragen. Den damit erschlossenen umfangreichen Fragenschatz übergab er Prof. K. Karmarsch in Hannover mit der Bitte, Fragenbücher zu erstellen, die als Lehrmittel für die Lernenden und auch als Hilfe für die Mitglieder der Prüfungskommissionen benutzt werden sollten.

**Quellenauszug 1: Prüfungsfragen aus dem Gewerblichen Fragenbuch von Karmarsch**

| 1. Allgemeine Fragen für Eisen- und Stahlarbeiter | 2. Fragen für Einzelberufe |
|---|---|
| 35. In welchen verschiedenen Gestalten kommt das Schmiedeeisen im Handel vor? | **Grobschmiede** |
| 36. Woher bezieht man in Württemberg das Eisen, und woher namentlich das beste? Weshalb wird dieses vorgezogen? | 1. Welche Räumlichkeiten sind zu einer richtig angeordneten Schmiede nebst Zubehör erforderlich? |
| 37. Wie geschieht die Fertigung des Stabeisens? | 2. Was gehört an Werkzeug zu der vollständig eingerichteten Werkstätte eines Huf- und Waffenschmiedes? |
| 38. Welches sind die gebräuchlichsten Gattungen des Stabeisens? | 3. Welches sind die am häufigsten vorkommenden Geschäfte und Arbeiten dieses Gewerbes? |
| 39. Was versteht man unter Façoneisen? | **Schlosser** |
| 40. Was ist Walzeisen und Hammereisen? | 1. Was nennt man Grobeisen, und was wird unter Kleineisen verstanden? Welcher von diesen Gattungen bedarf der Schlosser am öftesten? |
| 41. Was ist Schneideisen (geschnittenes Stabeisen), und welche Unvollkommenheiten hat dasselbe womöglich? | 2. Wie heißen die Sorten von Kleineisen, die der Schlosser am häufigsten verarbeitet? |
| 42. Was versteht man unter raffiniertem Eisen? | 3. Wozu findet sechs- und achtkantiges Eisen seine Hauptverwendung? |
| 43. Welche Wirkungen äußert die Temperatur (Kälte und Wärme) auf das Eisen? | **Büchsenmacher** |
| 44. Warum werden geschmiedete Gegenstände ausgeglüht, und welche Wirkung äußert das Ausglühen überhaupt auf das Eisen? | 125. Wie werden die Züge in den Büchsenläufen gemacht? |
| | 126. Wie ist Einrichtung und Gebrauch der Ziehbank? |
| 45. Wie wird Eisenblech verfertigt? | 127. Was versteht man unter dem Frischen eines Büchsenlaufs, und was ist bei dieser Arbeit hauptsächlich zu beobachten |

Quelle: Karmarsch, Karl: Gewerbliches Fragenbuch. Hrsg.: Königlich Württembergische Zentralstelle für Gewerbe und Handel. Stuttgart 1867

Als Ergebnis legte Karmarsch zwei getrennte Fragensammlungen vor, und zwar zum einen Fragen, die für verwandte Berufe in gleicher Formulierung gestellt wurden und zum anderen getrennt davon Fragen zu Themenstellungen, die sich speziell auf Einzelberufe bezogen. So entstanden im Sinne von Basisanforderungen Fragenbücher für die Metallberufe, Bauberufe usf. und darauf aufbauend Fragenbücher für die entsprechenden Einzelberufe. Diese von Karmarsch vorgenommene Unterscheidung dürfte in Deutschland die erste Ausarbeitung sein, die das Ausmaß übereinstimmender Lerninhalte in verwandten Ausbildungsberufen herausstellte (vgl. Quellenauszug 1).

In Württemberg entwickelte sich das Dualsystem zunächst in Kooperation zwischen gewerblichen Fortbildungsschulen und Gewerbevereinen, die in der Zeit der Gewerbefreiheit die Ausbildung im Betrieb förderten.

Ferdinand von Steinbeis als Leiter der Zentralstelle für Gewerbe und Handel nahm sich insbesondere der Berufsausbildung auf der unteren Ebene an und schuf dafür eine Kommission, in der die Wirtschaft durch seine Zentralstelle und die Schulen durch das zuständige Ministerium vertreten waren, so dass alle anstehenden Details diskutiert und entschieden werden konnten. Die curriculare Arbeit über das Fragenbuch bezog die betriebliche wie auch die schulische Seite ein. Das besondere Merkmal dieses Entwicklungsabschnitts war die enge Zusammenarbeit von Betrieb und Schule. Hinzu kommt, dass auf freiwilliger Basis Lehrabschlussprüfungen eingeführt wurden, die sich rasch weiterentwickelten.

### c) Zuständigkeiten der Handwerkskammern gemäß Reichsgewerbeordnung 1897

Mit der Gewerbeordnung 1897 übertrug das Reich die Verantwortung für die berufliche Bildung den nach 1900 zu errichtenden Handwerkskammern. Gleichzeitig wurde über dieses Gesetz verfügt, die Lehrabschlussprüfungen von den Kammern oder den von ihnen autorisierten Innungen durchführen zu lassen. Abbildung 4 zeigt ein Prüfungszeugnis, das dieser gesetzlichen Regelung entsprach. Festgelegt wurde auch, dass Lehrlinge die Sonntags- oder Fortbildungsschulen zu besuchen hatten. Damit entstand reichseinheitlich ein neues Modell einer dualen Ausbildung, die in den folgenden Jahrzehnten verschiedenartige Präzisierungen erfuhr. Auf diese wird im Folgenden näher eingegangen.

Im Vergleich mit anderen Nationen gilt es als Besonderheit, dass die Zuständig- keit für den Komplex Berufsausbildung in Deutschland vom Beginn des 20. Jahrhunderts an bei der Wirtschaft liegt. Dabei wurden die Einflussmöglichkeiten der Landesregierungen, die sich bisher für die Berufsausbildung verantwortlich fühlten, stark eingeschränkt, waren doch den neuen Kammern weitreichende Befugnisse in der Berufsausbildung übertragen. Die Handelskammern, die schon bald auch Industriebetriebe vertraten, erhielten damals diese Kompetenz noch nicht. Die Industrie nahm allerdings ab 1920 nach und nach analog einzelne Funktionen wahr.

Die Bevorzugung des Handwerks begründete man damals mit der Zielsetzung der Förderung des Mittelstands gegenüber der aufstrebenden Industrie. Parallel dazu setzte sich damit ebenfalls die von Preußen ausgehende und auf die neuhumanistische Sichtweise zurückzuführende Doktrin durch, die Berufsausbildung aus dem Komplex Bildung auszugrenzen.

**Abb. 4:
Prüfungszeugnis
gemäß
Gewerbeordnung
des Deutschen Reichs
1897/1900**

**Berufsbildung
gilt nicht
als Bildung** Wilhelm von Humboldt als Leiter der preußischen Erziehungsdirektion kennzeichnete schon im *Litauischen Schulplan* vom Jahre 1809 das Nebeneinander von Bildung und Berufsbildung wie folgt[53]:

> „Alle Schulen aber, deren sich nicht ein einzelner Stand, sondern die ganze Nation, oder der Staat für diese annimmt, müssen nur allgemeine Menschenbildung bezwecken. Was das Bedürfnis des Lebens oder eines einzelner seiner Gewerbe erheischt, muss abgesondert, und nach vollendetem allgemeinen Unterricht erworben werden. Wird beides vermischt, so wird die Bildung

---

[53] W. v. Humboldt: Schriften zur Politik und zum Bildungswesen. Hrsg. A. Flitner und K. Giel, Darmstadt 2002, S. 188. S. auch G. Rothe 2008, S. 156ff.

unrein, und man erhält weder vollständige Menschen, noch vollständige Bürger einzelner Klassen."

In Anwendung dieses Grundsatzes lag die berufliche Bildung in Preußen und später im Deutschen Reich bei den Wirtschaftsministerien; die Verantwortung für die Ausbildung vor Ort wurde schließlich über die Novellierung der Reichsgewerbeordnung vom Jahre 1897/1900 für die ganze Breite der Lehrberufe den neu errichteten Handwerkskammern übertragen.

Voraussetzung für die Ausbildung von Lehrlingen war nach 1900 die absolvierte Lehrabschlussprüfung der verantwortlichen Ausbilder. Erst mit der Novelle zur Gewerbeordnung im Jahre 1908 wurde der so genannte Kleine Befähigungsnachweis eingeführt, wonach nur geprüfte Meister Lehrlinge ausbilden durften. Der Einführung eines Großen Befähigungsnachweises, wonach die Meisterprüfung nicht nur für die Ausbildung von Lehrlingen, sondern auch für die selbstständige Führung eines Gewerbebetriebes vorgeschrieben werden sollte, hatte der Reichstag zwar 1890 zugestimmt, doch kam eine derartige gesetzliche Regelung wegen der Ablehnung durch den Bundesrat nicht zustande. Bindung der Lehrlingsausbildung an den Meisterstatus

Zu den Hauptaufgaben der Kammern zählte zunächst die Erstellung und Konkretisierung detaillierter Ausbildungspläne, die auch den Betrieben den Umfang der Prüfungsanforderungen veranschaulichten. An den Prüfungsmodalitäten selbst hat sich vom Jahre 1900 bis heute kaum Grundlegendes geändert. Die schon Jahrzehnte zuvor für den Bereich Handel gegründeten Kammern, die später auch die Interessen der Industrie wahrnahmen, wurden zunächst nicht berücksichtigt und letztlich erst im Jahre 1936 auf gesetzlicher Basis dem Handwerk gleichgestellt. Aufgabe der Kammern

Im Modell der Handwerkskammern nach der Gewerbeordnung des Deutschen Reichs wurde der Besuch der Fortbildungsschule für Lehrlinge verpflichtend. Die Prüfungsregelungen sahen aber keine Mitwirkung der Schule vor. Bei dieser Regelung blieb es im Großen und Ganzen bis heute. Bedeutung dieses Entwicklungsabschnitts

In den 1920er Jahren wurde zwar die auf Georg Kerschensteiner zurückgehende Bezeichnung *Berufsschule* übernommen; hinsichtlich der Kooperation blieb es allerdings bei der bisherigen Aufgabenteilung, dem Status einer Fortbildungsschule entsprechend.

### d) Zusammenwirken von Schule und Betrieb in der HK Stuttgart 1900 bis 1909

Für den ersten Zeitabschnitt bis 1909 hatte die Reichsgewerbeordnung 1897 als Übergangsmöglichkeit festgelegt, die neu einzuführende Gesellenprüfung auch mit den schon bis dahin eingeführten Lehrlings- oder Schulprüfungen zu koppeln, was insbesondere in Württemberg der Fall war. Der entsprechende Passus der Gewerbeordnung lautet: Stuttgarter Handwerkskammer

> „Die Landes-Zentralbehörden sind befugt, ... das Verfahren bei der Prüfung ...
> abweichend von den Vorschriften in §§ 131 – 132 zu regeln, dabei darf jedoch

hinsichtlich der bei den Prüfungen zu stellenden Anforderungen nicht unter das in § 131 b, Absatz I bestimmte Maß herabgegangen werden." (§ 132a)

So konnten im Bezirk der Handwerkskammer Stuttgart Ergebnisse der Gesellenprüfung und der Prüfung der Sonntags- oder Fortbildungsschule nebeneinander im Prüfungsprotokoll aufgeführt werden. Die Ausschöpfung dieser gesetzlichen Übergangsregelung gelang der Stuttgarter Kammer, da in den ersten Jahren ihres Bestehens die Gewerbevereine einen erheblichen Einfluss ausübten (vgl. Abbildung 5). Nach 1908 schloss sich die Stuttgarter Kammer den Regelungen nach Gewerbeordnung 1897 voll inhaltlich an. Von da an gab es auch hier nur das allgemeine Prüfungsprotokoll der Handwerkskammer oder Innung.

**Abb. 5:**
**Prüfungszeugnis**
**Handwerkskammer**
**Stuttgart**
**1902 bis 1909**

Sonderregelung gemäß § 132a Reichsgewerbeordnung 1897

**Bedeutung dieses Entwicklungsabschnitts** Die Besonderheit liegt im Nebeneinander der Durchführung von Gesellenprüfung und Schulprüfung sowie der Erteilung eines gemeinsamen Prüfungszeugnisses, das auf freiwilliger Basis erstellt wurde. Mit diesem Prüfungsprotokoll wurde der duale Charakter der Lehrlingsausbildung in Württemberg unterstrichen.

### e) Ausbildung in der Industrie mit Einführung von Werkschulen

Als Besonderheit in der Weiterentwicklung der Ausbildung in Industriebetrieben ist zu vermerken, dass ein erheblicher Anteil deutscher Großbetriebe ab Mitte des 19. Jahrhunderts eigene Betriebsberufsschulen einrichtete. Zu den ältesten *Industriewerkschulen* gehörten die der Pommerschen Portland-Zementfabrik (1858) und der Firma König & Bauer in Würzburg (1868).[54] Sie entstanden aus der Notwendigkeit, für die Entwicklung einer qualitativ hochwertigen Fertigung zuvor Unterweisungen und Unterrichtsmaßnahmen außerhalb der Produktion durchzuführen. Bis zum Jahre 1911 hatten im Reichsgebiet etwa 75 Großbetriebe eigene Berufsschulen eingerichtet.[55]

*Werkschulen der Industrie*

Als Vorbild galt die im Jahre 1844 in der Elsässischen Maschinenfabrik Graffenstaden eingerichtete „Gewerbschule".[56] Als Direktor dieses Unternehmens äußerte der an der Karlsruher Polytechnischen Schule als Gewerbelehrer ausgebildete Jakob F. Meßmer schon damals Vorstellungen, die an die alternierende Ausbildung nach dem Modell der EU vom Jahre 1979 anklangen:

*Maschinenfabrik Graffenstaden als Vorbild*

> „Ein Ideal würde es sein, wenn es gelänge, sich in der Schule mit der Arbeit in eine enge Verbindung zu setzen, daß beide mit ihrem Fortschreiten einander ergänzen und stets in unmittelbarer Verbindung und fortlaufender Wechselwirkung bleiben."[57]

Auf Initiative des Deutschen Ausschusses für das technische Schulwesen (DATSCH) entstanden Musterlehrgänge für industrielle Lehrwerkstätten und Werkschulen. In den Jahren der Weltwirtschaftskrise ging der Bestand an Betriebsberufsschulen erheblich zurück. Nach Ende des Zweiten Weltkriegs wurden die meisten Werkschulen der Großbetriebe aufgelöst. In der Bundesrepublik bestanden danach nur ca. 20 der alten Einrichtungen fort; sie wurden als Ersatzschulen zugelassen.[58]

*Entwicklung der industriellen Werkschulen*

Die in Großbetrieben eingerichteten Werkschulen wirkten mit den Fertigungsabteilungen des jeweiligen Unternehmens zusammen. Den Betriebsberufsschulen waren Lehrwerkstätten angegliedert, in denen die Lehrlinge zu Beginn der Aus-

*Bedeutung dieses Entwicklungsabschnitts*

---

[54] Vgl. Dehen, Peter: Die deutschen Industriewerkschulen in wohlfahrts-, wirtschafts- und bildungsgeschichtlicher Beleuchtung. München 1928, S. 30

[55] Vgl. Fenger, Herbert: Betriebsberufsschulen in der Bundesrepublik Deutschland. In: Jahrbuch für Wirtschafts- und Sozialpädagogik 1969. Hrsg.: Dr.-Kurt-Herberts-Stiftung zur Förderung von Forschung und Lehre der Wirtschafts- und Sozialpädagogik e.V. Köln, S. 76f.

[56] Vgl. Fenger, a.a.O., S. 77

[57] Zitiert nach: Monsheimer, Otto: Drei Generationen Berufsschularbeit. Gewerbliche Berufsschulen. (Beiträge zur Geschichte und Systematik der Berufsschulpädagogik). Weinheim: Beltz o. J., S. 255

[58] Fenger, a.a.O., S. 79

bildung zumeist über ein Jahr im berufspraktischen Bereich systematisch unterwiesen wurden. Das enge Zusammenwirken zwischen Werkschule und den verschiedenen Fertigungsabteilungen der gleichen Unternehmung ist demzufolge als eine effiziente Form der dualen Ausbildung zu verstehen.

### f) Reichseinheitliche Ausbildungspläne ab 1933

**Großer Befähigungsnachweis** Nach 1933 hatte sich das Handwerk einerseits den Gleichschaltungsinitiativen zu fügen; so wurden u. a. Präsidenten und Obermeister in den Handwerkskammern durch Parteimitglieder ersetzt. Im Dienst der staatlichen Planwirtschaft unterstanden die Kammern der Aufsicht des Reichswirtschaftsministers. Andererseits erfüllten sich jahrzehntealte Forderungen des Handwerks: Im Januar 1935 wurde der Große Befähigungsnachweis eingeführt, der die selbständige Führung eines Handwerksbetriebs an den Meistertitel band.[59] Das überkommene handwerkliche Ausbildungsmodell erfuhr somit eine weitere Privilegierung, allerdings nicht unter den erhofften Bedingungen der Unabhängigkeit und Selbstverwaltung. Im Jahre 1943 wurden schließlich alle Handwerkskammern sowie auch der Deutsche Handwerks- und Gewerbekammertag aufgelöst.

**Reichsschulpflichtgesetz** Das Gesetz über die Schulpflicht im Deutschen Reich (Reichsschulpflichtgesetz) vom 6. Juli 1938 regelte den Besuch der Volks- und Berufsschulen einheitlich. Zu besuchen war die Volksschule acht Jahre, die anschließende Berufsschule drei, in landwirtschaftlichen Berufen zwei Jahre. Beim Vorhandensein fachlich ausgerichteter Berufsschuleinrichtungen blieb der in Ausbildung Stehende bis zum Ende der Lehrzeit berufsschulpflichtig (§ 9 Abs. 1).

**Bedeutung dieses Entwicklungsabschnitts** Obwohl die Industrie schon einige Teilbereiche reklamierte, erfolgte die volle Übertragung der Kompetenzen für die Berufsausbildung in Handel und Industrie an die Industrie- und Handelskammern erst im Jahre 1936. In dieser Phase wurde das Zusammenwirken von Schule und Betrieb noch nicht geregelt; damit bestand die seit 1900 geltende Form fort.

### g) Stand des Berufsbildungswesens Ende des Zweiten Weltkriegs

**Kritik an der Berufsstruktur** In der Zeit nach Ende des Zweiten Weltkriegs wurde die Sonderentwicklung der beruflichen Bildung in Deutschland von ausländischen Experten äußerst kritisch beurteilt. Ein im Auftrag des amerikanischen Hochkommissars im Jahre 1952 von G. W. Ware erstelltes Gutachten charakterisierte die deutsche Berufsausbildung wie folgt:

> „Deutschland wird als das klassische Land der Lehrlingsausbildung angesehen, die auf das 11. und 12. Jahrhundert mit den Städtegründungen und der darauffolgenden gewerblichen Spezialisierung zurückgeht.“[60]

---

[59] „Dritte Verordnung über den vorläufigen Aufbau des deutschen Handwerks." Reichsgesetzblatt Teil 1, Jahrgang 1935, S. 15–19

[60] Ware, George W.: Berufserziehung und Lehrlingsausbildung in Deutschland. Frankfurt am Main 1952, S. 34

Der Autor äußerte sich kritisch zum Nebeneinander einer hohen Zahl von Einzelberufen nach dem Modell der Zunftzeit im ausgehenden Mittelalter. Ware stellte heraus, dass „in Übereinstimmung mit der in Deutschland vorherrschenden Neigung zur beruflichen Spezialisierung ... jede Funktion als ein unabhängiges Spezialgebiet" anerkannt werde.[61]

**Kritik an der Bevorzugung des Handwerks**

Das von Prof. Grosser gegründete Pariser Forschungs- und Dokumentationszentrum für Deutschland[62] äußerte sich im Jahre 1993 im Rückblick zu den 1900 neu errichteten Handwerkskammern wie folgt:

> „Der ihnen gewährte Status einer Körperschaft des öffentlichen Rechts begründet die seither ungebrochene Trägerschaft der betrieblichen Berufsausbildung durch Organisationen der Wirtschaft in Selbstverwaltung." Und ferner: „Diese Institutionalisierung der betrieblichen Berufsbildung steht zwar am Ursprung des dualen Systems, verdeutlicht aber auch, daß es sein Entstehen einer paradoxen Ausgangslage verdankt, nämlich der Privilegierung der handwerklichen Tradition in einer Situation, in der die industrielle Entwicklung des Landes voll in Schwung kam."[63]

**Bedeutung dieses Entwicklungsabschnitts**

Auch in der Zeit, in der die staatliche Ordnung in Deutschland neu aufgebaut wurde, blieb die Berufsausbildung in der Zuständigkeit der Handwerkskammern (HK) und der Industrie- und Handelskammern (IHK) unverändert.

## h) Deutscher Ausschuss für das Erziehungs- und Bildungswesen ab 1960

**Deutscher Ausschuss**

Der Begriff *Dualsystem* wurde in die deutsche Fachsprache vom Deutschen Ausschuss für das Erziehungs- und Bildungswesen, Leitung Prof. Wilhelm Hahn, eingeführt, und zwar im Gutachten des Jahres 1964. Als Ausschussmitglied wurde für Fragen des Berufsbildungssystems eigens Prof. Heinrich Abel vom Berufspädagogischen Institut Frankfurt gewonnen. Auf ihn geht der Ausdruck Dualsystem zurück.

Das Zusammenspiel der beiden grundlegenden Lernformen stellte das Gutachten wie folgt heraus:

> „Wesentlich für den Erfolg der dualen Ausbildung ist die Beziehung zwischen Lehrgang und produktiver Tätigkeit. Von ihrer besten Form ist sie in der traditionellen Zusammenarbeit von Betrieb und Teilzeitberufsschule zum Teil noch weit entfernt, vor allem bei der Ausbildung en passant in kleineren oder mittleren Betrieben, in der überlieferte Sinngehalte ständischer Berufserziehung noch nachwirken."[64]

---

[61] Ebd., S. 22

[62] Centre d'Information et de Recherche sur l'Allemagne Contemporaine (CIRAC)

[63] Lasserre, René; Lattard, Alain: Berufliche Bildung in der Bundesrepublik Deutschland. Spezifika und Dynamik des dualen Systems aus französischer Sicht. Hrsg.: G. Rothe (Materialien zur Berufs- und Arbeitspädagogik Bd. 11), Villingen-Schwenningen 1994, S. 4

[64] Empfehlungen und Gutachten des Deutschen Ausschusses für das Erziehungs- und Bildungswesen 1953 – 1965. Gesamtausgabe 1966, S. 485

„In der dualen Ausbildung tragen Betrieb und Berufsschule eine gemeinsame Verantwortung. Ihr Beitrag ist verschieden, aber er begründet gleichgewichtige Pflichten und Rechte. Um die Gemeinsamkeit der Verantwortung zu verstärken und sichtbar zu machen, veranstalten beide Partner zum Abschluß der beruflichen Ausbildung am Ende der obligatorischen Berufsschulzeit eine gemeinsame Prüfung und erteilen das Abschlußzeugnis gemeinsam."[65]

Im Anschluss daran nennt Abel als Beispiel für das Zusammenwirken im dualen System die Kooperation von Werkschulen in Großbetrieben mit den einzelnen Fachabteilungen der betreffenden Unternehmungen. Die in Deutschland eingeführte Form der betrieblichen Ausbildung wurde nicht erwähnt. Ganz bewusst wies Abel auf die enge Kooperation von Teilzeitschule und Betrieb in Großunternehmen hin und konnte sich dabei auf die damals noch bestehenden Werkschulen beziehen.

**Dualsystem ohne koordiniertes Zusammenwirken**

Nach 1964 übernahmen Vertreter der Wirtschaft den Terminus *Dualsystem* als Gütekriterium, ohne allerdings die im Ergebnis des Deutschen Ausschusses für das Erziehungs- und Bildungswesen herausgestellte Ausbildungspartnerschaft bzw. das koordinierte Zusammenspiel von Erfahrungslernen und systematischer Ausbildung als Zusammenwirken der beiden Lernorte zur Kenntnis zu nehmen. Eine Veränderung des deutschen Dualsystems in Richtung auf das von Heinrich Abel gekennzeichnete Modell erfolgte also nicht.

**Bedeutung dieses Entwicklungsabschnitts**

Mit den vom Deutschen Ausschuss herausgestellten Grundsätzen für das Dualsystem knüpfte Heinrich Abel einerseits an das Vorbild der Handwerkskammer Stuttgart 1904 bis 1909 an, zum anderen an das enge Zusammenwirken von Betriebsberufsschulen mit den Fertigungsabteilungen. Dieser Bezug veranschaulicht seine Skepsis gegenüber der damaligen Praxis in der beruflichen Bildung in den deutschen Ländern.

### i) Deutscher Bildungsrat in den 1960er Jahren

**Gutachten Januar 1969**

Nachdem die betriebliche Berufsausbildung in den 1960er Jahren wegen der Dominanz des „training on the job" teilweise in die Kritik geriet,[66] verabschiedete der Deutsche Bildungsrat Anfang 1969 ein Gutachten zur Lehrlingsausbildung, in dem er u. a. deren unzureichende theoretische Fundierung bemängelte.[67] Er stellte fest, dass die Lehrlingsausbildung insgesamt durch eine erhebliche Ungleichheit in den Anstrengungen und Leistungen der einzelnen Betriebe gekennzeichnet sei und dass im praktischen Teil der Ausbildung das Vor- und Nachmachen mit oft unzureichender theoretischer Unterweisung vorherrsche.

---

[65] Ebenda, S. 493

[66] Vgl. Lipsmeier, Antonius: Die didaktische Struktur des beruflichen Bildungswesens. In: Blankertz, Herwig/Derbolav, Josef u. a. (Hrsg.): Enzyklopädie Erziehungswissenschaft Bd. 9, Teil 1: Sekundarstufe II: Jugendbildung zwischen Schule und Beruf. Stuttgart, Dresden 1995, S. 242

[67] „Zur Verbesserung der Lehrlingsausbildung." Verabschiedet auf der 19. Sitzung der Bildungskommission am 30./31. Januar 1969. In: Deutscher Bildungsrat: Empfehlungen der Bildungskommission 1967–1969, Stuttgart 1970, S. 87–131, hier S. 100

Daher forderte der Deutsche Bildungsrat generell die Vollständigkeit und Planmäßigkeit der Ausbildung sowie ihre theoretische Fundierung im Betrieb. Nach
seiner Auffassung sollten die Ausbildungsbetriebe in den Lehrverhältnissen auch
den Fachunterricht mit bestreiten. Diese Forderung formulierte er wie folgt:

> „Der während der Lehrzeit in Betrieb und Schule zu erteilende theoretische
> Unterricht hat den gesamten Zusammenhang der Ursachen und Wirkungen
> des beruflichen Handelns zu umfassen und zu ihrer kritischen Reflexion hin-
> zuführen. Eine solche Vertiefung des Verständnisses für die eigene berufli-
> che Tätigkeit und die Zusammenhänge und Veränderungen in der Berufs-
> und Arbeitswelt ist notwendig in der fachtheoretischen Unterweisung der Be-
> rufsschule und am Ausbildungsplatz im Betrieb sowie in den sprachlichen,
> natur- und gesellschaftswissenschaftlichen Fächern der Berufsschule.“[68]

Ganz offensichtlich sollte diese Festlegung den Betrieb als Verantwortlichen
stärker in die Pflicht nehmen. Auf den Ausbildungsschwerpunkt des Erfahrungslernens wurde in jener Diskussion überhaupt nicht eingegangen, so als ob die
Ausbildung im Betrieb nach schulischem Modell zu konzipieren wäre.
In der Initiative des Deutschen Bildungsrats spiegelt sich damit auch das Streben
deutscher Betriebe wider, die ein größeres Maß an Verantwortung tragen wollen, als das Erfahrungslernen allein. Der Bildungsrat kam damals also den Interessen dieser Ausbildungsbetriebe entgegen.

### j) Berufliche Bildung in Stufen in Baden-Württemberg
In Rahmen der Vorarbeiten für den Schulentwicklungsplan II in Baden-Württemberg wurde in der Zeit nach 1965 eine groß angelegte Untersuchung zur
Fachklassenbildung durchgeführt. Sie sollte zeigen, wo die Grenzen der regionalen Pendelbezirke sind und in welchem Umfang die Ausbildung in Fachklassen
über Internate zu organisieren ist.

In diesem Zusammenhang rückte die Verwandtschaft von Berufen in den Mit-
telpunkt der Diskussion, so dass – nachgewiesen durch Studien von Lehrbüchern
für verwandte Berufe – die Einrichtung von Berufsfeldklassen zu Anfang der
Ausbildung beschlossen wurde, und zwar in zwei diskutierten Formen: zwei
Jahre Berufsfeldausbildung und das dritte Jahr im Einzelberuf oder ein Jahr Be-
rufsfeldausbildung und darauf aufbauend eine zweijährige Fachstufe.
Kultusminister Wilhelm Hahn begründete im Geleitwort der Schrift „Berufliche
Bildung Stufen“[69] die Wichtigkeit der Zusammenfassung mehrerer Berufe in
Grundstufen dahingehend, dass grundausgebildete Jugendliche später auch in
ganz neuen Tätigkeitsfeldern eingesetzt werden können:

*Marginalien:*
**Planmäßigkeit der Ausbildung gefordert**

**Bedeutung dieses Entwicklungs-abschnitts**

**Untersuchung zur Fachklassen-bildung als Basis**

**Zusammenfassung von Berufen in Feldern**

---

[68] Ebd., S. 104
[69] Vgl. Rothe, G.: Berufliche Bildung in Stufen. Modellstudie zur Neuordnung der Berufsschulen in Baden-Württemberg, dargestellt am Raum Schwarzwald-Baar-Heuberg. Hrsg.:
Kultusministerium Baden-Württemberg. (Bildung in neuer Sicht: Reihe A, Nr. 7), Villingen 1968

„Mit Recht weist ... der Sachverständigenrat zur Begutachtung der gesamtwirtschaftlichen Entwicklung in der Bundesrepublik in seinem zweiten Jahresgutachten darauf hin, dass der Fortschritt der Technik mehr berufliche
Spezialisierung, der damit verbundene Wandel der Wirtschaft gleichzeitig
aber ein Mehr an beruflicher Anpassungsfähigkeit verlangt. Beides ist nur er-
reichbar, wenn die Ausbildungsbasis breit genug ist. Sie muss sogar Grundlage sein für Berufe, die es erst in Zukunft geben wird ... Eine breitere
Grundausbildung bedeutet für den einzelnen, da sie ihn flexibler macht, mehr
Sicherheit, wie Arbeitslosenstatistiken erkennen lassen."[70]
Abbildung 6 veranschaulicht die damals diskutierten Stufenpläne. Im linken
Feld wird auf die Lösung nach herkömmlichem Berufsprinzip verwiesen, im
rechten auf den Stufenplan Krupp mit getrennten Bildungsgängen, die von vorn-
herein auf unterschiedliche Abschlüsse zielen. Der mittlere Bereich zeigt das
Stufenmodell mit zweijähriger Grundstufe.

**Abb. 6: Berufliche Bildung in Stufen**

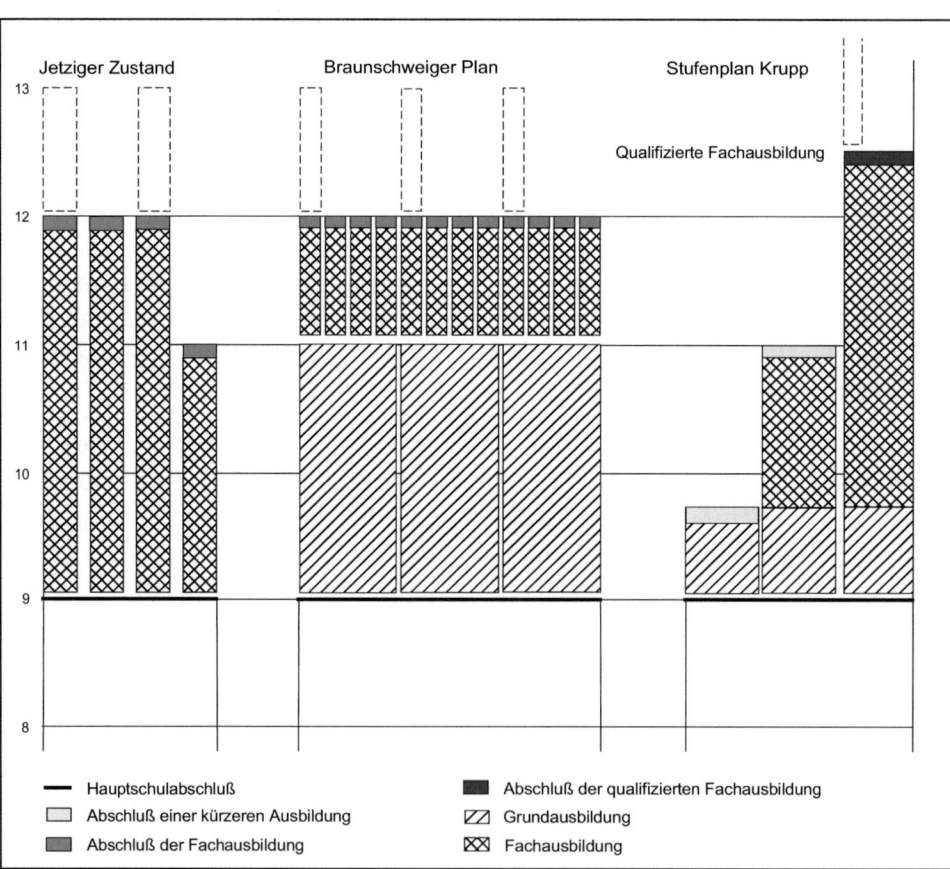

Quelle: Rothe, G.: Berufliche Bildung in Stufen, a.a.O., S. 141

---

[70] A.a.O., S. XVI

Das für die Ausbildung vorgeschlagene Modell fand von Seiten der Wirtschaft keine Zustimmung. Man blieb beim Berufsprinzip, also dem Nebeneinander vieler Einzelberufe über die drei Ausbildungsjahre hinweg. Dessen ungeachtet wurde in Baden-Württemberg der schulische Teil in gestufter Form unterrichtet. Dies stellt für das Gesamtsystem und den schulischen Teil eine günstige Ausgangssituation dar, denn daraus ergibt sich auch die Möglichkeit, dass ein großer Teil von Ausbildungszweigen am örtlichen Teilzeitschulstandort unterrichtet werden kann. **Bedeutung dieses Entwicklungs-abschnitts**

### k) Berufsbildungsgesetz 1969

Bis 1969 blieb es unverändert bei der Zuständigkeit der Kammern nach der Gesetzgebung von 1900 für das Handwerk und von 1936 für die Industrie. Das Berufsbildungsgesetz entstand vor allem auf Bestrebungen der Gewerkschaften hin. Dabei wurde davon ausgegangen, dass der Bund, laut Grundgesetz für die Wirtschaft zuständig, auch für die Ausbildung im Rahmen der Wirtschaft Verantwortung trägt. **Einfluss der Gewerkschaften**

Im Zuge der Vorbereitung des BBiG drängten die Gewerkschaften darauf, dass der Staat die Oberhoheit über die Ausbildung erhalten solle. Diese Forderung wurde nicht erfüllt.

Das BBiG wurde, da man sich am Ende einer Legislaturperiode befand, rasch verabschiedet; die letzten Sitzungen fanden hinter verschlossenen Türen statt. Das Gesetz entsprach schließlich ganz den bis dahin schon traditionell geltenden Regelungen. Hinsichtlich der Kammern ergab sich allerdings eine Ausweitung durch weitere als zuständige Stellen einbezogene Einrichtungen, so u. a. Rechtsanwalts-, Wirtschaftsprüfer- und Ärztekammern (BBiG 1969 §§ 75 – 97).

Das BBiG beruht auf der Auffassung, dass die Ausbildung im Betrieb Vorrang hat; eine konstruktive Arbeitsteilung mit der Teilzeitschule sieht das Gesetz nicht vor. Dies spiegelt sich in der Festlegung wider, wonach der Ausbildende, also der Betrieb, dafür zu sorgen hat, **Vorrang: Ausbildung im Betrieb**

> „daß dem Auszubildenden die Fertigkeiten und Kenntnisse vermittelt werden, die zum Erreichen des Ausbildungsziels erforderlich sind, und die Berufsausbildung in einer durch ihren Zweck gebotenen Form planmäßig, zeitlich und sachlich gegliedert so durchzuführen, daß das Ausbildungsziel in der vorgesehenen Ausbildungszeit erreicht werden kann" (§ 6, Ziff. 1).

Das BBiG festigte die Stellung der Kammern als *zuständige Stellen* für die Berufsausbildung, ohne eine staatliche Aufsicht zu reklamieren. Der Staat zog sich auf die Ausfertigung der Ausbildungsordnungen zurück. Damit wurde die Kompetenz der Ausbildungsbetriebe und der sie vertretenden Kammern eindeutig festgelegt. Sie erweist sich als gegenüber der Kompetenz der Zünfte in früherer Zeit umfangreicher. Dort hatten nämlich die Städte die Zunftordnungen zu erlassen und auch die Lossprechungsdokumente zu unterzeichnen. Daneben wirkte der Staat im Sinne des alten Deutschen Reiches über die Reichsabschiede mit. **Rückzug des Staates**

Die Ausbildungsordnungen werden nun mit den Ausbildungsrahmenlehrplänen für den berufsbezogenen Unterricht in der Berufsschule nach einer zwischen der

Bundesregierung und der KMK im Jahre 1972 getroffenen Vereinbarung, dem so genannten „Gemeinsamen Ergebnisprotokoll" abgestimmt.[71] Damit ist auf dieser Ebene zwar eine erste Voraussetzung für das zielgerichtete Ausbilden in Betrieb und Berufsschule gegeben. Einem konstruktiven Zusammenwirken steht allerdings die dem Ausbildungsbetrieb gesetzlich zugewiesene Verantwortung für den Ausbildungserfolg entgegen.

**Bedeutung dieses Entwicklungsabschnitts**

Das Berufsbildungsgesetz brachte im Prinzip kaum Neuerungen, außer der Einbeziehung weiterer Kammern und der Fixierung der Rechte der Kammern über ein Bundesgesetz. Übereinstimmend mit der Initiative des Deutschen Bildungsrats spiegelt sich im BBiG die Auffassung wider, dass der Betrieb weit mehr als das Erfahrungslernen leisten soll. Er trägt die alleinige Verantwortung für das Erreichen des Ausbildungsziels.

### l) Markierungspunkte als Initiative von Bundeskanzler Brandt 1973

**Stärkung des staatlichen Einflusses**

Nach Ende der Großen Koalition, in die die Verabschiedung des Berufsbildungsgesetzes fiel, bemühte sich Kanzler Willy Brandt, die Kompetenz des Staates in der beruflichen Bildung zu verankern und das BBiG entsprechend zu ändern. In seiner Regierungserklärung vom 18.01.1973 hatte er die berufliche Bildung explizit zu einem Reformvorhaben erhoben:

„Die Chancengleichheit verlangt für die berufliche Bildung den gleichen Rang, wie ihn andere Bildungsbereiche haben" und forderte deshalb: „Das Berufsbildungsgesetz muß neu gefaßt werden."[72]

Als Grundlage dafür legte die Bundesregierung im November 1973 die so genannten Markierungspunkte vor. In der Einleitung zu diesen wird betont, dass bisher die weiterführenden allgemein bildenden Schulen und Hochschulen im Vordergrund des gesellschaftlichen Interesses wie auch der finanziellen Unterstützung durch die öffentliche Hand gestanden hätten, während die berufliche Bildung strukturell, personell und finanziell ein Schattendasein führe.[73] Die Markierungspunkte hoben als wichtigste Voraussetzungen für die Verbesserung der Qualität der beruflichen Bildung und insbesondere der betriebsgebundenen Ausbildung u. a. hervor:

---

[71] Gemeinsames Ergebnisprotokoll betreffend das Verfahren bei der Abstimmung von Ausbildungsordnungen und Rahmenlehrplänen im Bereich der Beruflichen Bildung zwischen der Bundesregierung und den Kultusministern(-senatoren) der Länder vom 30.05.1972. Vgl. hierzu Illerhaus, Klaus: Die Kultusministerkonferenz – Aufgaben und Bedeutung für die duale Berufsausbildung in Deutschland. In: Die Koordinierung der Berufsausbildung in der Kultusministerkonferenz. Festschrift anlässlich der 250. Sitzung des Unterausschusses für Berufliche Bildung der Ständigen Konferenz der Kultusminister der Länder in der Bundesrepublik Deutschland (UABBi) am 16./17. Juni 2005 in Potsdam. Hg. von Klaus Illerhaus, Senatsrat im Sekretariat der Kultusministerkonferenz. Bonn 2005, S. 10f.

[72] Zitiert nach Greinert, Wolf-Dietrich: Realistische Bildung in Deutschland. Ihre Geschichte und aktuelle Bedeutung. Hohengehren 2003, S. 126

[73] Vgl. Der Bundesminister für Bildung und Wissenschaft: Grundsätze zur Neuordnung der Berufsbildung (Markierungspunkte). Vom Bundeskabinett am 15.11.1973 beschlossen. S. 1

- „Verstärkung und Ausbau der staatlichen Verantwortung und Aufsicht für den Gesamtbereich der beruflichen Bildung;
- nahtlose Abstimmung der schulischen und außerschulischen Berufsausbildung zu einem einheitlich konzipierten Bildungsgang, insbesondere durch eine Verbesserung der curricularen Grundlagen."[74]

Die angestrebten Veränderungen kamen nicht zustande. Letztlich scheiterten die Reformpläne von Willy Brandt aus zwei Gründen: Einmal am Protest der Dachorganisationen der Wirtschaft und der Kammern mit der Androhung, dann überhaupt nicht mehr auszubilden. Das zweite, letztendlich wirkungsvolle Argument gegen eine Veränderung der gegebenen Verhältnisse ging auf die Ende der 1970er und Anfang der 1980er Jahre eintretende Jugendarbeitslosigkeit im EG-Raum und die vergleichsmäßig geringen deutschen Quoten zurück. Dieses gute Abschneiden Deutschlands beruhte aber auf einem Berechnungsfehler. Die ausgewiesenen Quoten an Arbeitslosen unter 20 bzw. unter 25 Jahren entsprechen nicht den Tatsachen, da sich die vermeintlich wesentlich günstigere Position Deutschlands durch die hohen Anteile betrieblicher Ausbildung infolge von Zählungen der Lehrlinge als Erwerbstätige ergab (vgl. Kap. 2.3).

**m) EU-Kommission 1979 zur alternierenden Ausbildung**

Mit ihren Empfehlungen zur alternierenden Ausbildung legte die EU im Dezember 1979 Leitlinien zum Ausbau strukturierter Berufsbildungsgänge auf verschiedenen Qualifikationsstufen vor, die sich durch den geplanten Wechsel von Abschnitten des Erfahrungslernens im Betrieb und der systematischen Unterweisung in Schulen bzw. Ausbildungszentren auszeichnen. Dieses Zusammenwirken ist, wie besonders hervorgehoben, von den übergeordneten Stellen vertraglich zu regeln.

Das EU-Konzept der dual-alternierenden Ausbildung eröffnet für die Kooperation von Betrieb und Schule eine neue Dimension dadurch, dass jeder der beiden Partner eigene Aufgaben zu erfüllen hat. Die Anteile, die in systematischer Form zu bewältigen sind, sowie die Ausbildung in der Ernstsituation des Betriebs passen sich in flexibler Weise den jeweiligen Anforderungen der verschiedenartigen Ausbildungsgänge an. So bezieht das alternierende System sowohl qualitativ hochstehende Ausbildungsgänge mit relativ knappen betrieblichen Praktika als auch Berufe mit geringeren Ansprüchen mit entsprechend höheren Praxisanteilen ein.

Die Zeitanteile für das Zusammenwirken von Betrieb und Schule passen sich danach an die Besonderheiten des betreffenden Bildungsgangs an und können von 20 bis 80 % Schule festgelegt werden. Damit lassen sich berufsqualifizierende Vollzeitschulen einbeziehen, sofern sie im entsprechenden Volumen betriebliche Praktika ins Curriculum integrieren.

Die Lehrabschlussprüfung soll nach der EU-Konzeption in gemeinsamer Verantwortung von Schule und Betrieb durchgeführt werden, wobei die Oberhoheit

*Bedeutung dieses Entwicklungsabschnitts*

*Erfahrungslernen und systematische Unterweisung*

*Praktika auch für Vollzeitschulen*

*Regelung des Prüfungswesens*

---

[74] Ebenda, S. 2

im Prüfungswesen beim Staat liegt. Das gilt bei Abschlussprüfungen und auch bei Modul- oder Zwischenprüfungen. In die Prüfungskommissionen sind dafür speziell ausgewiesene Fachkräfte einzubeziehen.

**Bedeutung dieses Entwicklungsabschnitts** Die Empfehlungen der EU zielen auf ein enges Zusammenwirken der Lernorte, die auf der einen Seite Erfahrungslernen durch praktische Mitarbeit im Betrieb und auf der anderen Seite systematisches Lernen in Schule bzw. Ausbildungszentrum bieten. Bei der dual-alternierenden Ausbildung geht es um eine „wechselseitige Durchdringung"[75] der beiden Lernformen mit variablen Zeitanteilen, dem Anforderungsniveau des jeweiligen Berufsbildungsgangs entsprechend. Entscheidend für den Erfolg ist die Strukturierung der Gesamtausbildung nach Teilabschnitten mit Zuordnung zu den Ausbildungspartnern.

### n) Krankenpflege-/Gesundheitsberufe gemäß Grundgesetz Art. 74 Ziff. 19

**Historische Wurzeln** Die Ausbildung in der Krankenpflege geht auf Initiativen christlicher Kirchen und Ordensgemeinschaften Anfang des 19. Jahrhunderts zurück. Diese hatten damals begonnen, junge Frauen in der Krankenpflege anzuleiten. Mit der Zeit trat – neben die praktische Anleitung auf den Stationen – der Unterricht in den Grundlagen der Medizin. Um 1900 kamen mit der Frauenbewegung die freien Schwesternschaften hinzu. Die Ausbildungsstätten in den Kliniken boten in einer Hand die praktische Ausbildung und die theoretische Unterweisung. Sie entwickelten sich schließlich zu Krankenpflegeschulen, die mit einer staatlichen Prüfung abgeschlossen wurden. Mit dem Fortschritt der Medizin kamen neue Berufe hinzu, wie etwa Physiotherapeuten, Diätassistenten/innen, Sprachtherapeuten usf.

**Bundeszuständigkeit für die Heilberufe** Die Regelung des Zugangs zu akademischen und nichtakademischen Heil- und Heilhilfsberufen obliegt nach dem Grundgesetz (Art. 74 Ziff. 19) dem Bund. Über die Jahre hat er für 17 so genannte paramedizinische Berufe durch Bundesgesetz die Ausbildung und die Berufszulassung festgelegt. Überwacht werden die Ausbildungsstätten, an denen die Fachkräfte ausgebildet werden, von den Sozial- bzw. Kultusministerien der Länder. Sie nehmen die Prüfungen ab und erteilen die Zertifikate, ggf. die Kassenzulassung.

**Dualität als Grundprinzip der Ausbildung** Nach den gesetzlichen Vorgaben handelt es sich bei den 17 Berufen um dual-alternierende Ausbildungsgänge auf mittlerem und gehobenem Niveau. Die deutsche Statistik bezieht diese Berufe in die Kategorie Schulberufe ein; ihrer Grundstruktur nach entspricht das Vorgehen hingegen voll den EU-Vorgaben vom Jahre 1979 zur alternierenden Berufsausbildung auf den verschiedenen Qualifikationsstufen. Das heißt, die Verantwortung liegt bei der Schule des Gesundheitswesens für Krankenpflege, Physiotherapie usf. Sie steuert den Ausbildungsablauf nach den gesetzlichen Normen sowohl in der Praxis als auch in den Unter-

---

[75] Vgl. Europäisches Zentrum für die Förderung der Berufsbildung (CEDEFOP): Alternierende Ausbildung für Jugendliche: Leitfaden für Praktiker. Luxemburg 1982, S. 22

richtsfächern. Mit der Schule, die in der Regel in eine Klinik integriert ist, wird der Ausbildungsvertrag geschlossen; sie zahlt, soweit tarifliche Vereinbarungen vorliegen, die Ausbildungsvergütung. In der meist dreijährigen Ausbildungszeit wechseln die Schüler/innen phasenweise zwischen Stationen des Klinikums und Ausbildungsabschnitten in der Schule. Die staatliche Prüfung bezieht sich auf beide Aufgabenfelder.

Inzwischen hat sich in der EU der Trend zur Akademisierung dieser Fachberufe durchgesetzt. So sind unter anderem seit Jahren Studiengänge der Pflegewissenschaft etabliert. Teils wird bereits ein dualer Studiengang „Krankenpflege" und „Bachelor (Pflegewissenschaft)" im modularen Verbund angeboten. Die Anerkennung der bisher erteilten Zertifikate auf dem europäischen Arbeitsmarkt sichert die EU-Berufsanerkennungsrichtlinie 2005/36/EG (Anhang II).

**Trend zur Akademisierung**

Bei der Ausbildung in den paramedizinischen Berufen handelt es sich faktisch um duale Berufsbildungsgänge mit eng verzahnten Abschnitten des Lernens in systematischer Form und praktischer Unterweisung. Der Schule kommt dabei die Lenkungsfunktion zu. Diese ist beispielsweise für die Ausbildung in den Krankenpflegeberufen gesetzlich wie folgt festgelegt:

**Bedeutung dieses Entwicklungsabschnitts**

„Die Gesamtverantwortung für die Organisation und Koordination des theoretischen und praktischen Unterrichts und der praktischen Ausbildung entsprechend dem Ausbildungsziel trägt die Schule. Die Schule unterstützt die praktische Ausbildung durch Praxisbegleitung."[76]

## o) Berufsbildungsreformgesetz 2005

Das novellierte BBiG als Berufsbildungsreformgesetz trat im Jahre 2005 in Kraft. Es verlangt laut § 2 Abs. 2 die Kooperation der Lernorte, enthält aber keine Regelungen, wie diese in der Praxis zu konkretisieren wäre. So blieb es bei der losen Verbindung zwischen Berufsschule und Betrieb. Nach dem BBiG ist damit der Betrieb unverändert für die gesamte Ausbildung zuständig und hat dem Auszubildenden lt. § 14 Abs. 1 Ziff. 1 die berufliche Handlungsfähigkeit zu vermitteln, die zum Erreichen des Ausbildungsziels erforderlich ist.

**Verantwortung der Betriebe fortgeschrieben**

Das Gesetz verpflichtet den Ausbildenden nur dazu, den Auszubildenden zum Besuch der Berufsschule anzuhalten (§ 14, Abs. 1, Ziff. 4) und ihn für die Teilnahme am Berufsschulunterricht freizustellen (§ 15).

**Bedeutung dieses Entwicklungsabschnitts**

Das Gesetz wurde wie schon im Jahre 1969 ohne Beteiligung der Länder verabschiedet. Warum die Länder nicht einbezogen wurden, bleibt unklar; möglicherweise scheuen sie sich, ein höheres Maß an Verantwortung für die Berufsausbildung zu übernehmen. Die Stärkung der Länder über die Föderalismus-

---

[76] § 4 Abs. 5 des Gesetzes über die Berufe in der Krankenpflege (Krankenpflegegesetz – KrPflG) vom 16. Juli 2003 (BGBl. I S. 1442), zuletzt geändert durch Art. 34 des Gesetzes vom 2. Dezember 2007 (BGBl. I S. 2686).

kommission wirkte sich bisher nicht aus. Eine entsprechende Vereinbarung zwischen Bund und Ländern kam ebenfalls nicht zustande.

**Fazit** Der Begriff Dualsystem wurde von Heinrich Abel im Deutschen Ausschuss für das Erziehungs- und Bildungswesen festgeschrieben und am Beispiel der Kooperation von Betriebsberufsschulen und Fertigungsabteilungen in der gleichen Unternehmung erläutert. Im Einzelnen hob Abel hervor:

> „In der dualen Ausbildung tragen Betrieb und Berufsschule eine gemeinsame Verantwortung. ... Um die Gemeinsamkeit der Verantwortung zu verstärken und sichtbar zu machen, veranstalten beide Partner zum Abschluß der beruflichen Ausbildung am Ende der obligatorischen Berufsschulzeit eine gemeinsame Prüfung und erteilen das Abschlußzeugnis gemeinsam.“[77]

Mit den Ausführungen des Deutschen Ausschusses vom Jahre 1964 stimmen folgende Initiativen überein:

– Das erste Modell in Baden-Durlach 1769, in dem schon früh der positive Abschluss der besuchten Zeichenschule ein Dualsystem begründete.
– Das Modell der Handwerkskammer Stuttgart 1902 bis 1909, in dem in den Lehrabschlussprüfungen die Leistungen in Betrieb und Teilzeitschule im Nebeneinander dargestellt wurden.
– Die Bemühungen von Bundeskanzler Brandt mit den Markierungspunkten vom Jahre 1973, den Einfluss des Staates zu stärken.
– Die von der EU-Kommission in Verbindung mit dem Beratenden Ausschuss für Berufsbildung, also auch unter Beteiligung der deutschen Mitglieder, erarbeiteten Empfehlungen zur alternierenden Ausbildung von 1979.

**Deutscher Sonderweg** Das Berufsbildungsgesetz 1969 schrieb die Zuständigkeit der Kammern erneut fest; es erweitert deren Zahl vom Bereich Industrie und Handwerk ausgehend und überträgt die Ausbildung in vollem Umfang an die Wirtschaft, so dass den zuständigen Stellen verglichen mit der Zunftzeit eine höhere Kompetenz zukommt, denn in jener Zeit galten städtische Ordnungen, und auch das alte Deutsche Reich kann mit seinen Reichsabschieden als oberste Instanz gesehen werden.

Die Neufassung des Berufsbildungsgesetzes 2005 schreibt den deutschen Sonderweg fort, bei dem die Betriebe die Ausbildung allein verantworten.

Nicht berücksichtigt wurde zu diesem Zeitpunkt, dass vor allem wegen des Lehrstellenmangels nur noch knapp die Hälfte der Schulentlassenen eine betriebliche Ausbildung antritt und der verbleibende Rest in Maßnahmen des Übergangssystems, also in Warteschleifen verwiesen wird.

Ohne eine den Betrieb entlastende Mitwirkung im Sinne einer Aufgabenteilung mit der Teilzeitberufsschule ist die Durchführung der Ausbildung von Schulentlassenen in anspruchsvollen Berufen kaum erfolgversprechend. So erweist sich die alleinige Verantwortung des Betriebs als Hauptgrund für den derzeitigen Notstand im Berufsbildungsangebot.

---

[77] Empfehlungen und Gutachten des Deutschen Ausschusses für das Erziehungs- und Bildungswesen, a.a.O., S. 493

## 2.3 Ausbildungsangebote im Vergleich mit Nachbarländern

In diesem Abschnitt werden zentrale Fakten herausgestellt, die es fraglich erscheinen lassen, dass das deutsche Berufsbildungssystem – wie bisher immer wieder hervorgehoben – über jede Kritik erhaben sei und deshalb kein Bedarf an Veränderungen bestehe.

Im Vordergrund stehen Defizite, die seit den 80er Jahren des vorigen Jahrhunderts aufgetreten sind und in voller Tragweite von der Öffentlichkeit ebenso wie von Fachkreisen in ihrer Bedeutung noch kaum zur Kenntnis genommen wurden. Die unkorrekte Interpretation von Daten aus amtlichen Statistiken führt dazu, dass die tatsächliche Situation in ihrer negativen Ausprägung kaum in Erscheinung tritt. Dies gilt auch für die oft genannten, undifferenzierten Eintrittsquoten in eine betriebliche Ausbildung, die den Eindruck vermitteln, als ob sich diese Zahlen in ihrer Gesamtheit auf das Alter der Schulentlassenen beziehen, sowie die vergleichsweise geringen Quoten jugendlicher Arbeitsloser.

Seit den 1970er Jahren steigen die Quoten jugendlicher Arbeitsloser in den europäischen Staaten an und gelten im Ländervergleich als Qualitätsmerkmal sowie als Beurteilungsmaßstab für das betreffende Berufsbildungssystem. Laut Statistik scheinen beispielsweise in Deutschland die Quoten arbeitsloser Jugendlicher im europäischen Vergleich mit dem langjährigen Mittel von 11 % relativ günstig zu sein, während sie in Frankreich mit 21 %, in Griechenland mit 26 % und in Italien mit 27 % weit höher liegen.[78]

Es zeigt sich allerdings, dass die auf der Basis amtlicher Statistiken verglichenen Daten noch kein Beweis für die Stärke des deutschen Berufsbildungssystems sind. Die internationalen Standards zur Berechnung der Jugendarbeitslosigkeit bewirken eine Verzerrung der Ergebnisse zugunsten Deutschlands, wenn die Zuordnung der Lehrlinge nicht besonders berücksichtigt wird. Auf diese Fehlerquelle hatten bereits 1980 das IAB[79], 2001 die Publikation *Dreiländervergleich*[80] und 2007 M. Baethge[81] hingewiesen.

Die Arbeitslosenquote wird für Jugendliche nach einer Grundformel berechnet, die auch für andere Bereiche gilt:

$$\text{Arbeitslosenquote} = \frac{\text{arbeitslos gemeldete Jugendliche}}{\text{Erwerbspersonen gleichen Alters}} \times 100$$

Lehrlinge in der betrieblichen Ausbildung werden nämlich gleichzeitig als *Erwerbspersonen* gezählt; Jugendliche, die ihre Ausbildung in Vollzeitschulen absolvieren, zählen dagegen nur als Schüler. Aus diesen Unterschieden erklärt sich die oben genannte Fehleinschätzung.

Rechnet man die Lehrlinge aus der deutschen Statistik heraus, dann liegt die Quote jugendlicher Arbeitsloser wesentlich höher. Nach Berechnungen des IAB

*Unrichtige Interpretation von Statistiken*

*Jugendarbeitslosigkeit als Maßstab*

*Errechnete Quoten unrichtig*

---

[78] OECD Employment Outlook 2005, Paris

[79] IAB, in BeitrAB Bd. 43, 1980

[80] Rothe, G.: Die Systeme beruflicher Qualifizierung Deutschland, Österreichs und der Schweiz im Vergleich, Wien/Luzern/Villingen-Schwenningen 2001

[81] Baethge, M.; Solga, H.; Wieck, M.: Berufsbildung im Umbruch. Signale eines überfälligen Aufbruchs. Studie im Auftrag der Friedrich-Ebert-Stiftung. Berlin 2007, S. 61

lag im Jahre 2005 die Jugendarbeitslosigkeit unter Einbeziehung der Lehrlinge als Erwerbspersonen bei 13 %; ohne Lehrlinge ergab sich eine Quote von 19,5 %.[82]

**Warteschleifen im Übergangssystem** Auch aus dem Zähler der Berechnungsformel können sich im Ländervergleich erhebliche Fehler einschleichen: Diejenigen, die nach der Schule in eine Einrichtung des so genannten *Übergangssystems* eintreten, also in Berufsvorbereitungs- oder -grundbildungsmaßnahmen ebenso wie in nicht zu Berufsabschlüssen führende Berufsfachschulen sowie in Maßnahmen der Arbeitsverwaltung einbezogen sind, zählen nicht zur Kategorie der Arbeitslosen.

**Abb. 7: Eintritte in die Berufsausbildung in Deutschland**

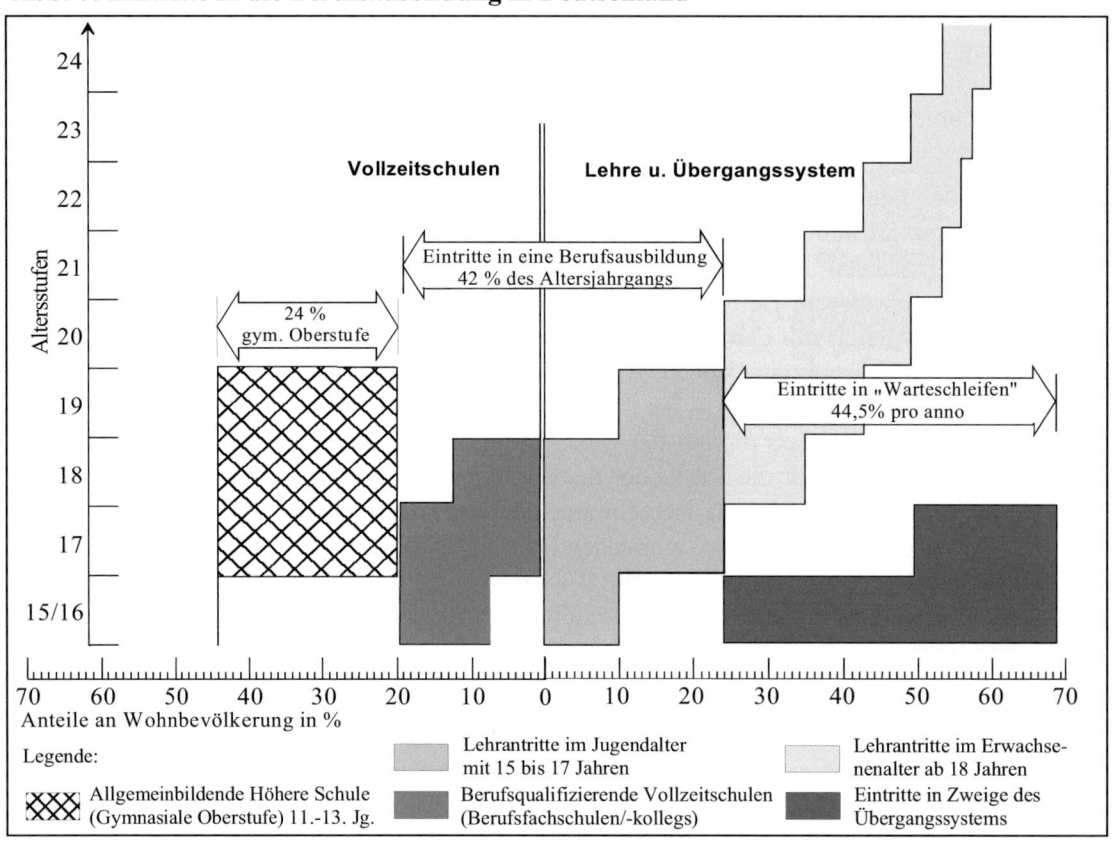

Die Quote Jugendlicher, die sich im weitesten Sinne in Warteschleifen befinden, weil ihnen der Übergang von der Schule in die Berufsausbildung bisher nicht gelang, stellt heute fast die Hälfte, genauer 44,5 % des Schulentlassjahrgangs dar (vgl. Abbildung 7). Bezogen auf die immer wieder als Gütekriterium genannten niedrigen Quoten jugendlicher Arbeitsloser ergäbe sich – sofern dieser Anteil hinzugezählt würde – ein Wert, der im Kreis der europäischen Staaten als Spitzenposition gelten müsste. Der Quervergleich bestätigt, dass in anderen europäischen Staaten derart hohe Quoten in Maßnahmen der Berufsvorbereitung nicht auftreten.

---

[82] Vgl. IAB Forschungsbericht Nr. 9/2007, S. 22f.

Diese Situation verschärft sich noch dadurch, dass sich ein hoher Anteil von Alt-
bewerbern, deren Schulentlassung ein oder mehrere Jahre zurückliegt, erneut um
Ausbildungsplätze bemüht; im Jahre 2007 waren dies rund 385.000, 2008 noch
320.450.[83] Demzufolge tritt in den letzten Jahren insgesamt jeweils etwa eine halbe Million Jugendliche ins Übergangssystems ein. Ihre Chancen, in eine qualifizierte Ausbildung mit entsprechenden Beschäftigungsperspektiven einzumünden,
sind gering. Die beim Übergang von der Schule in die Berufsausbildung auftre-
tende Schieflage hat für die Betroffenen erhebliche Nachteile zur Folge.

Die Jugendlichen verlieren Jahre, ehe sie im Erwerbsleben und damit in das soziale Sicherungssystem eingegliedert sind. In ihrer Altersvorsorge entstehen entsprechende Lücken, und auch gesamtgesellschaftlich werden Zeiten aktiven
Leistungsbeitrags vergeudet. Insgesamt versteht sich dies nicht nur als Mangel
im Berufsbildungssystem, sondern darüber hinaus als brisantes sozialpolitisches
Problem. Es ist deshalb unverständlich, dass in Deutschland sogar von amtlichen
Stellen immer wieder die scheinbar geringen Zahlen der jugendlichen Arbeitslosen – wie sogar im Koalitionsvertrag 2009 betont – als Wertschätzung des deutschen Systems genannt werden.

In eklatantem Gegensatz zur dargestellten deutschen Entwicklung forderte die
Europäische Gemeinschaft bereits als EWG in ihrer ersten Stellungnahme zur
beruflichen Bildung im Jahre 1963, den „Allgemeinen Grundsätzen einer gemeinsamen Politik der Berufsausbildung", die Mitgliedsstaaten auf, dafür Sorge zu
tragen, dass keine nachteilige Unterbrechung zwischen dem Abschluss der allgemeinen Schulbildung und dem Ausbildungsbeginn eintritt. Angesprochen ist damit auch das Recht auf berufliche Ausbildung, wie es in der Sozialcharta der
Europäischen Gemeinschaft vom Jahre 1989, in weiteren supranationalen Konventionen sowie in einer Reihe deutscher Länderverfassungen verankert ist[84]:

- *Bayern (verabschiedet 1946):* Jeder Bewohner Bayerns hat Anspruch darauf,
  eine seinen erkennbaren Fähigkeiten und seiner inneren Berufung entspre-
  chende Ausbildung zu erhalten. (Art. 128/1)
- *Baden-Württemberg (verabschiedet 1953):* Jeder junge Mensch hat ohne
  Rücksicht auf Herkunft oder wirtschaftliche Lage das Recht auf eine seiner
  Begabung entsprechende Erziehung und Ausbildung. (Art. 11)

In Wirtschaftskreisen wird die große Anzahl derer, denen es nach der Schulentlassung nicht gelingt, in ein Ausbildungsverhältnis überzutreten, vor allem mit unzureichender Ausbildungsreife erklärt. Zweifelsfrei trifft dies für einen nicht exakt
definierbaren Anteil zu. Nicht erwähnt wird dabei, dass im Jahre 2007 nur noch
24 % aller Betriebe in Deutschland Lehrlinge einstellten[85] und dieser reduzierte

---

[83]  Vgl. BMBF: Berufsbildungsbericht 2008, Bonn/Berlin 2008, S. 18 sowie BIBB: Daten-
     report zum Berufsbildungsbericht 2009. Bonn 2009, S. 61
[84]  Vgl. Rothe 2008, S. 9 u. S. 139ff.
[85]  Datenreport zum Berufsbildungsbericht 2009, a.a.O., S. 172

Anteil offenbar nicht mehr die ganze Breite des beruflichen Nachwuchses auszubilden in der Lage ist. Die hohe Zahl derjenigen, die in Warteschleifen eintreten, spiegelt außerdem die Tatsache ständig steigender Anforderungen in Ausbildung und Arbeitswelt wider, die u. a. auch zu einem Rückgang der Jungarbeiterquote geführt hat.

Dies zeigt auch, dass im Berufsbildungssystem Möglichkeiten fehlen, die an die tatsächlich erreichte Schulbildung anknüpfen. Das sind z. B. kürzere berufsqualifizierende Ausbildungsgänge und solche für lernschwache Schulabgänger, denen es früher dessen ungeachtet gelang, unmittelbar nach der Schule als Jungarbeiter in die Arbeitswelt überzuwechseln. Auch darauf bezieht sich der EU-Beschluss zur dual-alternierenden Ausbildung vom Jahre 1979, indem für diese Jugendlichen kürzere Bildungsgänge empfohlen werden.

**Beispiel Österreich und Niederlande** Nach dem derzeitigen Stand wird das deutsche Berufsbildungssystem etwa der Hälfte der Schulabgänger nicht mehr gerecht und bietet für die Betroffenen keine erfolgversprechende Perspektive. Der Blick über die Landesgrenzen hinweg zeigt,

## Abb. 8: Eintritte in die Berufsausbildung in Österreich

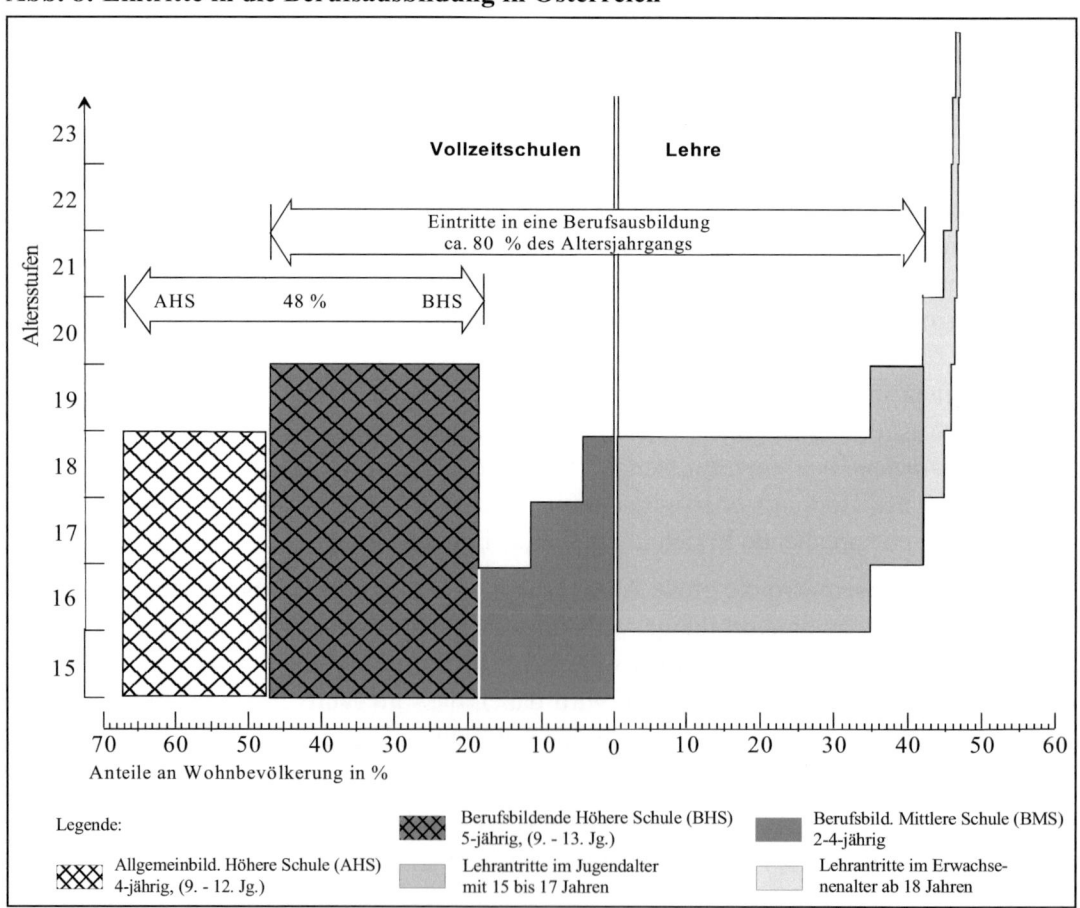

48

dass diese Problematik bei einer entsprechenden Ausbildungsstruktur nicht auf-
zutreten braucht. Dafür zwei Beispiele:

– In Österreich beginnen nahezu alle Schulentlassenen (80 %) eine vollqualifi-
zierende Ausbildung – allerdings viele davon in berufsqualifizierenden Vollzeitschulen, den berufsbildenden mittleren und höheren Schulen. Letztere
gelten dort als attraktivste Form der Berufsausbildung (s. Abbildung 8).[86]

– In den Niederlanden gibt es traditionell ein- und zweijährige berufsqualifizierende Grundausbildungsgänge auf Berufsfeldebene.

Die Tatsache, dass sich im deutschen Berufsbildungssystem gewissermaßen „unter   **Später Eintritt**
der Hand" und weltweit einmalig ein so ausgedehntes und komplexes Über-   **in die Ausbildung**
gangssystem herausgebildet hat, trägt aber auch – zusammen mit anderen Fakto-
ren, z. B. der Tendenz zu längerer Schulbildung – wesentlich zu einer weiteren
strukturellen Problematik der deutschen Berufsbildung bei, die in der Öffentlichkeit bisher noch kaum beachtet wird: Deutsche Lehrlinge beginnen ihre Ausbildung immer später (Tabelle 3), so dass heute schon etwa drei Viertel (76 %) anlässlich des Eintritts in die Ausbildung bereits im Erwachsenenalter stehen.

## Tab. 3: Mittleres Eintrittsalter in die betriebliche Lehre

| Jahr | 1975 | 1980 | 1985 | 1990 | 1995 | 2000 | 2005 | 2008 |
|------|------|------|------|------|------|------|------|------|
| Durchschnittsalter | 16,3 | 16,8 | 17,7 | 18,2 | 18,6 | 18,9 | 19,3 | 19,4 |

Quellen: Jahre 1975 bis 1990: aus Tabellen des IAB Nürnberg zur Bildungsgesamtrechnung.
Ab 1995: BIBB: Datenreport zum Berufsbildungsbericht 2009. Bonn 2009, S. 157

Das mittlere Eintrittsalter in eine Lehre lag früher bei etwa 16 Jahren. Der Anstieg des Eintrittsalters setzt sich immer noch fort. Derzeit liegt der mittlere Lehrabschluss bei 22 Jahren und darüber.

Wie in Abbildung 9 gezeigt, beginnt der größere Teil der Jugendlichen die Be-   **Lehrantritte**
rufsausbildung erst im Erwachsenenalter, während in den anderen beiden   **im Vergleich**
deutschsprachigen Ländern die Mehrzahl des Altersjahrgangs nach der Schulentlassung in die Ausbildung eintritt. Bezieht man die unter 18-Jährigen, die
eine Lehre antreten, auf den durchschnittlichen Altersjahrgang, sind es in
Deutschland nur noch 24 %, in der Schweiz dagegen 53 % und in Österreich
43 % des entsprechenden Jahrgangs.

Die nun schon viele Jahre hintereinander nicht in ein Ausbildungsverhältnis   **Fachkräftemangel**
übertretenden Jugendlichen bewirken, dass der Nachwuchs zur Abdeckung des   **in Deutschland**
Fachkräftebedarfs spürbar geringer wird. Das genannte Schlagwort vom „Fachkräftemangel" besagt nicht mehr und nicht weniger, als dass das deutsche Berufsbildungssystem bei den Defiziten im Ausbildungsangebot derzeit nicht mehr
in der Lage ist, den Fachkräftebedarf der Wirtschaft abzudecken.

---

[86]   G. Rothe 2001 sowie G. Rothe 2008, S. 56ff., 353ff.

**Abb. 9: Lehreintritte in Deutschland, der Schweiz und Österreich im Vergleich**

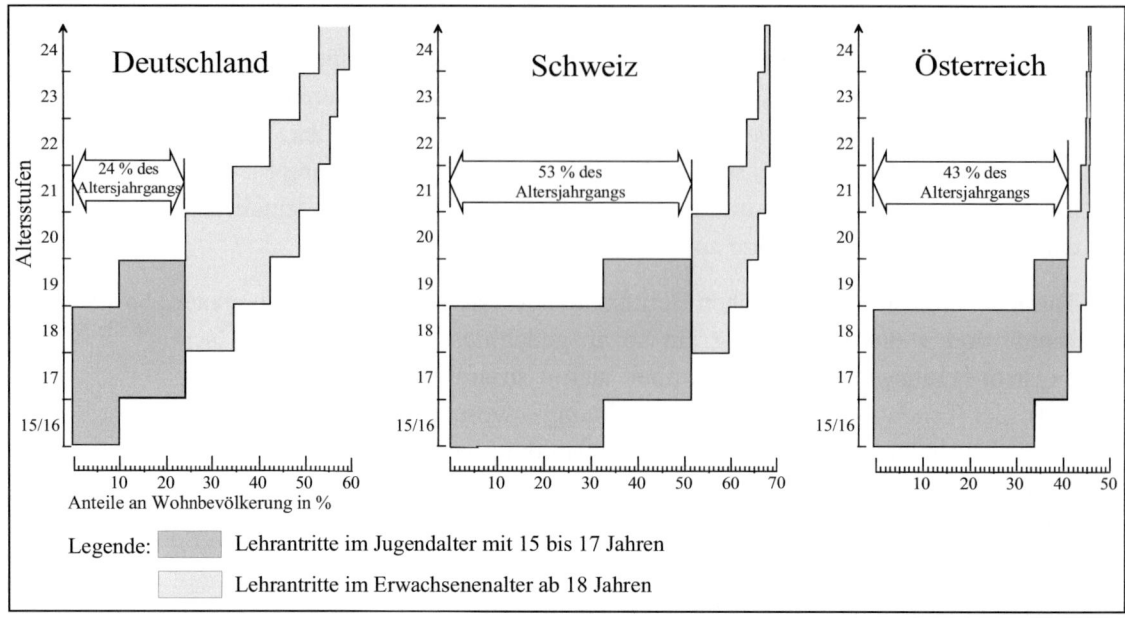

Solange fast die Hälfte jedes Schulentlassjahrgangs im Übergangssystem aufgefangen wird und viele kostbare Lebensjahre vor einer Ausbildung verloren gehen, vermag auch das wohlfeile Argument vom *demografischen Wandel* nicht so recht zu überzeugen – oder anders gesagt: Wenn schon dieser demografische Wandel bewältigt werden muss, dann wäre es an der Zeit, die im Übergangssystem sinnlos gebundenen Ressourcen für eine Ausbildung zu nutzen sowie die Verschwendung von Lebenszeit durch ergänzende Angebote im Berufsbildungssystem zu beenden.

**Kritik an Anwerbung ausländischer Fachkräfte** In Deutschland wurden zur Abdeckung fehlender Fachkräfte im IT-Bereich über die Initiative Green-Card im Jahre 2000 aus verschiedenen Ländern Fachkräfte angeworben. Die FAZ ging darauf im März 2000 ein, und zwar unter dem Schlagwort *Ausbilden, nicht Arbeitskräfte einführen*:

„Die Green-Card-Aktion für Fachleute der Informationstechnik (IT) müsse von einer Qualifikationsoffensive in Deutschland begleitet werden. Angesichts von vier Millionen Arbeitslosen müssten die arbeitsmarktpolitischen Maßnahmen dringend überprüft und geändert werden. Ein großer Teil der Erwerbslosen sei mit einem Milliardenaufwand an dem Bedarf der Unternehmen vorbei umgeschult worden."[87]

Auch in der Folgezeit gibt es immer wieder Forderungen, qualifizierte Fachkräfte aus dem Ausland zu gewinnen. Als besonders nachteilig erweist sich neben den oben aufgezeigten Defiziten, dass die Öffentlichkeit ebenso wie Fachkreise und Behörden die eingetretenen Veränderungen bisher kaum zur Kenntnis nehmen.

---

[87]  FAZ Nr. 57 vom 08.03.2000, S. 19

## 2.4 Berufliche Qualifizierung im Spiegel der amtlichen Statistiken

Drei Sektoren

In jüngerer Zeit wird es immer komplexer, den aktuellen Stand der Berufsausbildung in Deutschland darzustellen. Dies steht weitgehend im Zusammenhang mit der Zunahme von Maßnahmen der *Berufsvorbereitung*, wie dem Berufsgrundbildungsjahr und anderen ein- bis zweijährigen schulischen Bildungsgängen, auch *Warteschleifen* genannt. Die Eintritte in diesen Bereich sind so angewachsen, dass sie nahezu die Größenordnung der Neuzugänge ins traditionelle Dualsystem erreichen.

Für diesen Sektor prägte das Konsortium für die Erarbeitung des Bildungsberichts 2006 den Begriff *Übergangssystem* und fasste darunter alle Initiativen der Berufsvorbereitung zusammen. Hierbei und beim so genannten *Schulberufssystem* handelt es sich allerdings nicht um einen gezielt strukturierten Bereich, sondern vielmehr um ein Nebeneinander verschiedenartiger Maßnahmen oder Bildungsgänge in unterschiedlichem institutionellen Rahmen. Die Abbildung 10 zeigt die drei unterschiedenen Blöcke im Nebeneinander.

**Abb. 10: Verteilung der Neuzugänge auf die drei Sektoren des beruflichen Ausbildungssystems 2006**

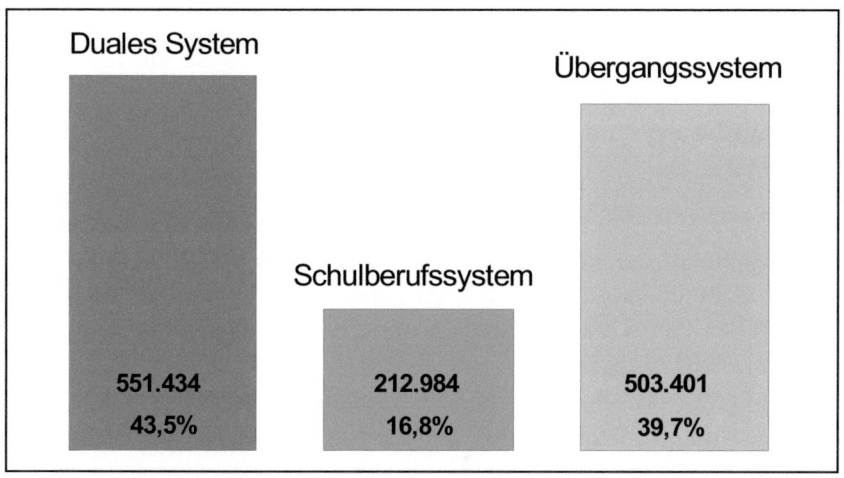

Quelle: Die berufsbildende Schule. Zeitschrift des Bundesverbandes der Lehrerinnen und Lehrer an berufsbildenden Schulen (BLBS). Titelblatt des Heftes 04/09

Zuordnung zu Altersstufen

Die Statistik der Neuzugänge in Berufsbildungswege zählt mit den drei Teilbereichen insgesamt 1.267.819 Personen. Auf den ersten Blick kann der Leser geneigt sein, diese Teilsummen auf den Zeitpunkt der Schulentlassung zu beziehen. Berücksichtigt muss jedoch werden, dass in der obigen Darstellung der Neueintritte Altersangaben in allen drei Teilsystemen fehlen. Geht man dieser Frage nach, dann ergeben sich erhebliche Unterschiede in der Zuordnung zu Altersstufen in den unterschiedenen Bereichen:

– *Schulberufssystem*

 Das Alter der in berufsqualifizierende Vollzeitschulen Eintretenden ist einmal abhängig von der teilweise verlangten mittleren Reife und zum anderen

51

von entsprechenden Ergebnissen der zuvor besuchten Schulen, so dass der Eintritt mindestens ein bis zwei Jahre später erfolgt als die Schulentlassung der Hauptschüler.

– *Übergangssystem*
Das Alter der ins Übergangssystem Eintretenden umfasst im ersten Schwerpunkt die Schulentlassenen. Ein beträchtlicher Anteil besucht Maßnahmen des Übergangssystems auch zweimal oder mehrmals hintereinander.

– *Dualsystem*
Nur die Eintritte in das Dualsystem wurden 2006 von der amtlichen Statistik nach Alter ausgewiesen; darunter waren nur 30 % Schulentlassene. Der weitaus größere Teil begann die Ausbildung im Alter von über 18 Jahren, also als Erwachsene.

**Eintritte ins Übergangssystem an erster Stelle**

Daraus folgt, dass zum Zeitpunkt der Schulentlassung der Eintritt ins Übergangssystem erheblich größer ist als der Anteil, der eine Lehre aufnimmt. Die Gesamtsumme der oben dargestellten 1,27 Mio. Neuzugänge liegt weit höher als die Jahrgangsstärke, bei der ohnehin noch der Anteil allgemein bildende Schulen (Oberstufe) zu berücksichtigen ist. Diese Zahlen lassen erkennen, dass ein großer Anteil mehrmals in das Übergangssystem eintritt.

Der erste Abschnitt dieses Kapitels geht auf die Zugänge in die drei oben genannten Sektoren ein, und zwar in der Reihenfolge Übergangssystem, Schulberufssystem und Dualsystem. Danach wird auf Fehlinterpretationen statistischer Ergebnisse verwiesen.

**Übergangssystem im Spiegel der Berichterstattung**

Die beiden von BMBF und KMK gemeinsam herausgegebenen Berichte „Bildung in Deutschland" der Jahre 2006 und 2008 gehen ausführlich auf den Übergang von der Schulentlassung in die oben genannten Zweige ein und bieten detaillierte Angaben zum Übergangssystem. Die Bewertung dieses Sektors durch das Konsortium fällt kritisch aus:

> „Zwar gelingt es, mit viel Zeit- und Personaleinsatz etwa der Hälfte der Teilnehmerinnen und Teilnehmer am Übergangssystem eine qualifizierende Ausbildungsperspektive zu vermitteln. Auf der anderen Seite steht der nicht erfolgreiche Teil derjenigen, für die aller Zeit- und Lernaufwand vergeblich bleibt."[88]

Ferner erläutert das Konsortium, dass das Ausbildungsplatzangebot die jährliche Neunachfrage der Schulabsolventen und die bereits aufgestaute Nachfrage aus den Vorjahren nicht befriedigen kann.

Das im Jahre 2008 erschienene Gutachten spricht von einer „Verfestigung von Passungsproblemen an der Schwelle zwischen allgemeinbildenden Schulen und qualifizierter beruflicher Ausbildung".[89] Schwierigkeiten im Übergang in eine Berufsausbildung betreffen in besonderem Maße Absolventen der Hauptschule.

---

[88] Bildung in Deutschland 2008. Ein indikatorengestützter Bericht mit einer Analyse zu Übergängen im Anschluss an den Sekundarbereich I. Hrsg.: Autorengruppe Bildungsberichterstattung. Bielefeld 2008, S. 168

[89] Ebd., S. 99

„Dass über die Hälfte der Absolventinnen und Absolventen mit Hauptschulabschluss und mehr als 84 % derjenigen ohne Abschluss sich im Jahre 2004 in Maßnahmen des Übergangssystems aufhalten, zeigt, wie schwierig der Übergang geworden ist."[90]
Angesichts des bestehenden Ausbildungsplatzdefizits wurde im Jahre 2004 neben Abgängern aus der Hauptschule mit und ohne Abschluss auch jeder vierte Entlassene aus der Realschule mit mittlerem Abschluss im Übergangssystem aufgefangen.

Seit dem Jahre 2000 ist die Zahl der Eintritte ins Übergangsystem zwar nur noch mäßig gestiegen (von 460.100 auf 503.400), aber die Relation der Maßnahmen zueinander hat sich verschoben; die Abbildung 11[91] belegt dies. Das Jugendsofortprogramm zur Bekämpfung der Jugendarbeitslosigkeit ist ausgelaufen, die Zahl der Berufsschüler ohne Ausbildungsvertrag hat sich verdreifacht. Stärkste Einzelposition sind die Berufsfachschulen, die keinen Berufsabschluss vermitteln, geblieben, gefolgt von den Maßnahmen der Bundesagentur für Arbeit. Während im Jahre 2007 der Zugang ins Dualsystem um fasst 50.000 stieg, ging die Zahl der Eintritte ins Übergangssystem nur geringfügig um 15.600 zurück.[92]

**Wandel des Übergangssystems**

## Abb. 11: Neuzugänge in das Übergangssystem

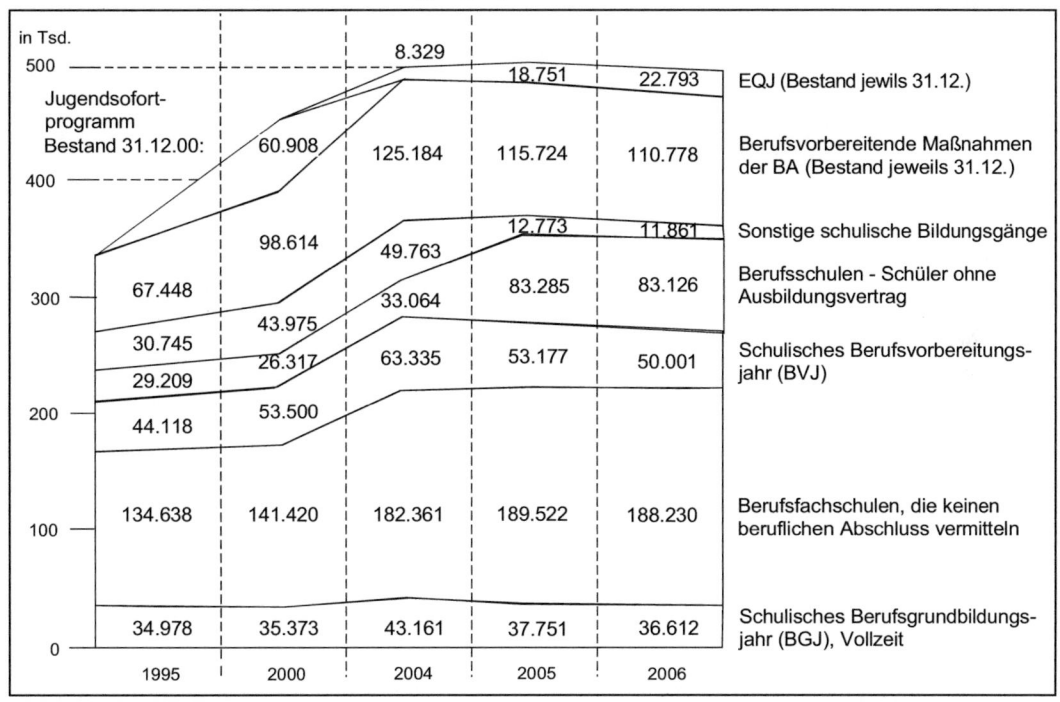

---

[90] Bildung in Deutschland. Ein indikatorengestützter Bericht mit einer Analyse zu Bildung und Migration. Hrsg.: Konsortium Bildungsberichterstattung im Auftrag der KMK und des BMBF. Bielefeld 2006, S. 82
[91] Bildung in Deutschland 2008, a.a.O., S. 97
[92] Lt. BIBB, Bonn (Hg.): Datenreport zum Berufsbildungsbericht 2009, S. 95/97

Die Neueintritte in das Schulberufssystem erhöhten sich, wie Abbildung 12 ausweist, von 167.000 im Jahre 2000 auf 204.000 im Jahre 2006; der Rückgang im Jahre 2007 war mit rund 4.000 minimal. Unterschieden werden dabei[93]:

- Berufsfachschulen, die eine Lehre ersetzend nach BBiG/HwO ausbilden,
- Berufsfachschulen, die eine volle Berufsausbildung nach KMK-Regelungen bieten,
- Schulen des Gesundheitswesen sowie
- Fachschulen, soweit an ihnen Berufe des Gesundheits-, Erziehungs- und Sozialwesens ausgebildet werden.[94]

Letzteres hängt damit zusammen, dass die Länder die Ausbildungsstätten des Gesundheits-, Sozial- und Erziehungswesens unterschiedlich zuordnen; wie das BIBB ausweist,[95] teils generell unter Berufsfachschulen, unter Schulen des Gesundheitswesens oder eben unter den Fachschulen.

**Abb. 12: Schüler im 1. Schuljahr des Schulberufssystems nach Schularten**

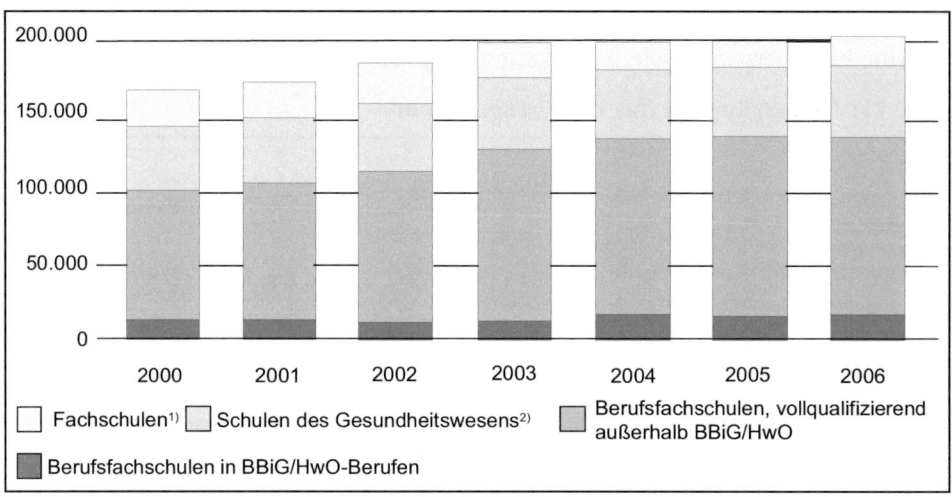

[1] Nur Motopäde/in, Erzieher/in, Erziehungshelfer/in, Facherzieher/in für verhaltensauffällige Kinder und Jugendliche, Altenpfleger/in, Altenpflegehelfer/in, Familienpfleger/in, Dorfhelfer/in, Heilerziehungspfleger/in, Heilerzieher/in, Heilerziehungspflegehelfer/in.

[2] Ohne Hessen; Schulen des Gesundheitswesens enthalten in 2000 bis 2003 insgesamt 107 Pflegevorschüler (die keinen Beruf erlernen).

Quelle: Bildung in Deutschland 2008, a.a.O., S. 104

Die Gesamtheit der Eintritte in berufsqualifzierende Vollzeitschulen im Jahre 2006 ist in Abbildung 13 nach Fächergruppen zusammengefasst.

Den Kernbereich des Schulberufssystems bilden danach mit 128.700 Berufsanfängern/innen die Gesundheits-, Sozial- und Erziehungsberufe; es sind die Aus-

---

[93] Bildung in Deutschland 2008, a.a.O., S. 104

[94] Die Bezeichnung Fachschulen bezieht sich hier auf Erstausbildungsgänge.

[95] Vgl. BIBB-Datenreport zum Berufsbildungsbericht 2009, Tab. A6.3-1, S. 346

bildungsgänge, über die allein der Fachkräftenachwuchs für die jeweiligen Fach-
tätigkeiten qualifiziert wird, während die Wirtschaft bei den Assistenten der
Naturwissenschaft und Technik, der Medien, der Betriebswirtschaft und der
Wirtschaftsinformatik teilweise auf Absolventen des Dualsystems zurückgreifen
kann.

**Abb. 13: Schülerinnen und Schüler im 1. Schuljahr des Schulberufssystems
2006 nach Berufscluster und Geschlecht\***

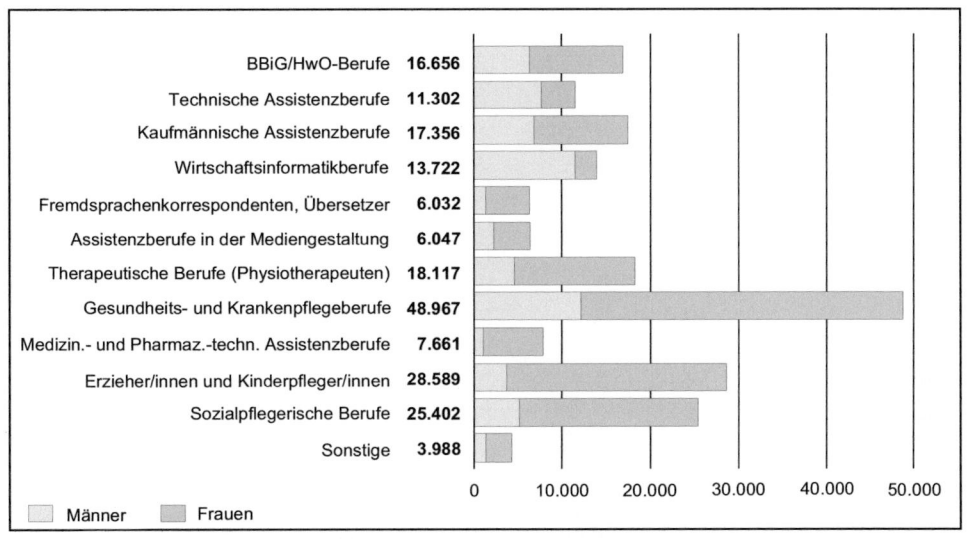

\* Ohne Schulen des Gesundheitswesens in Hessen; inkl. Motopäde/in, Erzieher/in, Erziehungshel-
fer/in, Facherzieher/in für verhaltensauffällige Kinder und Jugendliche, Altenpfleger/in, Altenpflege-
helfer/in, Familienpfleger/in, Dorfhelfer/in, Heilerziehungspfleger/in, Heilerzieher/in, Heilerziehungs-
pflegehelfer/in in Fachschulen.
Quelle: Bildung in Deutschland 2008, a.a.O., S. 105

Die Eintritte ins Schulberufssystem verteilen sich nach den Ländern recht unter-     **Schulberufe**
schiedlich. Abgesehen von der verschiedenartigen Zuordnung der Schulen lässt      **nach Ländern**
sich daraus darauf schließen, dass die Länder das Schulberufssystem unterschiedlich gewichten. Dafür spricht, dass im Zeitraum von 2000 bis 2006 in Hessen,
Thüringen und Baden-Württemberg die Eintritte in die vollschulische Berufsausbildung um rund ein Drittel gestiegen sind, in Bayern und Berlin nur um 15 %
und in Mecklenburg-Vorpommern lediglich um 7 %.[96]
Den unterschiedlichen Ausbaustand nach Ländern belegen die vom BIBB für das
Jahr 2007 ausgewiesenen Eintritte ins Schulberufssystem. Dem Datenreport zum
Berufsbildungsbericht sind die Eintritte pro Land (a.a.O., S. 98) bezogen auf
tausend Schulabgänger der allgemein bildenden Schulen zu entnehmen. Die Tabelle 4 weist die Unterschiede aus.

---

[96] Bildung in Deutschland 2008, a.a.O., S. 107

**Tab. 4: Schülerinnen und Schüler im 1. Schuljahr des Schulberufssystems 2007 nach Ländern und Schulformen pro 1.000 Schulabgänger**

| Land Kurzzeichen | Eintritte in vollqualifizierende berufliche Schulen nach ... | | | |
|---|---|---|---|---|
| | BBiG/HwO | BFS/KMK-Vorgaben* | SdGes.** | S u m m e |
| BW | 26 | 164 | 47 | 237 |
| BY | 15 | 75 | 77 | 166 |
| HB | - | 73 | 40 | 113 |
| HH | 23 | 136 | 56 | 215 |
| HE | 2 | 68 | - *** | 70 |
| NI | 8 | 122 | 50 | 180 |
| NW | 3 | 95 | 82 | 181 |
| RP | 5 | 132 | 50 | 186 |
| SL | - | 24 | 83 | 107 |
| SH | 1 | 88 | 61 | 149 |
| BE | 80 | 99 | 68 | 248 |
| BB | 42 | 101 | 52 | 196 |
| MV | 22 | 165 | - **** | 186 |
| SN | 28 | 327 | - **** | 354 |
| ST | 24 | 196 | 30 | 250 |
| TH | 30 | 264 | - **** | 294 |
| Alte Länder | 10 | 105 | 60 | 176 |
| Neue Länder | 38 | 200 | 26 | 264 |
| **Bundesgebiet** | **16** | **124** | **54** | **193** |

\*       Berufsfachschulen, die nach KMK-Regelungen ausbilden
\*\*     SdGes. = Schulen des Gesundheitswesens
\*\*\*    Hessen erhebt schon seit Jahren keine Daten mehr
\*\*\*\* Die Angaben werden zusammen mit denen der Berufsfachschulen, die nach KMK-Regelungen ausbilden, nachgewiesen
Quelle: BIBB (Hrsg.): Datenreport zum Berufsbildungsbericht 2009, S. 98

Soviel ist festzuhalten: Die Länder haben in ganz unterschiedlichem Umfang Schulen errichtet, die eine volle Berufsausbildung bieten. Beispielsweise stellt in den alten Ländern Baden-Württemberg für fast ein Viertel der Schulabgänger vollschulische Ausbildungsplätze bereit, Bremen und das Saarland lediglich für 11 %. Durchweg haben die neuen Länder nach 1990 das Schulberufssystem zügig ausgebaut, am stärksten Sachsen, das über ein Drittel der Schulabgänger in vollschulische Ausbildung übernehmen kann.

**Kaum vollschulische BBiG/HwO-Ausbildung**

Nur acht Prozent der Eintritte ins Schulberufssystem betreffen den Typ der Berufsfachschulen, die einen Abschluss nach BBiG/HwO bieten. Die dort im Jahre 2007 besetzten 14.800 Plätze entfallen fast zur Hälfte auf die neuen Bundesländer; auf Baden-Württemberg, Bayern und Hamburg weitere 39 %. In den übrigen westdeutschen Ländern bilden die eine Lehre ersetzenden Berufsfachschulen meist nur in Nischen aus, so u. a. Glasmacher in Rheinbach.

**Zersplitterung vollzeitschulischer Angebote**

Beim vom Konsortium Bildungsberichterstattung als Schulberufssystem bezeichneten Sektor handelt es sich bei näherer Betrachtung um ein Nebeneinander einzelner Elemente bzw. Bildungsgänge, die auch nicht als Ergänzung der Defizite im Dualsystem bzw. als Alternative hierzu konzipiert sind. So spricht auch der Bildungsbericht 2008 von einer geringen Transparenz und Eigenständigkeit des Schulberufssystems, das von institutioneller Heterogenität geprägt ist.

Hinzu kommt, dass die vollzeitschulische Ausbildung in Deutschland „im Schatten der dualen Berufsausbildung" steht, wie ebenfalls vermerkt wird.[97] Dieses Schattendasein erklärt sich vor allem aus der weit verbreiteten Überzeugung, schulische Berufsausbildung sei nicht praxisbezogen und effektiv genug. Daher gibt es auch keine Bestrebungen, die berufsqualifizierenden Vollzeitschulen zu einem wirklichen System und einer zweiten Säule der beruflichen Qualifizierung auszubauen.

Zu den Stärken des deutschen Systems der Berufsbildung gehört zum einen die schulische Berufsausbildung der Erzieher-/sozialpädagogischen Berufe. Die Regelung dieser Berufe betrifft die ureigene Nachwuchsqualifizierung der Länder für das Erziehungs- und Sozialwesen. Zum anderen sind es die so genannten paramedizinischen Berufe, deren Regelung nach dem Grundgesetz (Art. 74, Ziff. 19) dem Bund vorbehalten ist. Die Ausbildung in den Schulen des Gesundheitswesens (in einzelnen Ländern an Berufsfachschulen) überwachen die Sozial- bzw. Kultusministerien der Länder; sie nehmen auch die Prüfungen ab und erteilen die Berufs- bzw. Kassenzulassung. Allerdings bilden die meisten EU-Staaten ihr Fachpersonal für derartige Tätigkeiten schon seit langem im unteren Hochschulbereich aus.

**Erzieher- und Gesundheitsberufe als Modell**

Das Absinken der Größenordnung des Dualsystems gemäß einleitender Grafik (Abbildung 10) erklärt sich aus folgenden Veränderungen:
Einmal ging die Aufnahmefähigkeit im Dualsystem in den alten Ländern von bis zu 700.000 Neueintritten vor 1990 auf ca. 440.000 in den Jahren 2002 bis 2006 zurück. Zum anderen stieg das mittlere Eintrittsalter von ca. 17 Jahren oder früher auf über 19 Jahre an.
Die Neuzugänge ins Dualsystem pro anno sind für den Zeitraum von 1980 bis 2007 in Tabelle 5 mit Angabe ihres Durchschnittsalters aufgelistet. Das Ansteigen des Alters der in eine Lehre Eintretenden zeigt die rechte Spalte. Der Anteil der Neueintretenden im Alter von unter 18 Jahren ist über die Jahre kontinuierlich gesunken, und dies völlig unabhängig von der Wirtschaftsentwicklung.

**Einbruch im Dualsystem**

Der Einbruch des Dualsystems mit immer geringeren Neueintritten von Schulentlassenen wurde in der Öffentlichkeit zur Kenntnis genommen und thematisiert. Die höchste politische Ebene kommentierte die Situation anlässlich des Übergangs von der Schule in die Ausbildung wie folgt[98]:

**Politische Statements**

- *Helmut Kohl, 17. August 1996:*
   „Es ist eine Schande für Deutschland, wenn ein so reiches Land nicht in der Lage ist, jungen Leuten Ausbildungsplätze zu garantieren."

---

[97] Bildung in Deutschland 2008, a.a.O., S. 105
[98] Quelle: Deutscher Gewerkschaftsbund (DGB): Grundrecht auf Ausbildung. Materialien zur Initiative und Rechtslage. Berlin, Stand: April 2009, S. 9

– *Gerhard Schröder, Oktober 1998:*

„Wir wollen und wir werden erreichen, daß alle Jugendlichen einen qualifizierten Ausbildungsplatz bekommen. Das ist ihre Erwartung an die Politik, und die werden wir erfüllen."

– *Angela Merkel, 10. Mai 2007:*

„Ich glaube, ein Land kann es sich nicht leisten, dass Menschen, die zehn Jahre zur Schule gegangen sind, anschließend von denen, die eine Ausbildung anbieten, so bewertet werden, als könnten sie keine Ausbildung schaffen."

**Tab. 5: Neue Ausbildungsverträge 1980 bis 2007 mit Durchschnittsalter der Neueintretenden**

| Jahr | Abschluss neuer Ausbildungsverträge | Durchschnittsalter der Neueintretenden |
|------|------|------|
| 1980 | 649.989 | 16,8 |
| 1982 | 630.990 | 17,1 |
| 1984 | 705.652 | 17,6 |
| 1986 | 685.178 | 17,8 |
| 1988 | 604.003 | 18,0 |
| 1990 | 545.190 | 18,2 |
| 1992 | 499.985 | 18,2 |
| 1994 | 567.437 | 18,6 |
| 1996 | 579.375 | 18,7 |
| 1998 | 611.819 | 18,8 |
| 2000 | 622.967 | 18,9 |
| 2002 | 568.082 | 19,0 |
| 2004 | 571.978 | 19,2 |
| 2006 | 581.181 | 19,3 |
| 2007 | 623.929 | 19,4 |

Quellen: Neu abgeschlossene Lehrverträge lt. Berufsbildungsberichten 1991, 1987, 1997, 2000 u. 2009. Durchschnittliches Eintrittsalter: 1980–1992 aus Tabellen des IAB Nürnberg zur Bildungsgesamtrechnung; Angaben 1980 bis 1992 für die alten Länder. Für 1994 und folgende Jahre für alte und neue Länder: BIBB, Datenreport zum Berufsbildungsbericht 2009. Bonn 2009, S. 157.

**Positive Einschätzung als Wende** Ungeachtet dieser Entwicklung meldeten die Kammern in den letzten Jahren, dass sich die Eintrittsquoten in das Dualsystem erhöht haben. In diesen Meldungen werden allerdings nur die Gesamtzahlen genannt; unberücksichtigt bleibt, dass in der Zwischenzeit die Lehranfänger wesentlich älter sind und z. B. im Jahre 2007 erst mit durchschnittlich 19,4 Jahren in die Ausbildung eintraten (vgl. Tab. 5).

Dadurch, dass Veränderungen dieser Art nicht thematisiert werden, entsteht in der Öffentlichkeit der Eindruck, in Deutschland sei die frühere positive Situation wieder erreicht, nachdem im Jahre 2007 sogar neue Ausbildungsverträge in der Größenordnung von 50.000 mehr als im Vorjahr abgeschlossen wurden. Dies wird in einer Reihe von Stellungnahmen als „positive Wende" interpretiert. Ganz in diesem Sinne stellte bereits der Berufsbildungsbericht 2008 fest[99]:

---

[99] BMBF: Berufsbildungsbericht 2008, a.a.O., S. 13

„Der Ausbildungsstellenmarkt hat sich zwischen Oktober 2006 und September 2007 sehr erfreulich entwickelt. Mit 625.914 neu abgeschlossenen Ausbildungsverträgen haben die zuständigen Stellen zum Stichtag 30. September 2007 das zweithöchste Vertragsergebnis seit der Wiedervereinigung gemeldet. Höher fielen die Meldungen an neuen Verträgen lediglich im Jahr 1999 (631.015) aus. In den alten Ländern wurde sogar das beste Ergebnis seit Anfang der 90er-Jahre erzielt."

Der Berufsbildungsbericht 2009 formuliert ebenso, dass sogar ein rechnerischer Überhang an Ausbildungsplätzen besteht[100]:

Rechnerischer
Überhang an
Ausbildungsplätzen

„Die Zahl der am Stichtag 30. September 2008 bei der BA gemeldeten noch unversorgten Bewerber und Bewerberinnen hat sich in den letzten Jahren erheblich verringert (2006: 49.487, 2007: 32.660, 2008: 14.479). Gleichzeitig ist die Zahl der unbesetzten Ausbildungsplätze kontinuierlich gestiegen (2006: 15.401, 2007: 18.359, 2008: 19.507), so dass die Zahl der unbesetzten Ausbildungsplätze im Berichtsjahr 2007/2008 bundesweit erstmals seit 2001 über der Zahl der unversorgten Bewerber und Bewerberinnen lag ... Rechnerisch standen im Jahr 2008 für einen unversorgten Bewerber ... bundesweit 1,3 offene Ausbildungsstellen zur Verfügung. 2007 waren es lediglich 0,6 freie Ausbildungsstellen."

Gleichzeitig räumt der Bericht ein, dass nach „Alternativberechnungen mit einer erweiterten Nachfragedefinition" für 100 Nachfrager/Nachfragerinnen bundesweit nur 89,2 Ausbildungsangebote zur Verfügung stehen und Altbewerber eine „berufsbildungs- und arbeitsmarktpolitische Herausforderung" bleiben.[101]

In der Presse und darüber hinaus hat dieser Anstieg an Neueintritten ebenfalls zu positiven Stellungnahmen geführt, so dass die Notwendigkeit einer Anpassung bzw. einer Berücksichtigung des früher gemeldeten Rückgangs von Ausbildungsplätzen nicht mehr diskutiert wird, obwohl real keineswegs eine Wende eingetreten ist. Es bleibt unverständlich, dass diese Fehlinterpretation nicht bemerkt worden ist und die statistischen Ergebnisse von der Bundesregierung im Berufsbildungsbericht 2008 wie folgt beschrieben werden[102]:

Älter werdende
Lehrantritte
unberücksichtigt

„Vor dem Hintergrund langjähriger Vertragsrückgänge in der Vergangenheit ist damit eine erfolgreiche Trendumkehr gelungen, die den Jugendlichen deutlich verbesserte Berufs- und Lebensperspektiven eröffnet, aber auch einen wichtigen Beitrag zur Sicherung des Fachkräftenachwuchses der Wirtschaft leistet."

Die statistischen Daten zum Lehreintritt werden erst seit dem Jahre 1993 nach Alter bei Ausbildungsbeginn nachgewiesen. Die Abb. 14 zeigt im Nebeneinander die Entwicklung aller Neueintritte und den Anteil der unter 18-Jährigen für Gesamtdeutschland.

---

[100] BMBF: Berufsbildungsbericht 2009, Bonn/Berlin 2009, S. 12f.
[101] Berufsbildungsbericht 2009, S. 15f. Im BIBB-Datenreport zum Berufsbildungsbericht 2009 sind auf S. 29 die Daten nach dieser Alternativrechnung genannt, und zwar für 2007 insgesamt 130.601, für 2008 insgesamt 96.246 „noch zu vermittelnde Bewerber" bzw. eine ungedeckte Nachfrage nach Ausbildungsplätzen für 2007 in Höhe von 112.458 und für 2008 von 76.830.
[102] BMBF: Berufsbildungsbericht 2008, a.a.O., S. 13

**Abb. 14: Neue Ausbildungsverträge in Deutschland 1993 – 2007 und Anteil der unter 18-Jährigen**[103]

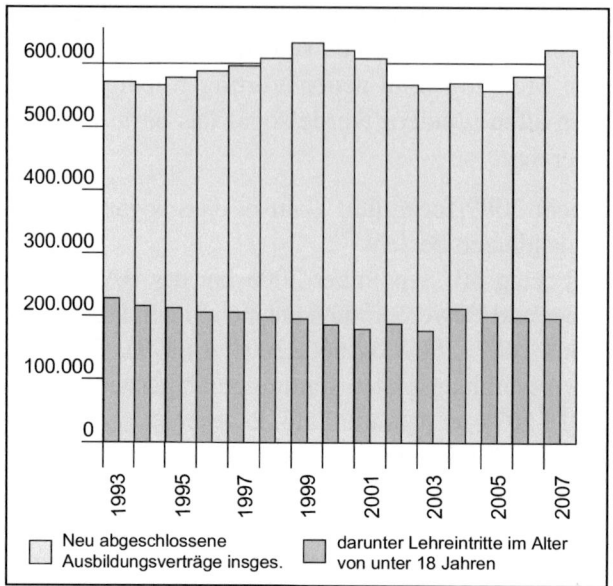

Quelle: Statistisches Bundesamt: Fachserie 11, Reihe 3, Berufliche Bildung, Jahrgänge 1993 bis 2007

**Abb. 15: Neu abgeschlossene Ausbildungsverträge in Westdeutschland 1975 – 2008 mit Anteilen unter 18-jähriger Lehranfänger**

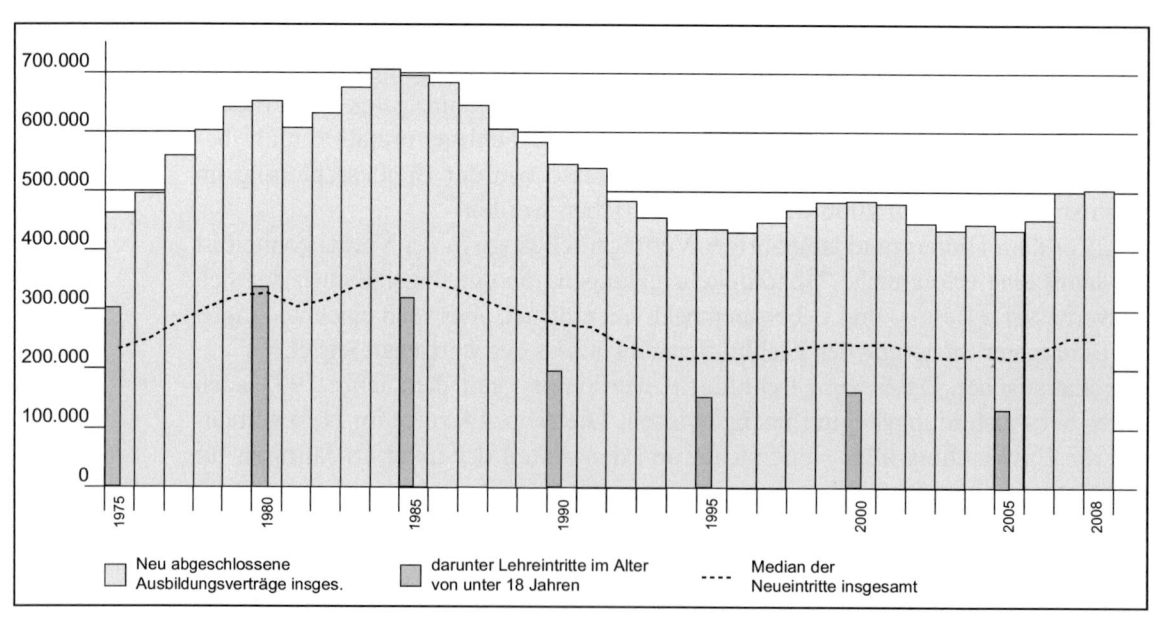

---

[103] Das Statistische Bundesamt publizierte für 1993 bis 2001 nur das Alter der Neueintretenden in ausgewählten Ausbildungsberufen, danach bezogen auf alle Ausbildungsberufe.

Um die Altersverschiebung über einen längeren Zeitraum aufzeigen zu können, wurden für die Zeit vor 1993 Näherungswerte für die Anteile der unter 18-jährigen Lehranfänger in Westdeutschland ermittelt (Abbildung 15). Die gestrichelte Linie zeigt den Median der Neueintritte insgesamt. Die Grafik veranschaulicht, dass bis etwa 1980 die Neueintretenden mehrheitlich jünger als 18 Jahre waren, während später Lehranfänger im Erwachsenenalter überwiegen.

Anlässlich des Übergangs von der Schule in die Berufsausbildung entstehen in jüngerer Zeit auch in anderen Staaten zunehmend Probleme. Sie treten in Deutschland deshalb so gravierend in Erscheinung, weil das Dualsystem traditionell den Kern der beruflichen Erstausbildung darstellt und spezielle Berufsbildungsgänge für Schulschwache und Benachteiligte mit anzustrebender Basisqualifikation bisher nicht ausgebaut worden sind. Der Anteil der Lehranfänger im Alter von 18 bis 22 Jahren liegt in Deutschland bei 55 %, in Österreich lediglich bei 10 %. Die Gegenüberstellung in Tabelle 6 veranschaulicht, welche unterschiedlichen Zugangschancen zur betrieblichen Lehre die Jugendlichen in den beiden Staaten haben. **Übergangsproblem länderübergreifend**

**Tab. 6: Lehranfänger in Deutschland und Österreich nach Altersgruppen**

| Lehranfänger im Jahre 2005 | Deutschland | | Österreich | |
|---|---|---|---|---|
| | absolut | in % | absolut | in % |
| unter 18 Jahren | 201.200 | 36,0 % | 35.123 | 88,4 % |
| 18 bis 22 Jahre | 309.300 | 55,3 % | 4.191 | 10,5 % |
| 23 Jahre u. älter | 48.600 | 8,7 % | 432 | 1,1 % |
| Summe | 559.100 | 100 % | 39.746 | 100 % |

In Deutschland ist also der Lehrbeginn mit über 18 Jahren weithin die Regel, in Österreich die Ausnahme.

In Österreich wurde für Jugendliche, die keine Lehrstelle finden, seit Mitte der 1990er Jahre die *überbetriebliche Berufsausbildung* ausgebaut. Eine Ausbildungsgarantie für Jugendliche bis 18 Jahre ist seit Juni 2008 gesetzlich festgelegt. Soweit die Jugendlichen nicht durch Vermittlung in Lehrstellen oder andere Maßnahmen versorgt werden können, hat die Arbeitsverwaltung geeignete Ausbildungseinrichtungen mit der überbetrieblichen Ausbildung zu beauftragen (vgl. Kap. 4.3). Diese Form der beruflichen Qualifizierung ist der betrieblichen Lehre gleichgestellt. **Überbetriebliche Ausbildung in Österreich**

In der letzten Zeit haben sich demnach im deutschen Dualsystem gravierende Veränderungen ergeben. Vor allem für Jugendliche mit erfolgreich abgeschlossener Haupt- und teilweise sogar Realschule verschlechterten sich die Ausbildungsperspektiven erheblich, ohne dass daraus Konsequenzen gezogen wurden. Trotz erheblichem Aufwand wird das Übergangssystem der mit diesem Terminus verbundenen Aufgabe keineswegs gerecht. So hatte sich bis zum Jahre 2007 **Verbleibender Anteil Dualsystem im Vergleich** die enorme Zahl von rund 385.000 so genannter Altbewerber um Ausbildungsplätze angesammelt.[104]

In anderen Staaten gelingt es hingegen, die Schulabgänger ohne wesentliche Zeitverzögerung in das Ausbildungssystem zu integrieren. Für Leistungsschwächere wurden dort spezielle Qualifikationsmöglichkeiten geschaffen.

**Offizielle Sicht und Realität klaffen auseinander** Die Lage der beruflichen Bildung in Deutschland, wie sie sich aus der nüchternen Betrachtung der vorausgehenden Analysen erschließt, stimmt – wie zuvor aufgezeigt – mit dem von offizieller Seite und von den Medien verbreiteten Bild längst nicht mehr überein. Das gilt für eine ganze Reihe von Indikatoren:

> Das deutsche Dualsystem baut nach Zielvorgaben der Sozialpartner quer über die 350 Einzelberufe auf dem Hauptschulabschluss auf. De facto beginnt die Mehrzahl der Anfänger/innen mit dem Mittleren Abschluss oder dem Abitur. Nur noch in 12 von über 80 Berufsgruppen beginnen die neu Eintretenden überwiegend mit dem Hauptschulabschluss.
>
> In der Regel wird die Sekundarstufe I nach neun oder zehn Schuljahren im Alter von 15 oder 16 Jahren abgeschlossen. Daran soll sich – so die Vorgabe – der Übergang in die Berufsausbildung anschließen. De facto ist die Quote des Direkteinstiegs immer geringer geworden. Schon vor mehr als 30 Jahren begann ein Drittel der Anfänger/innen die Ausbildung im Erwachsenenalter; inzwischen sind es 70 Prozent geworden. Die im Berufsbildungsbericht 2009[105] ausgewiesenen Quoten, nach denen zuletzt zwei Drittel der Absolventen der allgemein bildenden Schulen vom Dualsystem aufgenommen wurden, mögen rein rechnerisch stimmen. Das damit transportierte Bild, die Versorgung mit Ausbildungsplätzen sei gesichert, trügt jedoch. Die duale Ausbildung ist längst postsekundär geworden. Die Majorität findet erst nach Absolvierung berufsvorbereitender Maßnahmen oder längerem Besuch allgemein bildender Schulen Zugang ins Dualsystem.

Die Wirtschaft selbst, die das System in der Breite der Branchen tragen müsste, zieht sich zurück. Nur noch ein Viertel bis zu einem Fünftel der Betriebe bilden aus; die neu gegründeten Betriebe am wenigsten. Sie sind weithin derart spezialisiert, dass sie in der Breite der Ausbildungsberufe keine Plätze anbieten können. Der Anteil derjenigen, die mit anderen Unternehmen in einem Ausbildungsverbund kooperieren, ist – entgegen aller Bemühungen um den Ausbau solcher Formen – äußerst gering. Verlässliche Daten hierzu liegen jedoch nicht vor.

**Fragen der Gesamtverantwortung** Die ursprüngliche Zielvorgabe Ausbildung auf Hauptschulniveau hat sich über eine Generation hinweg zur Ausbildung im postsekundären Bereich verlagert. Konsequenzen daraus wurden bis heute nicht gezogen. Ein wesentlicher Grund dafür ist die immer wieder vertretene Meinung, das deutsche System sei mustergültig und nicht reformbedürftig. Nur daraus ist zu erklären, dass die das System

---

[104] Berufsbildungsbericht 2008, a.a.O., S. 18
[105] A.a.O., S. 15

62

tragenden Organisationen über einen so langen Zeitraum in der überkommenen Situation verharren. Jedwede Änderung setzt voraus, dass die Beteiligten – Sozialpartner, Bund und Länder – gemeinsam klären, welche Aufgaben von welchen Institutionen künftig übernommen werden sollen. Dafür fehlt bis heute eine Stelle, die auf der obersten Ebene für die Gesamtheit der Bildungs- und Berufsbildungsgänge Verantwortung trägt.

## 2.5 Vielfalt von Kompetenzen als Reformhemmnis

Der Überblick über die Zuständigkeiten im deutschen Bildungssystem, wie er der EU-Kommission vom Bundesministerium für Bildung und Forschung (BMBF) im Jahre 2005 zugeleitet wurde, sei nachstehend wiedergegeben:

**Zuständigkeiten gemäß BMBF-Aufriss**

- „Nach dem Grundgesetz ist die Bundesrepublik Deutschland ein Bundesstaat, in dem sowohl der Gesamtstaat (Bund) als auch die Gliedstaaten (Länder) Staatsqualität besitzen. Die Länder sind zuständig für das Schulwesen einschließlich der beruflichen Schulen, für die Hochschulen und die Weiterbildung, soweit das Grundgesetz nicht dem Bund Gesetzgebungsbefugnisse verleiht. Der Bund ist nach dem Grundgesetz u. a. zuständig für die außerschulische berufliche Aus- und Weiterbildung, die allgemeinen Grundsätze des Hochschulwesens, die Ausbildungsförderung sowie Maßnahmen zur Arbeitsförderung.
- Eine verfassungsrechtliche Kompetenz, die eine Koordinierung im Bildungsbereich erzwingen könnte, gibt es in der Bundesrepublik Deutschland nicht.
- Unbeschadet dessen besteht in Deutschland zwischen den Ländern, die im Bildungsbereich in der Kultusministerkonferenz zusammenarbeiten, sowie zwischen Bund und Ländern ein breiter Konsens über die Ziele, die das Bildungswesen im Hinblick auf die schnellen gesellschaftlichen, wirtschaftlichen, wissenschaftlichen und technischen Wandlungsprozesse bei seiner Weiterentwicklung anvisieren muss."[106]

Der im letzten Absatz der Darstellung des BMBF erwähnte breite Konsens zwischen Bund und Ländern bezogen auf das „Bildungswesen" mag zwar im Sinne des klassischen Bildungsverständnisses gegeben sein. Es kann jedoch keinesfalls von kongruenten Zielvorgaben und einer gemeinsam getragenen Berufsbildungspolitik die Rede sein. Zumindest hätte ein solcher Konsens längst dazu führen müssen, die Trennlinie zwischen Schulwesen (Berufsreife) und Sozialsystem (Arbeitsmarkt) klar zu ziehen. In keinem anderen EU-Land wird schulschwachen Jugendlichen am Ende der Haupt- und Realschulzeit auf dem SEK II-Niveau nur Berufsvorbereitung angeboten. Danach droht ihnen ein bildungspolitisches Abseits, als Auffangposition allenfalls noch der Übergang in

**Frage nach breitem Konsens**

---

[106] Europäische Kommission (Hrsg.): Umsetzung des Arbeitsprogramms „Allgemeine und berufliche Bildung 2010". Fortschrittsbericht 2005 Deutschland. Brüssel 2005, S. 4

berufsvorbereitende Maßnahmen der Bundesagentur für Arbeit (BA), die aus Beiträgen der Sozialversicherten und der Betriebe finanziert werden.

**Frage nach oberster Zuständigkeit** Die fehlende Gesamtverantwortung manifestiert sich auch darin, dass die Länder das sich immer stärker auswirkende defizitäre Ausbildungsangebot nicht ergänzen. Die Kulturhoheit, die ihnen nach dem Grundgesetz zusteht, gilt für das gesamte Schulwese, also über das dreigliedrige Schulsystem hinaus auch für alle beruflichen Schulen. Die Länder könnten also jederzeit Ausbildungsgänge an beruflichen Vollzeitschulen mit staatlicher Abschlussprüfung in der erforderlichen Breite etablieren, wie sie es seit Jahrzehnten im Schulberufssystem (vgl. Kap. 3.2) u. a. in fast vierzig Assistentenberufen der Naturwissenschaft, Technik, Informatik und Gestaltung tun.[107]

Unverständlich ist der vorletzte Abschnitt der obigen Darstellung. Er verweist auf die im Grundgesetz und in den Landesverfassungen festgeschriebene Kompetenzaufteilung für das Schulwesen und die praktische Berufsausbildung, als wäre dies ein unverrückbares Element eines föderalen Bundesstaates. Dabei ist das Grundgesetz zwischen 1949 und 1995, im Zuge der gesellschaftlichen, sicherheitspolitischen und anderer Herausforderungen, über 40 Mal geändert worden; weitere Schritte (u. a. Einsatz der Bundeswehr im Inneren) werden fortlaufend diskutiert.

**Ausgrenzung berufsqualifizierender Vollzeitschulen** Wenn das Berufsbildungsgesetz 1969 und erneut im Jahre 2005 die schulische Berufsausbildung schlicht ausgrenzt, ist dies eher ein Indiz dafür, dass angesichts mächtiger Interessen, um die es geht, niemand die komplexe Materie aufgreifen will. Dem BMBF bleibt daher nur die resignative Feststellung, in Deutschland sei es aussichtslos, zu einem gestuften, ganzheitlichen Bildungssystem allgemeinen und beruflichen Lernens zu kommen. Die Nachteile tragen die sozial Schwächeren. Sie vermögen dem hohen Anpassungsdruck der Anbieter beruflicher Ausbildung immer weniger standzuhalten, warten jahrelang auf die Möglichkeit, eine Ausbildung beginnen zu können oder verzichten schließlich darauf. Wenn inzwischen in Deutschland 1.500.000 junge Leute im Alter von 20 bis 29 Jahren ohne Berufsabschluss gezählt werden und jedes Jahr tausende dazukommen, erwachsen daraus dem sozialen Sicherungssystem hohe Belastungen.

Die deutsche Pattsituation hinsichtlich der Integration beruflicher Bildung ins Bildungssystem stellt im internationalen Vergleich einen Sonderfall dar. Es gibt in der EU und darüber hinaus kein Land, in dem an der Spitze des Staates oder Bundesstaates eine oberste staatliche Instanz für diesen Bereich fehlt. Überall ist eine solche bei der Strukturierung und Weiterentwicklung von Bildung und Be-

---

[107] In der Zeit vor dem Inkrafttreten des BBiG von 1969 hatten die Länder des öfteren in den Bereichen Landwirtschaftskammern und öffentlicher Dienst landeseigene Ausbildungsordnungen erlassen. Beispielsweise hatten, nach dem „Verzeichnis der anerkannten Ausbildungsberufe – Ausgabe 1973" (Hrsg. BMBW Bonn), alle Länder Ausbildungsordnungen für den Lehrberuf „Vermessungstechniker; Vermessungs- und Landkartentechniker" erlassen, desgleichen – abgesehen von Bremen und Hamburg – für den Lehrberuf „Waldfacharbeiter", Schleswig-Holstein u. a. auch für „Wasserbauwerker".

rufsbildung aktiv, erarbeitet Rahmenvorgaben und setzt sie auf parlamentarischem Wege durch.

**Historische Wurzeln**

„Die praxisbezogene betriebliche Berufsausbildung der Jugendlichen [...]" – so das Bundesverfassungsgericht in seinem Urteil vom 10.12.1980 – „hat in Deutschland historische Wurzeln:
Schon im Mittelalter, jedenfalls seit der Ausformung des Ausbildungs- und Erziehungsmodells des spätmittelalterlichen Zunftsystems, lagen das Recht und die Pflicht zu einer geordneten praktischen beruflichen Ausbildung bei den jeweiligen Arbeitgebern. Daran hat sich in der weiteren geschichtlichen Entwicklung des betrieblichen Ausbildungswesens nichts grundsätzliches geändert, weder im Laufe der im 19. Jahrhundert beginnenden Industrialisierung noch in der nachfolgenden Entwicklung der Wirtschaft bis zur Gegenwart."[108] Die Regelung der betrieblichen Berufsausbildung oblag zunächst in den Ländern den Ministerien für Handel und Gewerbe, ab 1871 dem Reichswirtschaftsministerium. Im Jahre 1900 ging die Aufsicht über die Durchführung vor Ort und Prüfungshoheit zunächst an die Handwerkskammern über, ab 1936 dann für ihren Bereich an die Industrie- und Handelskammern.

**Länderzuständigkeit vor 1949**

Nach 1945 blieb das betriebliche Ausbildungswesen in seinen Grundzügen erhalten. Die Kammern behielten ihre Funktionen, die Durchführung der Ausbildung im Betrieb zu überwachen und die Prüfungen abzunehmen. Als erstes konstituierten sich die Länder. In den Landesverfassungen, die vor dem Grundgesetz verabschiedet wurden, verankerten einzelne auch einen individuellen Anspruch auf Berufsbildung:

**Bayern (1946):**

„Jeder junge Mensch hat ohne Rücksicht auf Herkunft oder wirtschaftliche Lage das Recht auf eine seiner Begabung entsprechende Erziehung und Ausbildung. (Art. 11)
Die Jugend ist in der Ehrfurcht vor Gott ... zu beruflicher und sozialer Bewährung und zu freiheitlich demokratischer Gesinnung zu erziehen." (Art. 12)
„Art. 128. [Ausbildung, Begabtenförderung] (l) Jeder Bewohner Bayerns hat Anspruch darauf, eine seinen erkennbaren Fähigkeiten und seiner inneren Berufung entsprechende Ausbildung zu erhalten.
(2) Begabten ist der Besuch von Schulen und Hochschulen, nötigenfalls aus öffentlichen Mitteln zu ermöglichen."

**Bremen (1947):**

„Jeder hat nach Maßgabe seiner Begabung das gleiche Recht auf Bildung. Dieses Recht wird durch öffentliche Einrichtungen gesichert."(Art. 27)
„Die Erziehung und Bildung der Jugend hat im wesentlichen folgende Aufgaben: ... Die Erziehung zu einem Arbeitswillen ... sowie die Ausrüstung mit den für den Eintritt ins Berufsleben erforderlichen Kenntnissen und Fähigkeiten." (Art. 26/2)

---

[108] Entnommen bei Kittner, Michael: Berufliche Qualifikation in der Rechtsordnung. Bd. 94 Schriftenreihe der IG Metall, Frankfurt am Main 1982, S. 66–67

**Hessen (1946):**

„Ziel der Erziehung ist, den jungen Menschen zur sittlichen Persönlichkeit zu bilden, seine berufliche Tüchtigkeit und die politische Verantwortung vorzubereiten zum selbständigen und verantwortlichen Dienst am Volk und der Menschheit durch Ehrfurcht und Nächstenliebe ... Rechtlichkeit und Wahrhaftigkeit." (Art. 56)

**Rheinland-Pfalz (1947):**

„Jedem jungen Menschen soll zu einer seiner Begabung entsprechenden Ausbildung verholfen werden. Begabten soll der Besuch von höheren und Hochschulen, notfalls aus öffentlichen Mitteln, ermöglicht werden." (Art. 31)

**Vorgaben des Grundgesetzes**

Im Text des Grundgesetzes von 1949 kommen die Termini Bildung, Berufsbildung oder Berufsausbildung nicht vor. Es stellt (GG Art. 7) das gesamte Schulwesen unter die Aufsicht des Staates und gewährleistet die Errichtung privater Schulen. Der Art. 12, 1 verbürgt „das Recht, Beruf, Arbeitsplatz und Ausbildungsstätte frei zu wählen". Im Rahmen der konkurrierenden Gesetzgebung nach Art. 74 GG regelt der Bund allein den Zugang und die Qualifizierung für die Berufe der Rechtspflege (Ziff. l), ebenso (Ziff. 19) „die Zulassung zu ärztlichen und anderen Heilberufen und zum Heilgewerbe" einschließlich des Apothekenwesens.

Im Gewerberecht hat das Grundgesetz die gewachsene Kompetenzteilung in Art. 74 erneut festgeschrieben. Die Bundeskompetenz für die betriebliche Ausbildung ergibt sich aus Art. 74, Ziff. 11 (Recht der Wirtschaft) und Ziff. 12 (Arbeitsrecht und Sozialrecht). Wirtschaft im Sinne des Art. 74, Ziff. 11 GG wird durch den Klammerzusatz eingegrenzt auf „Bergbau, Industrie, Energiewirtschaft, Handwerk, Gewerbe, Handel, Bank- und Börsenwesen, privatwirtschaftliches Versorgungswesen". Nicht zur Wirtschaft im Sinne des Grundgesetzes zählen damit u. a. das Bildungswesen, die Hochschulen, das Gesundheits- und Sozialwesen, die freien Berufe, die Medien, die öffentliche Verwaltung und die Landwirtschaft.

**Wirtschaft als Kompetenzträger**

„Grundlage für eine geordnete und einheitliche Berufsausbildung" bilden nach BBiG § 4,1 die staatlichen anerkannten Ausbildungsberufe. Jugendliche unter 18 Jahren dürfen laut § 4, 3 nur in solchen Berufen ausgebildet werden. Die Durchführung der Berufsausbildung und der Prüfungen obliegt nach § 9 BBiG den zuständigen Stellen (Kammern).

Die praktische Berufsausbildung war nach Auffassung des Bundesverfassungsgerichts „nie in einem engeren Sinne der staatlichen Sphäre überantwortet. Bestrebungen, sie „staatsnäher" zu organisieren, sind von den Arbeitgebern, [...], stets abgelehnt worden."[109] Die Rahmenvorgaben des Bundes zur praktischen Berufsausbildung sind Ausfluss seines wirtschafts- und sozialpolitischen Handelns.[110]

**BIBB-Hauptausschuss als Steuerungsorgan**

Das Zusammenwirken aller Beteiligten ist im Berufsbildungsgesetz im Detail vorgegeben. Das BIBB übernimmt eine Art Mediatorenrolle. Es „führt seine Aufgaben im Rahmen der Bildungspolitik der Bundesregierung durch" (BBiG

---

[109] Urteil des Bundesverfassungsgerichts vom 10.12.1980 (BverfG, 2BvF3/77), S. 67
[110] Vgl. Hesse, a.a.O., S. 11

§ 90, 1). Als Steuerungsinstanz bei der Ausarbeitung der Ausbildungsordnungen fungiert der Hauptausschuss des BIBB. Seine Aufgaben werden in § 92, 1 BBiG enumerativ aufgelistet. Ihm „gehören je acht Beauftragte der Arbeitgeber, der Arbeitnehmer und der Länder sowie fünf Beauftragte des Bundes an" (BBiG § 92, 3). Jede der vier Gruppen verfügt i. d. R. über acht Stimmen; in grundsätzlichen Fragen der Berufsbildung, bei Stellungnahmen zum Berufsbildungsbericht und bei Anhörungen haben die Vertreter des Bundes kein Stimmrecht.

Mit ihren acht Stimmen stellen die Länder im Hauptausschuss des BIBB ein Viertel, soweit die Vertreter des Bundes kein Stimmrecht besitzen, sogar ein Drittel aller Stimmen. Damit sind ihnen Möglichkeiten geboten, an der Ausgestaltung der betrieblichen Ausbildung aktiv mitzuwirken. Dies können sie zudem vor Ort über den jeweiligen Landesausschuss für Berufsbildung (nach BBiG § 82), der drittelparitätisch besetzt ist. Dass sie in diesem Feld gleichwohl nur in geringem Umfang aktiv sind, hängt primär damit zusammen, dass Jugendliche, die nach der Schule eine betriebliche Ausbildung beginnen, aus der Zuständigkeit des Kultusministeriums für das Schulwesen ins Arbeitsleben und ins soziale Sicherungssystem wechseln, wofür der Bund finanziell im Obligo ist. Die Trennlinie zu verwischen und die Ausbildungslücke zu schließen, würde länderseitig beachtliche finanzielle Ressourcen binden. Da nach dem Arbeitsförderungsrecht der Bund für die Eingliederung der Pflichtschulabgänger in den Arbeitsmarkt zuständig ist, setzt dies ein Sondervotum des Landtags voraus. Der Ausbau berufsvorbereitender Angebote im beruflichen Schulwesen dagegen läuft in den geregelten Bahnen des Schul- und Hochschuletats.

*Eingegrenzte Aktivitäten der Länder*

Mit dem § 7, 1 des BBiG 2005 hatten die Länder bis zum 01. August 2009 die Möglichkeit, „durch Rechtsverordnung zu bestimmen, dass der Besuch eines Bildungsganges berufsbildender Schulen oder die Berufsausbildung in einer sonstigen Einrichtung ganz oder teilweise auf die Ausbildungszeit angerechnet wird". Voraussetzung dafür war die Anhörung des Landesausschusses für Berufsbildung, in dem die Arbeitgeber- und Arbeitnehmervertreter zwei Drittel der Stimmen führen. Das heißt, einschlägige Initiativen erfordern Absprachen mit den Kammern, die die Zwischen- und Abschlussprüfungen abnehmen. Sie entscheiden definitiv über die Adäquanz der in schulischer Ausbildung vermittelten Fertigkeiten und Kenntnisse. Die Zulassung von Schülern berufsbildender Schulen zur Kammerprüfung knüpft § 43,1 BBiG daran, dass „dieser Bildungsgang der Berufsausbildung in einem anerkannten Ausbildungsberuf entspricht". Die Voraussetzungen dafür werden im Berufsbildungsgesetz im Detail aufgelistet.

*Kammern entscheiden definitiv*

Die Bedeutung der Kammern hinsichtlich der Durchführung von Ausbildungsgängen kann folgendes Beispiel zeigen:

> In Baden-Württemberg wurden an verschiedenen Standorten Technische Berufskollegs für Informations- und Kommunikationstechnik eingerichtet, die in zwei Jahren Realschülern einen hohen theoretischen und fachpraktischen Qualifika-

tionsstand vermitteln. Die IHK Karlsruhe genehmigte einzelnen Berufsschulen im Kammerbezirk ein so genanntes Verzahnungsmodell in dieser Fachrichtung.[111] Dabei werden die ersten zwei Jahre vollschulisch absolviert mit Betriebspraktika in den Ferien. Die Abschlussprüfung der Schule beinhaltet die theoretische Abschlussprüfung zum Fachinformatiker. Nach einem dritten Jahr in einem Ausbildungsbetrieb kann dann die Facharbeiterprüfung zum Fachinformatiker abgelegt werden. Dies veranschaulicht, welche Kompetenz von den Kammern de facto wahrgenommen wird.

**Länder im Obligo** Die Zuständigkeit für die vollschulische Ausbildung und damit für ein ausreichendes Angebot an beruflicher Qualifizierung, das nach Leistungsfähigkeit der Jugendlichen gestuft ist, liegt zweifelsohne bei den Ländern. Allein mit Angeboten vorberuflicher Bildung können die Länder die Schwäche des Dualsystems nicht ausgleichen. Einige haben dies erkannt und ihr Angebot an berufsqualifizierenden Vollzeitschulen aufgestockt, andere tun sich damit schwer. Wie unterschiedlich die Berufsfachschulen ausgebaut sind, die eine volle Berufsausbildung nach BBiG oder einen Berufsabschluss nach KMK-Rahmenvereinbarungen und in Gesundheitsberufen bieten, zeigt die folgende Aufstellung. Darin sind die vollschulischen Ausbildungsplätze nach Ländern im Jahre 2006 aufgelistet:

a) Ausbildungsplätze in Lehre ersetzenden Berufsfachschulen pro 100.000 Einwohnern

| | | | | | | | | | |
|----|----|----|----|----|----|----|----|------|----|
| BW | 29 | HE | 2 | SL | - | BE | 7 | ST | 37 |
| BY | 15 | NI | 1 | SH | 1 | BB | 90 | TH | 40 |
| HB | - | NW | 4 | D$^{West}$ | 11 | MV | 60 | D$^{Ost}$ | 56 |
| HH | 25 | RP | 5 | | | SN | 36 | D$^{Insg.}$ | 20 |

b) Ausbildungsplätze in Berufsfachschulen/Schulen des Gesundheitswesens, pro 100.000 Einwohnern

| | | | | | | | | | |
|----|-----|----|-----|----|-----|----|-----|------|-----|
| BW | 245 | HE | 147 | SL | 106 | BE | 154 | ST | 325 |
| BY | 175 | NI | 195 | SH | 177 | BB | 178 | TH | 273 |
| HB | 128 | NW | 218 | D$^{West}$ | 193 | MV | 210 | D$^{Ost}$ | 252 |
| HH | 192 | RP | 208 | | | SN | 335 | D$^{Insg.}$ | 205 |

*Quelle: BMBF: Berufsbildungsbericht 2008, S. 109 – eigene Berechnung der Relativwerte*

**Not der Jugendlichen wird ignoriert** Von der Not der Jugendlichen ohne Aussicht auf Ausbildungsmöglichkeiten nimmt die Öffentlichkeit kaum Notiz. Pro anno betrifft dies etwa eine halbe Million Jugendlicher mit unterschiedlichen Abschlüssen des allgemeinen Schulsystems. Das Übergangssystem ist von der Zusammensetzung der Betroffenen her zwar heterogen, doch sollte die besondere Problematik der gering begabten, sozialschwachen, aus Familien mit Migrationshintergrund stammenden und ansonsten benachteiligten Jugendlichen stärker berücksichtigt werden. Für diese Gruppen fühlt sich in der Bundesrepublik kaum eine Stelle zuständig; die Betroffenen haben keine Lobby.

---

[111] Quelle: Infoblatt der Balthasar-Neumann-Schule I Bruchsal, *www.bns1.de*

In einem Gutachten zu Rechtsproblemen der Berufsausbildung vom Jahre 2003[112] vertrat H. Avenarius die Auffassung, dass der Bund unbeschadet der Kulturhoheit der Länder stärker aktiv werden könnte. Es bestände sogar die Möglichkeit, ein Berufsbildungsgesetz zu erlassen, das duale und vollzeitschulische Berufsausbildung umfasst. Damit würde ein bedeutsamer Schritt zur Akzeptanz berufsqualifizierender Vollzeitschulen als vollwertiger Weg beruflicher Qualifizierung begangen.[113] Avenarius spricht ferner die Möglichkeit an, die Ordnung eines pluralen Systems beruflicher Bildungsgänge über einen Staatsvertrag zwischen Bund und Ländern zu regeln.[114]

*Ausschöpfung staatlicher Befugnisse*

Zusammenfassend ist festzustellen: Es gibt derzeit keine Initiativen, um aus der prekären Lage des Facharbeitermangels und des Mangels an Ausbildungsmöglichkeiten für Schulentlassene herauszukommen. Der in allen anderen Staaten gewählte Weg der vollzeitschulischen Berufsbildung als Alternative ist in Deutschland tabu; er wird meist nicht einmal angesprochen. Das Verharren in der Qualifizierung von Jugendlichen allein über die Lehre im Betrieb stößt an Grenzen, und trotz jahrelanger Diskussion ist offenbar, dass es nicht gelingt, das wirklich erforderliche Ausbildungsvolumen zu erreichen.

*Anerkennung vollschulischer Ausbildung*

Das Berufsbildungsgesetz endet da, wo die Betriebe nicht mehr ausbilden können oder wollen. Der Staat scheut hier die Einmischung, weil bisher die schulische Ausbildung allgemein und speziell von der Wirtschaft negiert wird.

Mit Initiativen, um dem nun schon mehrere Jahrzehnte reduzierten Ausbildungsangebot für die Schulentlassenen entgegenzuwirken und das so genannte Übergangssystem zu reduzieren, befassen sich verschiedene Gremien. Dabei ist zu berücksichtigen, dass der Blick auf die Defizite im eigenen Land aufgrund der Überlagerung durch die EU-weite Reformdiskussion Lissabon 2000, die die amtlichen Stellen stark beschäftigt, ganz offensichtlich eingeschränkt ist.

*Defizite unbeachtet*

Dessen ungeachtet haben sich in jüngerer Zeit in Deutschland namhafte Institutionen mit Defiziten befasst und Reformen angeregt. Diese sind in Übersicht 1 aufgelistet. Insgesamt wurden Vorschläge von neun Institutionen erfasst und zwölf Themenbereichen zugeordnet. Die Themen *Flexibilisierung der Ausbildungsordnungen* und *Durchlässigkeit zum Hochschulbereich* werden dabei mit je sieben Institutionen am häufigsten angesprochen.

*Reformvorschläge aus jüngster Zeit*

---

[112] Rechtsprobleme der Berufsausbildung. Rechtsgutachten im Auftrag der Max-Traeger-Stiftung. Erstattet von Prof. Dr. Hermann Avenarius, Deutsches Institut für Internationale Pädagogische Forschung, Frankfurt am Main, und Dr. Johannes Rux, Fernuniversität in Hagen. Frankfurt am Main/Hagen, August 2003 *(http://www.gew.de/Binaries/Binary29149/Rechtsgutachten%20Avenarius.pdf)*

[113] Avenarius, S. 83

[114] Avenarius, S. 85

**Übersicht 1: Vorschläge zur Reform der beruflichen Bildung in Deutschland**

| | DIHK | ZDH | BDA | KWB | DGB | GEW | BLBS/VLW im DBB | KMK | IKBB des BMBF |
|---|---|---|---|---|---|---|---|---|---|
| Flexibilisierung der Ausbildungsordnungen | ● | ● | ● | ● | | | ● | ● | ● |
| Modularisierung der Ausbildung angesprochen | ●* | ● | ● | ● | | | | | ● |
| Abbau des Übergangssystems | | | | | | ● | | | ● |
| Durchlässigkeit zum Hochschulbereich | | | ● | ● | ● | ● | ● | | ● |
| Deutscher Qualifikationsrahmen | | | ● | ● | | | | ● | ● |
| Senkung der Ausbildungskosten | | | ● | ● | | | | | |
| Beseitigung von Ausbildungshemmnissen | | | ● | ● | ● | | ● | ● | |
| Einführung einer Umlagefinanzierung | | | | | ● | | | | |
| Stärkung der staatlichen Verantwortung | | | | | ● | ● | ● | | |
| Förderung der Ausbildungsreife | ● | ● | ● | | | | | ● | ● |
| Verbesserung der Berufsschule | | | ● | ● | | | | ● | |
| Alternativen zur dualen Ausbildung | | | | | | | ● | ● | |

* Der DIHK plädiert für eine gemäßigte Modularisierung.
Institutionen: **DIHK** Deutscher Industrie- und Handelskammertag; **ZDH** Zentralverband des Deutschen Handwerks; **BDA** Bundesvereinigung der Deutschen Arbeitgeberverbände; **KWB** Kuratorium der deutschen Wirtschaft für Berufsbildung; **DGB** Deutscher Gewerkschaftsbund; **GEW** Gewerkschaft Erziehung und Wissenschaft; **BLBS** Bundesverband der Lehrerinnen und Lehrer an beruflichen Schulen; **VLW** Verband der Lehrerinnen und Lehrer an Wirtschaftsschulen; **DBB** Deutscher Beamtenbund; **KMK** Kultusministerkonferenz; **IKBB** Innovationskreis für berufliche Bildung; **BMBF** Bundesministerium für Bildung und Forschung.

In den vom Innovationskreis berufliche Bildung (IKBB) beschlossenen „10 Leitlinien zur Modernisierung der beruflichen Bildung" werden die beiden Forderungen *Flexibilisierung der Ausbildungsordnungen* und *Durchlässigkeit zum Hochschulbereich* präzisiert.[115] Die Bundesregierung habe – heißt es im Berufsbildungsbericht 2009 – bereits im Jahr 2007 mit den 10 Reformleitlinien „die Agenda für die berufliche Bildung gesetzt".[116]

**Spannungsfeld „Berufsprinzip vs. Flexibilisierung"** Der IKBB stellt die Flexibilisierung in den Kontext mit der Stärkung des Berufsprinzips. Berufliche Ausbildung soll „transparenter, effizienter und flexibler ausgestaltet werden" (ebd., S. 18): „Ziel ist es konkret, bei Ausbildungsberufen, die in verwandten Tätigkeitsbereichen geschaffen wurden, eine Strukturierung

---

[115] Vgl. BMBF (Hrsg.): 10 Leitlinien zur Modernisierung der beruflichen Bildung – Ergebnisse des Innovationskreises berufliche Bildung. Bonn, Berlin 2007
[116] Vgl. BMBF (Hrsg.): Berufsbildungsbericht 2008. Berlin, Bonn 2008, S. 22 – 24

in Berufsgruppen mit gemeinsamer Kernqualifikation und darauf aufbauenden Spezialisierungsmöglichkeiten durch Wirtschaft und Gewerkschaften zu prüfen" und „ab sofort vor jeder Neuordnung eines Einzelberufs die Zusammenführung mit anderen Berufen in Berufsgruppen" [zu prüfen].

Im Berufsbildungsbericht 2009 verweist die Bundesregierung darauf, es bestünden bereits größere Berufsgruppen, „z. B. bei den Bauberufen, den industriellen Metall- und Elektroberufen, den Hotel- und Gaststättenberufen sowie den IT-Berufen". Einschränkend wird auf die noch ausstehende Gesamtbetrachtung verwiesen: „Dazu bedarf es nach Auffassung der Bundesregierung eines gezielteren Ansatzes, bei dem über den Modernisierungsbedarf einzelner Ausbildungsberufe hinaus zeitgleich auch andere Berufe für ähnliche Tätigkeitsbereiche mit in den Blick genommen werden."[117] Das heißt, erst nach einem längeren Vorlauf kann die Leitlinie umgesetzt werden. Im Spannungsfeld „Berufsprinzip – Flexibilisierung" wird weiterhin der reibungslose Übergang in Facharbeit, also die berufliche Handlungsfähigkeit im Vordergrund stehen, die Breite des Zugangs zu anderen Berufen demgegenüber zurücktreten.

Im Jahre 2008 startete die Bundesregierung die „Qualifizierungsinitiative Aufstieg durch Bildung", die sie als „Innovationspaket für die berufliche Ausbildung" bezeichnet. Flexiblere Ausbildungsordnungen und der Übergang von der beruflichen Bildung in den Hochschulbereich sind darin ebenfalls angesprochen. Wie bei den Vorschlägen des IKBB geht es u. a. um die Bildung von Berufsgruppen mit Kernqualifikationen; hierzu wird ausgeführt[118]: **Initiative der Bundesregierung**

> „Gemeinsam mit den Sozialpartnern und den Ländern werden die ca. 350 Ausbildungsberufe in Berufsgruppen gebündelt, gemeinsame Kernqualifikationen identifiziert und darauf aufbauende Spezialisierungsmöglichkeiten und -wege eröffnet."

Dies soll dazu beitragen, die duale Ausbildung auch zukünftig für Jugendliche und Betriebe attraktiv zu erhalten.

Zu den weiteren Programmpunkten der Bundesregierung zählen eine bessere Verzahnung von Fortbildung und Ausbildung sowie branchenbezogene Früherkennungsinitiativen, um den sich wandelnden Qualifikationsbedarf rascher in Erstausbildung und Weiterbildungsangeboten berücksichtigen zu können.

Bei der Durchlässigkeit zum Hochschulbereich soll mit dem BMBF-Programm „Aufstiegsstipendium" Fachkräften mit abgeschlossener Berufsausbildung – auch ohne Abitur – ein Studium ermöglicht werden. Vorausgesetzt wird eine mindestens zweijährige Berufserfahrung. Mehr als ein erster Schritt sind die zunächst geplanten 1.500 Stipendien noch nicht. Zur generellen Anschlussfähig- **Durchlässigkeit ein KMK-Problem**

---

[117] BMBF (Hrsg.): Berufsbildungsbericht 2009. Berlin, Bonn 2009, S. 34
[118] Aufstieg durch Bildung – Qualifizierungsinitiative der Bundesregierung. Januar 2008, S. 19

keit beruflicher Ausbildung und Fortbildung, die der IKBB in der Reformleitlinie 6 gefordert hat, wollen die Länder erst bis 2010 Rahmenvorgaben formulieren, die dann noch in den jeweiligen Landeshochschulgesetzen verankert werden müssen.[119]

**Fehlende Gesamtverantwortung** Als Fazit kann festgehalten werden, dass in Deutschland die Realisierung von Reformvorschlägen – unter denen sich durchaus positiv zu bewertende finden – erheblich erschwert ist. Die Situation ist dadurch gekennzeichnet, dass viel diskutiert und laboriert wird, aber keine grundlegenden, an den Wurzeln der Missstände ansetzenden Veränderungen erfolgen. Dies liegt an der fehlenden Gesamtverantwortung. Es besteht keine oberste staatliche Instanz, die den gesamten Bereich der beruflichen Bildung im Blick hat, übergeordnete Interessen wahrnimmt und in diesem Sinne den Rahmen vorgibt, innerhalb dessen bestimmte Aufgaben in der beruflichen Bildung delegiert werden.

---

[119] Lt. Berufsbildungsbericht 2009, a.a.O., S. 37 u. 39

## 3. Dogmatische Grundprinzipien verhindern Systementwicklung

Die vorangegangenen Abschnitte belegen, dass im deutschen Berufsbildungssystem Initiativen zur Weiterentwicklung dringend erforderlich sind. Daher empfiehlt sich eine Orientierung über die Landesgrenzen hinweg, um dort erreichte Standards kennen zu lernen. Zudem ist das von der Europäischen Union im Jahre 2000 in Lissabon beschlossene Reformpaket auf das eigene System zu projizieren, um erkennen zu können, in welchen Bereichen die EU-Zielsetzungen auf nationaler Ebene bereits erreicht sind oder weitergehende Reformen anstehen. Der Vergleich mit anderen Staaten veranschaulicht, dass im Prozess der Anpassung an aktuelle Anforderungen verschiedenartig vorgegangen wird. *Weiterentwicklung erforderlich*

Die heutige Vielfalt in den Berufsbildungssystemen soll ein ad hoc Vergleich zwischen den Ländern Österreich, Italien, Frankreich und England aufzeigen, der in Übersicht 2 einen Überblick über wichtige Strukturelemente der beruflichen Bildung gibt: *Derzeitiger Stand ausgewählter Bildungssysteme*

- In Frankreich besteht ein gestuftes Berufsbildungsangebot in staatlicher Verantwortung. Ausgebildet wird vorrangig in berufsqualifizierenden Vollzeitschulen; seit längerer Zeit sind bereits dual-alternierende Ausbildungsgänge auf verschiedenen Ebenen ausgebaut. In jüngerer Zeit besonders gefördert wird der Weiterbildungsbereich.
- In Italien konkurrieren im Berufsbildungsangebot die Ebenen Zentralstaat und Regionen. Insgesamt besteht eine 12-jährige Bildungs- und Ausbildungspflicht, die den Jugendlichen ein Recht auf Bildungsteilhabe verbürgt.
- In Österreich sind schulische und duale Berufsbildung etwa gleich stark vertreten. So ergibt sich ein Berufsbildungssystem mit Angeboten auf verschiedenen Ebenen.
- In England wurde die betriebliche Lehre neu strukturiert und differenziert nach Eintritten im Jugend- und im Erwachsenenalter. Ansonsten dominiert das Prinzip der Modularisierung auf allen Ebenen.

Seit der Übertragung der Kompetenzen für den Komplex Berufsausbildung über die Reichsgesetzgebung 1897/1900 an die Kammern der Wirtschaft hat sich in Deutschland das Berufsbildungssystem gegenüber der Spätzeit der Zünfte nur unwesentlich verändert. Als Besonderheit kommt hinzu, dass an der Weiterentwicklung in Nachbarländern wie auch den Empfehlungen der Europäischen Union offensichtlich nur ein eingeschränktes Interesse besteht. *Deutscher Sonderweg*

Über den Vergleich zeigt sich deutlich, dass das deutsche Berufsbildungssystem immer noch stark in der handwerklichen Tradition verwurzelt ist, was beispielsweise darin zum Ausdruck kommt, dass die Ausbildungsordnungen mit ihrer engen Eingrenzung gemäß Berufsprinzip weitgehend auf das Modell des handwerklichen Vollberufs ausgerichtet bleiben, in dessen Eingrenzung nur auf der Basis des handwerklichen Befähigungsnachweises gearbeitet werden darf. Der Novelle der Handwerksordnung vom Jahre 2004 entsprechend hat sich in jüngster Zeit die Zahl zulassungspflichtiger Gewerbe allerdings deutlich verringert.[120] *Enge Berufsabgrenzung*

---

[120] Der Meisterzwang wurde auf rund 40 zulassungspflichtige, gefahrgeneigte Handwerke beschränkt. Der größere Teil der Handwerke kann ohne Meisterprüfung ausgeübt werden.

# Übersicht 2: Struktur und Stand der beruflichen Bildung in ausgewählten EU-Staaten

## Österreich

### Kompetenzverteilung Staat/Regionalinstanz

Auf nationaler Ebene sind die beiden Ressorts Unterricht und Wirtschaft federführend. Sie konzipieren die Gesetze, und das Unterrichtsressort ist als Besonderheit der Alpenrepublik auch für den Bereich der berufsqualifizierenden Vollzeitschulen in vollem Umfang verantwortlich. Rahmenvorgaben für den Komplex betriebsgebundene Ausbildung erlässt der Bund; sie umzusetzen fällt in die Zuständigkeit der Länder. Mit der Durchführung betraut sind die Landeswirtschaftskammern als Selbstverwaltungsorganisationen der Unternehmungen. In diese ist jeweils eine vom Staat initiierte Lehrlingsstelle integriert, die für die betriebliche Ausbildung einschließlich Prüfungssystem zuständig ist. Die Oberaufsicht liegt beim Landeshauptmann.

### Berufsbildungsangebot

Als alternative Qualifizierungsmöglichkeiten auf unterer Ebene bestehen in Österreich das duale System und die berufsbildenden mittleren Schulen; letztere allerdings mit breiteren Ausbildungsgängen von ein- bis vierjähriger Dauer (zumeist drei- bis vierjährig). An den berufsbildenden höheren Schulen werden höhere berufliche Qualifikationen sowie vertiefte Allgemeinbildung vermittelt. Sie schließen nach fünf Jahren mit der Reife- und Diplomprüfung mit allgemeiner Hochschulzugangsberechtigung ab. In Österreich liegt der Anteil der berufsbildenden höheren Schulen deutlich über dem Anteil der allgemein bildenden Gymnasien.

### Übergangsmöglichkeiten in den Hochschulbereich

Absolventen einer Lehrlingsausbildung oder einer mindestens dreijährigen berufsbildenden mittleren Schule können seit 1997 die Berufsreifeprüfung ablegen, die als allgemeine Studienberechtigung ausgelegt ist.

## Italien

### Kompetenzverteilung Staat/Regionalinstanz

Seit 2008 sind die Kompetenzen für Schulen, Hochschulen und Forschung in einem Ministerium gebündelt. Der Staat ist für die allgemeine Bildung zuständig. Die berufliche Bildung liegt seit der Verfassungsreform des Jahres 2001 bei den Regionen, auch hinsichtlich der Gesetzgebung. Der Staat kann allgemeine Richtlinien und Mindeststandards für die berufliche Bildung festlegen. Ungeachtet der regionalen Zuständigkeit für die berufliche Bildung unterhält der Staat traditionell berufliche Vollzeitschulen des Sekundarbereichs II.

### Berufsbildungsangebot

Im Jahre 2004 wurde in Italien eine 12-jährige Bildungs- und Ausbildungspflicht eingeführt, die gleichzeitig auch ein Recht auf Bildungsteilhabe darstellt. So besteht Schulpflicht vom 6. bis 16. Lebensjahr. Wird vor Vollendung des 18. Lebensjahres ein erster berufsqualifizierender Abschluss erreicht, ist damit die Bildungs- und Ausbildungspflicht erfüllt.

Im Sekundarbereich II bestehen folgende Formen staatlicher Oberschulen:

- *Licei*: Gymnasien verschiedener Zweige.
- *Istituto d'arte*: Dreijährige Berufsfachschule für kunsthandwerkliche Berufe sowie Grafik und Design. In zwei weiteren Jahren kann die allgemeine Hochschulreife erworben werden.
- *Istituto tecnico*: Technische Fachschule mit fünf Jahrgangsstufen zum Erwerb eines berufsqualifizierenden Abschlusses gekoppelt mit der allgemeinen Hochschulreife. Die fachpraktische Ausbildung erfolgt in Schulwerkstätten; es sind auch Betriebspraktika möglich. Zu den angebotenen Fachbereichen zählen unter anderem Wirtschaft, Industrie und soziale Berufe.
- *Istituto Professionale*: Berufsfachschulen, die nach drei Jahren zu einem Abschluss auf Facharbeiter/Fachangestelltenebene führen; zwei weitere Jahre führen zur allgemeinen Hochschulreife. Sie sind in die drei Fachbereiche Landwirtschaft, Industrie und Handwerk sowie Dienstleistungen/Soziales gegliedert und bilden in insgesamt etwa 180 Berufe aus.

Die Regionen unterhalten Berufsbildungszentren (*Centro di Formazione Professionale*). Diese bieten zwei- bis dreijährige praxisorientierte Berufsbildungsgänge an. Jugendliche, die keine weiterführende staatliche Oberschule besuchen, müssen ihre Ausbildungspflicht durch den Besuch dieser Zentren erfüllen.

Alternativ kann ab 15 Jahren eine Lehre absolviert werden. Die Lehrzeit beträgt 18 Monate bis zu vier Jahren und beinhaltet Teilzeitunterricht an den Berufsbildungszentren. 2003 wurde das Lehrlingswesen reformiert; das bisherige und das novellierte System bestehen noch nebeneinander.

Nach den neuen Regelungen wird unterschieden zwischen Lehrverhältnissen für Jugendliche von 15 bis 18 Jahren mit breit gefasster Ausbildung und maximal dreijähriger Dauer sowie Ausbildungsgängen für die Altersgruppe der 18- bis 29-Jährigen mit spezialisierten Abschlüssen bis hinein in die Hochschulebene. Ihre Dauer variiert von zwei bis sechs Jahren.

### Übergangsmöglichkeiten in den Hochschulbereich

Die staatlich anerkannten Abschlüsse der Berufsbildungszentren und im Lehrlingswesen ermöglichen eine Fortsetzung der Ausbildung an staatlichen Schulen bis hin zur Hochschulreife.

## Frankreich

### Kompetenzverteilung Staat/Regionalinstanz

Da berufliche Bildung als öffentliche Aufgabe verstanden wird, stellt der Staat entsprechende Berufsbildungsangebote in öffentlicher Trägerschaft bereit. Dies erfolgt in Form der berufsbildenden Schulen, die überwiegend im Kompetenzbereich des Erziehungsministeriums und zu einem geringen Teil in der Verantwortung des Landwirtschaftsministeriums liegen.

### Berufsbildungsangebot

Schon seit Mitte der 1980er Jahre ist das Berufsbildungswesen von der untersten Ebene bis zur Hochschulebene über fünf Niveaus hinweg gestuft.

Die berufliche Erstausbildung erfolgt überwiegend im schulischen System. Seit den 90er Jahren wird allerdings der Ausbau von betriebsgestützten Ausbildungen (Alternanz-Modell) stark gefördert. Die Ausbildungsordnungen sind für die vollzeitschulische und die alternierende Ausbildung identisch und werden vom nationalen Erziehungsministerium unter Mitwirkung von Vertretern der Wirtschaft erarbeitet. Das Prüfungswesen liegt traditionell in staatlicher Zuständigkeit.

### Übergangsmöglichkeiten in den Hochschulbereich

Hochschulzugangsberechtigung und berufliche Qualifikation sind in Form des Bildungsgangs *Baccalauréat Professionnel* miteinander gekoppelt. Neben den klassischen akademischen Abschlüssen ist seit 20 Jahren die Einrichtung von berufsfeldorientierten staatlichen Hochschulabschlüssen gefördert worden. In den öffentlichen Hochschulen ist es seit Ende der 80er Jahre vielerorts möglich, diese praxisorientierten Abschlüsse im Rahmen eines Ausbildungsvertrags, den dualen Studiengängen in Deutschland in etwa vergleichbar, zu erwerben.

Grundsätzlich erlauben alle berufsbildenden Abschlüsse die Weiterqualifizierung für den nächsthöheren Abschluss.

### Berufliche Weiterbildung

Sämtliche staatlichen Berufsbildungsabschlüsse in Schule und Hochschule stehen grundsätzlich auch den Kandidaten der beruflichen Weiterbildung offen. Zu deren Förderung sind seit den 90er Jahren eine Reihe von Gesetzen zur Anerkennung und Anrechnung von non-formalem Lernen, von Berufserfahrung und von sozialem Engagement verabschiedet worden. Diese sollen zusammen mit einem neuen gesetzlich verbrieften individuellen Recht auf bezahlten Bildungsurlaub, der über mehrere Jahre angespart werden kann, die Weiterbildungsneigung der Erwerbstätigen erhöhen.

## England

### Kompetenzverteilung Staat/Regionalinstanz

Die Verantwortung für die berufliche Bildung liegt auf ministerialer Ebene beim *Department for Business, Innovations and Skills*. Im Pflichtschulbereich ist das *Department for Children, Schools and Families* zuständig. Lokale Behörden und eine Reihe spezieller Institutionen setzten die Beschlüsse um und besitzen auch eigene Befugnisse. Planung und Finanzierung der reformierten Lehrlingsausbildung erfolgen über den im Jahre 2001 eingerichteten *Learning and Skills Council*.

Die Prüfungsdurchführung liegt bei eigenständigen Prüfungsinstitutionen, die der Genehmigung und Anerkennung durch eine staatliche Einrichtung bedürfen. Dies war bis 2007 die 1997 eingerichtete *Qualifications and Curriculum Authority (QCA)*, auch zuständig für das nationale Curriculum, Prüfungen im Pflichtschulbereich und berufliche Qualifikationen. Im Jahre 2007 beschloss die Regierung, die Überwachung des Prüfungswesens aus der *QCA* auszugliedern und dafür die spezielle Einrichtung *Ofqual* zu schaffen. Die sonstigen Funktionen der ehemaligen *QCA* werden von der *Qualifications and Curriculum Development Agency (QCDA)* wahrgenommen.

### Berufsbildungsangebot

Normiert sind generell nicht die Wege beruflicher Bildung, sondern die erwerbbaren Qualifikationen, bei deren Erarbeitung und Novellierung der Wirtschaft mit ihren *Sector Skills Councils* großes Gewicht zukommt. Die Anerkennung der Qualifikationen im Sinne nationaler Befähigungsnachweise obliegt jedoch dem Staat. *Further Education Colleges* bieten eine breite Palette von Ausbildungsgängen in Voll- oder Teilzeitform.

Die nationalen beruflichen Befähigungsnachweise (*National Vocational Qualifications – NVQs*) sind modular und kompetenzbasiert strukturiert und können auch über das informelle Lernen erworben werden. Die *NVQs* sollen weitgehend durch auf einem Leistungspunktesystem beruhende Abschlüsse ersetzt werden.

In England hat ebenso wie die anderen Teilstaaten des Vereinigten Königreichs einen Qualifikationsrahmen (*NQF*). In diesen ist auch die seit 1994 reformierte und gestärkte Lehrlingsausbildung eingebunden; sie differenziert nach *Facharbeitern* (Stufe 2 des *NQF*) sowie *qualifizierten Facharbeitern/Technikern mit Hochschulzugang* (Stufe 3). Jüngste Initiativen zielen auf die Ablösung des *NQF* durch einen für England, Wales und Nordirland geltenden *Qualifications and Credit Framework (QCF)*.

### Übergangsmöglichkeiten in den Hochschulbereich

Der Lehrabschluss auf Stufe 3 beinhaltet die Hochschulzugangsberechtigung für praxisbezogene Bildungsgänge unterhalb der Ebene Bachelor, die 2001 eingeführten *Foundation Degrees*. Meist werden diese Abschlüsse berufsbegleitend erworben.

Generell werden über *Accreditation of Prior Learning (APL)* in Aus- und Weiterbildung erworbene Kenntnisse sowie Berufserfahrungen beim Zugang zu Hochschulen und anderen weiterführenden Bildungseinrichtungen angerechnet.

Die deutsche Sonderentwicklung erklärt sich im Wesentlichen aus der nach neuhumanistischer Auffassung vollzogenen Trennung von Berufsbildung und Allgemeinbildung, die letztendlich zum Zwei-Klassen-System in Bildung und Gesellschaft geführt hat; einmal der „Königsweg" zum Abitur samt Hochschulzugang, zum anderen der Weg in die Berufsausbildung mit immer noch unbefrie-
digenden Möglichkeiten, nach qualifizierten Berufsabschlüssen in den tertiären
Bereich überwechseln zu können.

Im allgemein bildenden System werden die Belange der beruflichen Bildung
und die Sicherstellung des Übergangs in Ausbildung und Beruf nur unzureichend berücksichtigt. So erklärt sich, dass das Übergangssystem in Deutschland
hinsichtlich der Neueintritte zu einem nahezu gleichen Volumen wie die Eintritte in Lehrverhältnisse angewachsen ist, während andere Länder ein solches
Ausmaß an Warteschleifen nicht kennen.

Mit der in Kap. 2.1 dargestellten Unterbewertung von Vergleichen im Bereich
der beruflichen Bildung haben sich in Deutschland Meinungen und Grundüberzeugungen verhärtet, die mit internationalen Standards nicht übereinstimmen.
Dies hemmt Reformansätze und führt zwangsläufig in die Isolation.

Ähnlich verhält es sich hinsichtlich der überkommenen Vorrangstellung der
betriebsgebundenen Ausbildung gegenüber den berufsqualifizierenden Vollzeitschulen. So unterstreichen Vertreter der Wirtschaft immer wieder ihre Geringschätzung gegenüber der vollschulischen Berufsausbildung, wie z. B. anlässlich
eines von den baden-württembergischen Ministerien für Wirtschaft und Kultus
veranstalteten Kongresses im Jahre 2004[121]:

> „Der Erfolg und die Leistungsfähigkeit der Unternehmen gründet sich auch
> auf der fundierten Kenntnis betrieblicher Prozesse und Abläufe bei Berufs-
> einsteigern. Das zeichnet das duale System aus. Berufliche Vollzeitschulen
> können ein soziales Gefüge der realen Arbeitswelt nicht widerspiegeln und
> die berufliche Fachlichkeit nicht ersetzen."

In Deutschland bestehen zu zentralen Aspekten der beruflichen Bildung Grund-
vorstellungen fort, die hier als unumstößlich gelten, also Dogmencharakter haben und die für die Weiterentwicklung zur Wissensgesellschaft erforderlichen
Veränderungen im Berufsbildungssystem verhindern. Zu diesen dogmatisierten
Grundprinzipien zählen:

- „Deutsches Dualsystem braucht nur losen Kontakt zur Berufsschule" (3.1)
- „Vollzeitschulen nur bedingt berufsqualifizierend" (3.2)
- „Berufsprinzip als Konzept für eng geschnittene Ausbildungsordnungen" (3.3)

---

[121] Landesgewerbeamt Baden-Württemberg Direktion Karlsruhe (Hrsg.): Dokumentation
zum Kongress „Berufliche Bildung. Wandel der Arbeitswelt – Herausforderungen für die
berufliche Bildung" vom 24. März 2004 in der Industrie- und Handelskammer Karlsruhe.
Karlsruhe 2004, S. 79 u. 67

- „Verzahnung der Berufsbildung mit der Allgemeinbildung verzichtbar" (3.4)
- „Sozialpartner entscheiden über die Gestaltung von Ausbildungsberufen" (3.5)
- „Kompetenz der Wirtschaft sichert allein den Fachkräftenachwuchs" (3.6)
- „Beschränkung des Staates auf subsidiäre Funktionen in der Berufsbildung" (3.7)

Schwerpunkte der Darstellung

Die folgenden Abschnitte befassen sich zunächst mit den angesprochenen Sachverhalten der jeweiligen dogmatisierten Grundüberzeugung unter Berücksichtigung des Entstehungszusammenhangs. Abzuklären ist ferner, ob und in welchem Umfang daneben auch abweichende bzw. gegenteilige Positionen vertreten werden. Darüber hinaus wird im Ländervergleich auf konträre Positionen oder auch Übereinstimmungen mit der in Deutschland vertretenen Auffassung verwiesen. Abschließend sind Auswirkungen der postulierten Grundsätze auf die Ausprägung der beruflichen Bildung in Deutschland aufzuzeigen, um deren Gültigkeit in heutiger Zeit prüfen zu können. Auf Konsequenzen der dogmatisierten Grundprinzipien mit Blick auf die weitere Entwicklung in Deutschland sowie die von den EU-Staaten angestrebten und beschlossenen Reformen wird ebenfalls verwiesen.

### 3.1 „Deutsches Dualsystem braucht nur losen Kontakt zur Berufsschule"

Zusammenwirken von Lernorten als Gütekriterium

Als Gütekriterium für die Ausbildung im dualen System gilt länderübergreifend das konstruktive Zusammenwirken von Betrieb und Teilzeitschule. In jüngerer Zeit kommen in der berufspädagogischen Diskussion neue Begriffe hinzu wie *Lernort*, *Lernortverbund* und *Kooperation der Lernorte*. Mit Verbund sind beide Seiten, Betriebe und Teilzeitschulen, angesprochen. Bei weiterer Differenzierung können andere *Orte* hinzukommen, wie z. B. betriebliche oder überbetriebliche Lehrwerkstätten.

Unterschiede im Ländervergleich

Dieses Zusammenwirken hat sich allerdings im Laufe der geschichtlichen Entwicklung recht unterschiedlich herausgebildet. Immer wieder zeigt sich, dass offiziellen Regelungen wie auch örtlichen Gegebenheiten gemäß die Kooperation der beiden Lernorte grundverschieden sein kann, was auch für die deutschsprachigen Länder gilt. Es ist also nicht möglich, die derzeit mit Dualsystem bezeichneten Berufsbildungsgänge ohne Klärung der Art des Lernortverbunds als gleichartig oder gleichwertig anzusehen.

Lernort Betrieb

In ihrem 1957 erschienenen *Lexikon der Berufsausbildung und Berufserziehung* beschreiben R. u. H. Wefelmeyer das Zusammenwirken von Betrieb und Schule unter dem Stichwort *Erfahrung* wie folgt:

> „Die Sammlung selbstgemachter oder vom Meister und von Mitarbeitern mitgeteilter, durch Auseinandersetzung mit den Dingen und Verhältnissen erworbener Erfahrungen ist Hauptinhalt der betrieblichen Berufserziehung ... "
> „Es gibt kaum Berufe, in denen nicht das empirisch erfaßte Wissen über Werkstoffe und Arbeitsweisen notwendige Grundlage des Berufskönnens ist.

Die in der Praxis erworbene Erfahrung ist ein berufliches Betriebskapital, von dem oft Berufserfolg und Aufstieg in leitende Stellen abhängen."[122]

**Lernort Schule**
Nach dieser Eingrenzung und Wertung des Erfahrungslernens im Ausbildungsbetrieb nehmen die Autoren zum Lernort Schule wie folgt Stellung:

> „Die industrielle Betriebsweise erfordert neben dem allseitig erfahrenen Handwerker den Facharbeiter, der in den wiss. Grundlagen seines Fachgebiets, das immer weiter aufgeschlüsselt wird und immer neue Spezialberufe schafft, Bescheid weiß."[123]

Damit weisen sie auf Lehr- und Lernbereiche hin, die nicht im Rahmen des Erfahrungslernens bewältigt werden können, sondern in den heutigen Berufsschulen zu erarbeiten sind, und stellen abschließend heraus: „Daher kann sich auch die Berufsausbildung nicht mehr allein auf die *Erfahrung* stützen."

Die nach den derzeitigen gesetzlichen Vorgaben gemäß Berufsbildungsgesetz (BBiG) durchgeführte betriebsgebundene Ausbildung weist die Verantwortung dafür, dass die berufliche Handlungsfähigkeit erreicht wird, allein dem Betrieb zu. So versteht sich in Deutschland die Kooperation von Schule und Betrieb – wie in Kap. 2.2 beschrieben – noch immer nicht als Partnerschaft, sondern als loses Nebeneinander.

**Monosystem**
Aufgrund des Fehlens einer definierten Arbeitsteilung mit der Teilzeitschule entspricht die derzeit alleinige Verantwortung des Betriebs de facto einem Monosystem, was mit der Formulierung gemäß § 14 Abs. 1 Ziff. 1 BBiG übereinstimmt:

> Betriebe als Ausbildende haben dafür zu sorgen, „dass den Auszubildenden die berufliche Handlungsfähigkeit vermittelt wird, die zum Erreichen des Ausbildungsziels erforderlich ist, und die Berufsausbildung in einer durch ihren Zweck gebotenen Form planmäßig, zeitlich und sachlich gegliedert so durchzuführen, dass das Ausbildungsziel in der vorgesehenen Ausbildungszeit erreicht werden kann".

Die Funktion des Lernorts Schule wird also nicht erwähnt. Aktuelle Untersuchungen ergaben bereits, dass die derzeit unzureichende Kooperation von Schule und Betrieb als Hauptursache für die bestehenden Defizite im deutschen Ausbildungssystem zu sehen ist. Bei der Ausbildung an regulären Arbeitsplätzen ist nur arbeitsablaufgebundenes Lernen möglich, wie H. Schanz erläutert.[124]

Das Zusammenwirken der Lernorte wird in der Neufassung des BBiG 2005 erstmals wie folgt erwähnt:

> „Die Lernorte nach Abs. 1 wirken bei der Durchführung der Berufsbildung zusammen." (§ 2 Abs. 2)

---

[122] Wefelmeyer, R. u. H.: Lexikon der Berufsausbildung und Berufserziehung. Wiesbaden 1959, S. 137

[123] Ebd.

[124] Vgl. Schanz, Heinrich: Institutionen der Berufsbildung. Vielfalt der Gestaltungsformen und Entwicklung. (Studientexte Basiscurriculum Berufs- und Wirtschaftspädagogik Bd. 2) Hrsg.: B. Bonz, R. Nickolaus u. H. Schanz, Baltmannsweiler 2006, S. 47ff.

Wie dieses Zusammenwirken allerdings realisiert werden soll, wird auch im neuen Gesetzestext nicht geregelt. Die zahlreichen Berichte über Modelle und Untersuchungen speziell zur Lernortkooperation zeigen ebenfalls keine Lösungen auf, die als konstruktiv gelten könnten.[125]

Von Seiten der politischen Parteien ebenso wie den zuständigen Stellen wird die Bedeutung des Lernorts Betrieb immer wieder herausgestellt, so beispielsweise von der Jungen Union im Zusammenhang mit Reformvorschlägen zur Verbesserung der Ausbildungssituation in Ostdeutschland. Auch wenn im Jahre 2003 dort rund 80.000 Lehrstellen fehlten und nur knapp 20 % der Betriebe ausbildeten, hob die Junge Union hervor:[126] **Politische Statements**

–  „Die JU Deutschlands bekennt sich zum dualen Ausbildungssystem. Das Theorie-Praxis-Konzept „Lernen und Arbeiten, Lernen in der Arbeit" ist seit langem ein deutsches Erfolgskonzept. Dabei ist der wichtigste Lernort weiterhin der Betrieb. Das duale System wird auf seine Grundfunktion zurückgeführt: Ausbildung findet im Arbeitsprozess statt." Sie ergänzt:
–  „Die Junge Union Deutschlands ist gegen eine Verstaatlichung der beruflichen Bildung. Ausbildung muss im Unternehmen stattfinden."

Derartige Statements bestätigen die in Deutschland weit verbreitete Fokussierung auf den Lernort Betrieb; die Berufsschule als bloßes Anhängsel findet kaum Beachtung.

Bereits im Jahre 1984 ging Gustav Grüner auf die unzureichende Struktur der deutschen dualen Ausbildung ein und betonte, es gehöre zum Wesen eines echten Dualsystems, dass die Beziehungen zwischen Betrieb und Berufsschule klar definiert sind. Diese Bedingung sei nicht erfüllt. Im Gegensatz zum nur losen Verbund von Betrieb und Teilzeitschule in Deutschland charakterisierte Grüner die notwendige und effiziente Kooperation wie folgt: **Kritische Stimmen zur Kooperation Schule – Betrieb**

„Das konfliktfreie Zusammenspiel von systematischem Lernen in der Berufsschule und situations- und produktionsgebundenem Lernen ... im Betrieb dürfte das Optimum in der Berufsausbildung darstellen."[127]

Die Heraushebung des Begriffs *Dualsystem* bei alleiniger Verantwortung der Betriebe als Gütekriterium der deutschen betrieblichen Ausbildung stieß daher bei Grüner auf scharfe Kritik:

„Uns dünkt, als rettete diese vokalreiche Worthülse eine schon fast verlorene Sache, nämlich die völlig beziehungslos nebeneinander herlaufende Ausbildung von Lehrlingen in Betrieben und Berufsschule."[128]

---

[125] Vgl. Euler, Dieter (Hrsg.): Handbuch der Lernortkooperation. Bd. 1: Theoretische Fundierungen; Bd. 2: Praktische Erfahrungen. Bielefeld 2003

[126] Junge Union Deutschlands: Für die Jugend eine Chance – Lehrstellenmangel in Deutschland bekämpfen – Aufschwung ankurbeln! Beschluss des Bundesvorstandes der Jungen Union vom 16. März 2003 in Regensburg

[127] Grüner, Gustav: Die Berufsschule im ausgehenden 20. Jahrhundert. Ein Beitrag zur Berufsbildungspolitik. Bielefeld 1984, S. 61

**Kritische Stimmen zum Leistungsstand der Auszubildenden**

Nach einer aktuellen Untersuchung von Felix Rauner, in der der Leistungsstand von Auszubildenden im Bereich Elektronik aus den Ländern Hessen und Bremen einer Vergleichsgruppe chinesischer Lehrlinge gegenübergestellt wurde, machten die deutschen Lehrlinge zwischen dem zweiten und dem dritten Ausbildungsjahr kaum Lernfortschritte. Es mangelte an der Fähigkeit, eigenständige Lösungen für komplexe Aufgaben zu entwickeln. Nach Rauner dürfte das schlechte Abschneiden der deutschen Lehrlinge vor allem auf die mangelnde Verzahnung der betrieblichen Ausbildung mit der Berufsschule zurückzuführen sein.[129]

Als weiteres Beispiel kann das Thesenpapier des Managerkreises der Friedrich-Ebert-Stiftung vom Jahre 2009 herangezogen werden[130]:

- „Dem deutschen Bildungssystem gelingt es nicht, die Leistungsfähigkeit aller Schülerinnen und Schüler – ob mit Hochbegabungen oder mit Lerndefiziten – auszuschöpfen. Stattdessen steuert Deutschland auf eine Situation zu, in der ein inakzeptabel hoher Anteil Jugendlicher und junger Erwachsener keine berufliche Perspektive sieht."

- „Deutschland muss die Voraussetzungen dafür schaffen, dass jedes Talent gefördert und entwickelt wird. Das bedeutet, Lernschwächen auszugleichen und besondere Begabungen zu entfalten. Wir können es uns nicht leisten, durch einen Mangel an Fachkräften unsere Wettbewerbsfähigkeit zu verlieren, durch Schul- und Studienabbrecher Ressourcen zu vergeuden und Migranten durch mangelnde Bildung auszugrenzen."

Auch von anderen Stimmen wird auf Defizite dieser Art verwiesen. Nicht zum Ausdruck kommt allerdings, welche Stellen verantwortlich wären, eine Änderung herbeizuführen. Hingewiesen wird immer wieder auf den unzureichenden Übergang von der Schule in Arbeit und Beruf, denn nahezu eine halbe Million Jugendliche bemühen sich ohne Erfolg um Ausbildungsmöglichkeiten. Dessen ungeachtet bleibt es bei der in Deutschland überkommenen Auffassung, das duale System sei nicht reformbedürftig und aus Sicht anderer Länder vorbildhaft.

**Konzeption Kerschensteiners**

Die von Georg Kerschensteiner vorgeschlagene Bezeichnung Berufsschule sollte belegen, dass die Teilzeitschule voll in die Ausbildung eingebunden wird. Der Begriff wurde zwar übernommen; eine Einbindung in die Ausbildungspraxis erfolgte jedoch nicht. Bis heute wird in Deutschland nicht erkannt, dass die Berufsschule die Betriebe in ihrer Ausbildungsfunktion entlastet, wenn sie Aufgaben der systematischen Ausbildung praxisnah übernimmt, was angesichts zunehmender Anforderungen immer wichtiger wird.

---

[128] Grüner, Gustav: Das duale System. In: Die berufsbildende Schule, 26. Jg., Heft 7/8 1974, S. 472

[129] „Lehrlinge lernen zu wenig." DIE ZEIT vom 25.06.09

[130] Bildung macht reich. Mehr Praxisorientierung in Bildung und Weiterbildung. Thesenpapier der Arbeitsgruppe Bildungs-, Forschungs- und Innovationspolitik des Managerkreises der Friedrich-Ebert-Stiftung. Bonn 2009, S. 5

Das deutsche Ausbildungsproblem mit der Abhängigkeit des Ausbildungsplatz- **Konsequenzen** angebots von der konjunkturellen Situation liegt weitgehend an der fehlenden Kooperation von Betrieb und Berufsschule. Trotz Umbenennung hat sich in Deutschland die Teilzeitschule nicht zu einem Bestandteil der Ausbildung entwickeln können; sie blieb Fortbildungsschule, und zwar strukturell aufbauend auf dem Niveau Hauptschulabschluss, was auch der traditionellen Verankerung in den gesetzlichen Bestimmungen der Länder zur Teilzeitschulpflicht entspricht. Anders als in der Schweiz und in Österreich sind in Deutschland alle Jugendlichen teilzeitschulpflichtig.

In Deutschland ist das Curriculum für die einzelnen Schuljahre nicht ausreichend mit dem Ablauf der Ausbildung im Betrieb gekoppelt. Gleichzeitig wird immer deutlicher, dass es Absicht der Betriebe ist, mehr Verantwortung zu übernehmen als das *learning by doing*, also das Erfahrungslernen. So hatte auch der Deutsche Bildungsrat die Theorie, d. h. die Vermittlung von Fachkenntnissen, dem Betrieb zugewiesen.

Neuere Beiträge – wie z. B. im Lexikon „Wörterbuch der Berufs- und Wirtschaftspädagogik"[131] – beschreiben die Lernfunktion des Betriebs nicht mehr als Erfahrungslernen; vielmehr verstehen sich die deutschen Betriebe de facto für die Gesamtausbildung zuständig.

Der Vergleich mit Nachbarländern lässt im Zusammenwirken von Betrieb und **Situation im Ländervergleich** Teilzeitschule erhebliche Unterschiede erkennen:

– In der Schweiz sind auf Seiten der Betriebe die Berufsverbände, also mit Deutschland verglichen die Arbeitgeberverbände, verantwortlich einbezogen. Kammern nach deutschem Muster gibt es nicht. Die obligatorische Durchführung der überbetrieblichen Ausbildung in Regie der Berufsverbände ist dagegen seit längerer Zeit etabliert.

Auf eidgenössischer Ebene untersteht die berufliche Bildung dem Wirtschaftsministerium (Eidgenössisches Volkswirtschaftsdepartement). Die Kooperation zwischen Staat und Wirtschaft funktioniert derart, dass Berufsbildung gemäß dem Berufsbildungsgesetz vom Jahre 2002 (Art. 1) eine gemeinsame Aufgabe von Bund, Kantonen und Organisationen der Arbeitswelt (Berufsverbände etc.) ist. Deshalb wirken die Berufsverbände bei der Entwicklung und Umsetzung der Berufsbildung mit. Es besteht also ein Dualsystem mit Unterstützung der Wirtschaft. Die Prüfungen werden von den Kantonen in Zusammenarbeit mit den Berufsverbänden durchgeführt.

– In Österreich ist in die Landeswirtschaftskammern eine aus staatlichen Mitteln finanzierte Lehrlingsstelle einbezogen. Diese überwacht die betriebliche Ausbildung. Die Prüfung wird von den Kammern durchgeführt. Das Berufsschulzeugnis tritt an die Stelle der so genannten theoretischen Prüfung.

---

[131] Bad Heilbrunn/Hamburg 1999

Österreich richtete in Anlehnung an die Konzeption Georg Kerschensteiners in den Teilzeitschulen schon früh Schulwerkstätten ein. Der Werkstattunterricht beansprucht dort derzeit ca. ein Drittel des Berufsschulanteils (vgl. Kap. 2.2 a).

– In Frankreich werden die Centres de Formation d'Apprentis (CFA) als Teilzeitschulen besucht. Jeder Beruf kann sowohl vollzeitschulisch als auch dual ausgebildet werden. Träger der Teilzeitschulen sind oft die Kammern der Wirtschaft. Die Prüfungskompetenz liegt grundsätzlich beim Staat. Die Lehrlinge werden in gleicher Weise geprüft wie die Absolventen der staatlichen Vollzeitschulen. Es gibt also keine gesonderte betriebliche Abschlussprüfung.

**Erfahrungslernen und systematische Ausbildung**

Im Jahre 1979 hat sich die EU-Kommission unter Einbeziehung des beratenden Ausschusses für Berufsbildung, also auch unter deutscher Beteiligung, mit der Dualausbildung beschäftigt und eine Empfehlung zur Durchführung der betriebsgebundenen Ausbildung verabschiedet. Unterschieden wird darin zwischen Erfahrungslernen auf Seiten des Betriebs und der Vermittlung aller anderen Ausbildungsinhalte durch die Teilzeitschule. In Deutschland wurden diese Empfehlungen der EU allerdings bisher nicht diskutiert.

In der Rückmeldung an die EU verwies die deutsche Seite lediglich darauf, dass die Koppelung von Berufsausbildung und praktischer Arbeitserfahrung bereits praktiziert werde und daher keine Neuerungen erforderlich seien (vgl. Kap. 3.2). Der wesentliche Unterschied zwischen den Dualsystemen liegt länderübergreifend bereits in den Ausbildungsordnungen. In den oben genannten Ländern wird einerseits ein Plan für die Betriebe erstellt und andererseits ein darauf abgestimmter Plan für die Schule. Nach den EU-Empfehlungen hat die Schule aber grundsätzlich den Bereich, der eine systematische Ausbildung verlangt, verantwortlich zu bestreiten.

In Deutschland versteht sich die Ausbildungsordnung, die das Ausbildungsziel in seiner Gesamtheit beschreibt, als betrieblicher Ausbildungsplan. Die Schule unterrichtet nach dem vom Kultusministerium des betreffenden Landes nach Empfehlungen der KMK gemeinsam mit der Entwicklung der Ausbildungsordnung erstellten Rahmenplan, der von den Ländern nach regionalen Gegebenheiten abgewandelt werden kann.

Eine konstruktive Arbeitsteilung und damit ein effizientes Zusammenwirken ist bisher noch nicht realisiert worden. So gesehen ist das deutsche Modell der Dualausbildung eine Konstruktion, die von Experten anderer Staaten, sofern sie mit dem deutschen System vertraut sind, der nicht festgelegten Aufgabenteilung zwischen Schule und Betrieb wegen nicht uneingeschränkt als *dual* eingestuft werden darf.

**Problematik der Berufsschule**

Die Teilzeitschule wird auch deshalb vom Betrieb nicht als gleichberechtigt betrachtet, weil – wie von Kammerseite immer wieder hervorgehoben – Berufsschullehrer fehlen. Beim genauen Hinsehen unterrichtet in der Berufsschule nur der kleinere Teil der Lehrkräfte in Lehrlingsklassen, der weitaus größere in Zweigen, die dem Übergangssystem zugeordnet sind, also als Konsequenz des zu geringen Ausbildungsangebots in Warteschleifen, für die ihnen zum Teil das spezielle methodisch-didaktische Rüstzeug fehlt.[132] Eine Reduzierung des Übergangssektors würde gleichzeitig Lehrer für die Berufsschule freisetzen.

Die noch immer geltende alleinige Verantwortung der Betriebe in der Ausbildung der Lehrlinge, wie sie beginnend mit der Zeit vor 1900 bis zum Berufsbildungsreformgesetz 2005 in Kap. 2.2 dargestellt wurde, hat sich seit dem Auslaufen der Zunftordnungen und dem Anwachsen der Teilzeitschulen nur unwesentlich verändert.

**Wertung des deutschen Dualsystems**

Das Dualsystem fordert eine der Partnerschaft entsprechende Verantwortung für beide Seiten. Die in Deutschland bestehende Auffassung, dass die Gesamtverantwortung beim Betrieb liegt, ist vor allem hinsichtlich des eingeschränkten Ausbildungserfolgs nicht vertretbar.

Die fälschlicherweise als Dogma verstandene alleinige Verantwortung der Betriebe für die duale Ausbildung ist de facto weitgehend Ursache für die geringere Ausbildungsbereitschaft und damit für den bestehenden Mangels an Ausbildungsplätzen in Deutschland.

Mit der Forderung der EU nach lebenslangem Lernen ist die betriebsgebundene Ausbildung in das Gesamtsystem des Bildungswesens einzubeziehen. Gemäß Europäischem Qualifikationsrahmen sind die in der Berufsschule erarbeiteten Kenntnisse im betreffenden Ausbildungsgang mitzuwerten und als Kriterium bei der Zuordnung im Gesamtsystem von Bedeutung.

**Fehlende Aufstiegsmöglichkeiten**

Mit der Weiterentwicklung von Wissenschaft und Technik steigen die Anforderungen an systematischer Ausbildung, wodurch dem schulischen Teil des Dualsystems eine größere Bedeutung zukommt.

Ohne Zweifel kann der Betrieb im Anschluss an die Hauptschule die geforderten Fähigkeiten, Fertigkeiten und Kenntnisse nicht allein vermitteln. Ganz offensichtlich weichen die Betriebe aus, wenn sie immer ältere Lehrlinge aufnehmen, oft Lehrstellenbewerber mit Abitur. Dieser Zusammenhang fand bisher in der Berufsbildungsforschung kaum Beachtung.

Ohne ausgebildete Fachkräfte ist der Betrieb nicht in der Lage, die in systematischer Form zu vermittelnden Kompetenzen eigenverantwortlich zu übernehmen. Das gilt insbesondere für Klein- und Mittelbetriebe. Dies unterstreicht die Stellungnahme des DIHK-Präsidenten Braun:

**Überforderung der Betriebe**

„Viele Betriebe können Anforderungen manch stark überfrachteter Ausbildungsordnungen kaum noch bewältigen. Die Modernisierung von Berufsbil-

---

[132] Vgl. Rothe, G.: Lehrerbildung für gewerblich-technische Berufe im europäischen Vergleich. Vorschläge für eine Umstrukturierung der Studiengänge samt Konsequenzen für das nationale Berufsbildungssystem. Karlsruhe 2006

dern sei offensichtlich aus dem Ruder gelaufen, wenn sich beispielsweise ein Betrieb, der zum Anlagenmechaniker ausbildet, mit 72 Seiten Ausbildungsverordnung auseinandersetzen muss."[133]

**Betriebs-berufsschulen** In diesem Zusammenhang kann auf die erhebliche Anzahl von Berufsschulen verwiesen werden, die ab Mitte des 19. Jahrhunderts in industrielle Großbetriebe integriert wurden. Im Jahre 1911 bestanden im Reichsgebiet etwa 75 Werkberufsschulen (vgl. Kap. 2.2 e). In diesen ist das für das Dualsystem geforderte enge Zusammenwirken zweifelsfrei leichter zu realisieren.

So ist es durchaus verständlich, wenn private, also betriebliche Berufsschulen in die Ausbildung einbezogen werden. Hierzu gibt es bereits neuere Ansätze. In der DDR war etwa die Hälfte der Teilzeitschulen in Betrieben eingerichtet. In Frankreich sind die Handwerkskammern oft Träger der Berufsschulen.

**Erfahrungslernen als betriebliche Kernaufgabe** Da die Arbeits- und Geschäftsprozesse komplexer werden und sich die Betriebe gleichzeitig auf engere Aufgabenbereiche konzentrieren, wird vorgeschlagen, dass in Lehrverhältnissen mehrere Betriebe kooperieren. Dieses Zusammenwirken bezieht sich dann auf das Erfahrungslernen, also den Bereich, der insgesamt von der betrieblichen Ausbildung zu fordern ist. Grundlage dafür wäre die Präzisierung aller Bereiche und Aufgaben, für die das Erfahrungslernen zwingend notwendig ist. Aufstellungen dieser Art fehlen in den deutschen Ausbildungsordnungen in der Regel noch immer. Sie sind nicht allein für die Kooperation mit einem Partnerbetrieb erforderlich, sondern auch für das Zusammenwirken von Betrieb und Teilzeitschule.

Mit derart definierten Elementen des Erfahrungslernens ist der Betrieb in der Regel voll ausgelastet. Die in systematischer Form zu vermittelnden Kompetenzen gehören in den Aufgabenbereich der Teilzeitschule, da dafür pädagogisch-didaktisch qualifizierte Lehrkräfte und eine spezifische Methodik erforderlich sind. Dessen ungeachtet ist es immer als positiv anzusehen, wenn der Ausbilder bei Bewältigung bestimmter Aufgaben im Gespräch mit dem Lehrling auch die entsprechenden Fachkenntnisse herausstellt.

**Kooperation im Dualsystem** In der Praxis gibt es viele positive Beispiele für eine fruchtbare Kooperation von Berufsschullehrern und Ausbildern, die dem Grundsatz des dualen Ausbildens entsprechen und die Ausbildungsaufgabe gesamtverantwortlich lösen. So kann auf die Zusammenarbeit der KFZ-Innung Rhein-Sieg mit der zuständigen Berufsschule im gemeinsamen Prüfungsausschuss verwiesen werden.[134]

Dessen ungeachtet sind regional und persönlich geprägte Verknüpfungen und Kooperationen kein Ersatz für eine amtlicherseits geregelte gemeinsame Verantwortung im System.

---

[133] Statement von DIHK-Präsident Ludwig Georg Braun zur Zukunft der betrieblichen Ausbildung am 22. Januar 2007 in Berlin
[134] „Gute Zusammenarbeit" in Bonner Generalanzeiger vom 25.11.09

### 3.2 „Vollzeitschulen nur bedingt berufsqualifizierend"

Während sich die betriebliche Ausbildung aufbauend auf dem Modell der Zünfte durch das Zusammenwirken mit einem zweiten Lernort zum Dualsystem entwickelte, sind berufsqualifzierende Vollzeitschulen teilweise älter. Beispiele dafür sind: Vollzeitschulen zum Teil älter als Dualsystem

- In *Frankreich* bestehen berufsqualifzierende Vollzeitschulen auf der Stufe oberhalb des Facharbeiters seit der Französischen Revolution. Die überkommene betriebliche Ausbildung bestand damals außerhalb des staatlichen Bildungssystems weiter; sie wurde erst im 20. Jahrhundert als neuer Zweig einbezogen.
- In *Österreich* führen einzelne berufsbildende höhere Schulen ihre Gründung auf Initiativen der Kaiserin Maria Theresia zurück, also eine Zeit, in der die duale Ausbildung noch nicht bestand.

Bei den beruflichen Vollzeitschulen Deutschlands, deren Ausbildungsangebote derzeit unter dem Terminus „Schulberufssystem" zusammengefasst werden, sind hinsichtlich ihrer Entstehung folgende Entwicklungslinien zu unterscheiden: Wurzeln schulischer Ausbildung in Deutschland

- Bis zum Jahre 1933 waren die Ministerien für Handel und Gewerbe für berufsqualifizierende Vollzeitschulen zuständig. Sie wurden damals allerdings Fachschulen genannt.
- Vollzeitschulen für die Ausbildung von Pflegepersonal gehen insbesondere auf caritative Initiativen beider Konfessionen zurück, die schon früh im 19. Jahrhundert Diakonissen und Ordensfrauen für die Krankenpflege angelernt und ausgebildet haben.
- Gleiches gilt auch für die Entwicklung von Vollzeitschulen für die Ausbildung der Erzieher-/Erzieherinnen und einer Reihe anderer Sozialberufe.
- Berufsfachschulen, die in den alten Ländern einen Lehrabschluss nach dem BBiG oder der HwO bieten, sind größtenteils im Rahmen industrieller Förderung entstanden, um Betrieben ein Potenzial qualifizierter Fachkräfte zu sichern und die wirtschaftliche Entwicklung voranzubringen.
- Die Ausbildung von technischen Assistenten/Assistentinnen der Naturwissenschaften und der Medizin in Vollzeitschulen ist gegen Ende des 19. Jahrhunderts mit dem zahlenmäßigen Erstarken akademischer Professionen entstanden, damit für die akademischen Berufe Hilfs- und Nebenfunktionen auf Assistenten ausgelagert werden konnten.[135]

In heutiger Zeit sind berufsqualifizierende Vollzeitschulen in allen Industriestaaten ausgebaut. Weltweit ist das System der Vollzeitschulen quantitativ und auch ihrer fachlichen Differenzierung nach der am häufigsten eingeschlagene Weg beruflicher Qualifizierung. Mit der Einrichtung von Teilzeitschulen und dem Zusammenwirken mit Ausbildungsbetrieben haben sich in der Spätzeit der Zünfte duale Ausbildungsformen entwickelt. In Staaten mit starkem Dualsystem Vollzeitschulen international ausgebaut

---

[135] Vgl. dazu Hesse, Hans Albrecht: Berufe im Wandel. Stuttgart 1972, S. 70f.

bestehen parallel dazu auch berufliche Vollzeitschulen. Kein anderer Industriestaat außer Deutschland strebt derzeit an, nur über das Dualsystem auszubilden.

**EU präferiert Zusammenwirken Schule und Betrieb**

In ihrer Empfehlung vom Dezember 1979 schlug die EU vor, berufliche Bildung unterhalb des Tertiärbereichs durchgängig im dual-alternierenden System anzubieten. Die EU gebraucht für das Zusammenwirken von Betrieben und Schulen die französische Bezeichnung *alternance*, was dem deutschen Ausdruck *dual* im Sinne einer gleichberechtigten Partnerschaft entspricht. Die Ausarbeitung der EU-Kommission dazu stellte heraus:

> „Alternierende Ausbildung als Prinzip oder Methode läßt sich auf eine breite Palette von Ausbildungsverhältnissen anwenden, einschließlich der Hochschulbildung und der Erwachsenenbildung für Arbeitnehmer."[136]

Mit dem vorgeschlagenen dual-alternierenden System bezieht die EU betriebliche Ausbildungsformen und auch Vollzeitschulen verschiedenartiger Bildungsstufen ein, und zwar kürzere wie auch längere Ausbildungsgänge und ebenso ungleiche Zeitanteile für Betrieb und Schule. Bisher gilt in Deutschland für die Berufsschule der 12-stündige Unterricht pro Woche für alle Berufe und auch Jugendliche ohne Ausbildungsvertrag. Letztere sind in Österreich und der Schweiz nicht berufsschulpflichtig.

**Dual-alternierendes EU-Modell**

Im Verbund Erfahrungslernen im Betrieb mit Ausbildung in systematischer Form in der Schule/Ausbildungsstätte können laut EU-Vorschlag die auf beide Ausbildungspartner entfallenden Zeitanteile von 20 bis 80 Prozent der insgesamt zur Verfügung stehenden Ausbildungszeit schwanken. Von besonderer Wichtigkeit ist der Zeitanteil für die systematische Ausbildung in der Teilzeitschule, da mit ihm weitgehend auch die Niveaustufe des jeweiligen Berufsbildungsgangs festgeschrieben wird.

Die Abbildung 16 zeigt für die betreffenden Berufsbildungsstufen die Ausbildungsanteile. Im Allgemeinen gilt der Grundsatz: Anteil systematischer Ausbildung so lange wie nötig; Erfahrungslernen so lange wie möglich. In der Mitteilung der Kommission heißt es dazu:

> „Die Systeme, bei denen Arbeits- und Ausbildungsphasen alternieren, ... sollten nach einem fest umrissenen Plan entwickelt werden, bei dem praktische Erfahrung am Arbeitsplatz und außerbetrieblicher ... Unterricht in kohärenter und fortschreitender Weise miteinander verbunden werden. Generell sollten mindestens 20 % des gesamten Arbeits-/Ausbildungsprogramms der außerbetrieblichen Ausbildung vorbehalten sein."[137]

Aus welchen Gründen auch immer haben sich in Deutschland Experten ebenso wie zuständige Stellen mit diesen Vorschlägen bisher noch kaum auseinandergesetzt.

---

[136] Kommission der Europäischen Gemeinschaften: Alternierende Ausbildung für Jugendliche (Mitteilung der Kommission an den Rat. KOM(79) 578 vom 29.10.1979

[137] Ebd.

**Abb. 16: Zeitanteile Betrieb und Ausbildungszentrum/Schule in der Alternanz**

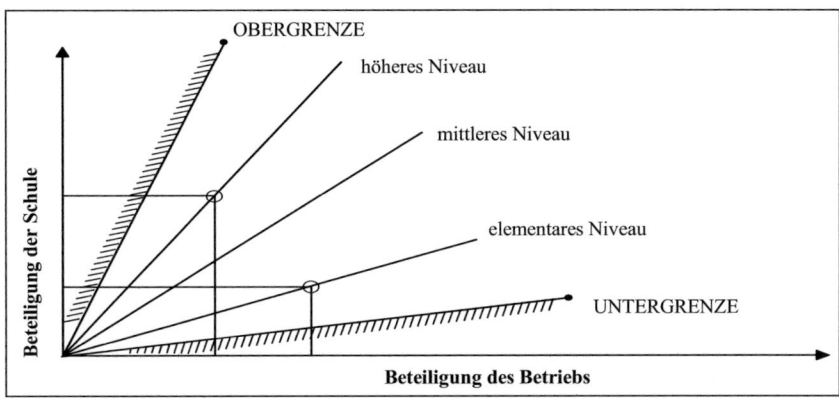

Quelle: Deschler, François: Der Beitrag der Betriebe im Berufsbildungssystem Frankreichs. In: Reichert, E., Döbler, K. u. a. (Hrsg.): Berufliche Bildung im Zusammenwirken von Schule und Betrieb. 10 Jahre Berufspädagogik an der Fridericiana. Sonderband der Reihe Materialien zur Berufs- und Arbeitspädagogik. Villingen-Schwenningen 1986, S. 44.

In ihren Rückmeldungen auf die EU-Vorschläge vom Dezember 1979 hatten die Mitgliedsstaaten zu berichten, welche Initiativen zum Ausbau dieses Ausbildungsmodells ergriffen wurden. Die Antwort Deutschlands fiel relativ knapp aus: **Deutsche Rückmeldung an die EU-Kommission**

„Die mit dem Begriff ‚alternierende Ausbildung' bezeichnete Koppelung von Berufsausbildung und praktischer Arbeitserfahrung ist ganz überwiegend bereits die Praxis der Berufsausbildung in der Bundesrepublik Deutschland. Damit ist die von der EG geforderte Aufstellung neuer Programme, die diese Koppelung sichern, für die Bundesrepublik Deutschland nicht notwendig ...“[138]

Diese Stellungnahme veranschaulicht, dass die Absicht der EU, das Zusammenwirken von Betrieb und Schule über die überkommene Form der dreijährigen Lehre hinaus auszuweiten, auf deutscher Seite nicht erkannt wurde. Mit der EU-Initiative angesprochen sind nämlich auch kurze Ausbildungsgänge z. B. für ausbildungsschwache Jugendliche, die bisher zum großen Teil nur in Warteschleifen ohne Kontakt zur Praxis einbezogen werden konnten.

Seit der EU-Empfehlung zur Alternanz vom Jahre 1979 lassen sich beide Formen beruflicher Bildung – Dualsystem oder Vollzeitschule – kaum mehr eindeutig trennen: **Begrifflichkeit**

– Im *Dualsystem* gibt es Modelle, in denen die von den Partnern Betrieb und Teilzeitschule zu übernehmenden Aufgaben präzise festgelegt sind; verantwortlich dafür ist der Staat. In Deutschland dagegen liegt wie früher in der Zunftzeit die volle Verantwortung beim Lernort Betrieb. Dessen ungeachtet wird nach den Plänen der anerkannten Ausbildungsberufe gemäß BBiG auch

---

[138]  Länderberichte über den Stand der Durchführung der Entschließung des Rates der Europäischen Gemeinschaft vom 18.12.1979 über die alternierende Ausbildung von Jugendlichen. Brüssel 1982

in Vollzeitform oder außerbetrieblich in Maßnahmen der Arbeitsagenturen ausgebildet.

– In *berufsqualifizierenden Vollzeitschulen* wird derzeit die Einführung in die Berufspraxis verschiedenartig durchgeführt: Teils mit praktischen Übungen in Labors und praxisgerechten Schulwerkstätten, in denen auch für den Markt produziert werden kann, teils über Praktika in Betrieben der künftigen Betätigungsfelder, also alternierend im festgelegten Wechsel zwischen Lernen in systematischer Form und Erfahrungslernen in der Ernstsituation.[139]

Der Besuch berufsqualifizierender Vollzeitschulen ohne Regelung für die Komponente Berufspraxis geht in jüngerer Zeit quantitativ deutlich zurück. Oft fällt es allerdings auf regionaler Ebene schwer, für die Schüler der Vollzeitschulen in ausreichender Zahl Praxisstellen in entsprechenden Betrieben zu finden.

**Erfahrungslernen bereits in der Ausbildung** Der Grundsatz, Elemente des Erfahrungslernens schon in den Ausbildungsgängen selbst zu verankern, stellt zweifelsfrei die günstigere Lösung dar. Wenn gemäß den Bologna-Beschlüssen des Jahres 1999 in den beiden Hochschulstudiengängen Bachelor und Master Praktika einbezogen und zunehmend Hochschulstudiengänge in ihrer Gesamtheit alternierend angelegt sind, unterstreicht dies die Richtigkeit der EU-Empfehlung vom Dezember 1979.

**Ausgeklammerte Bereiche** Trotz der pauschal behaupteten Defizite vollschulisch ausgebildeter Fachkräfte sind in Deutschland von vornherein die folgenden Kategorien auszuklammern:

– Das Fachpersonal für die qualifizierten Berufe des Gesundheitsdienstes unterhalb der Hochschulebene wird in speziellen Schulen ausgebildet. Wie im Kapitel 2.2 beschrieben, bieten diese – gesteuert durch die Schule – Praktika auf den Stationen oder in den Abteilungen der angeschlossenen Kliniken an. Zweifelsfrei handelt es sich hier um eine dual-alternierende Ausbildung, die der Empfehlung der EU vom Dezember 1979 in vollem Maße entspricht.

– Die Ausbildung in den Erzieher- und Sozialberufen fällt in den Zuständigkeitsbereich der Länder. Betriebsgebundene Ausbildungsgänge existieren hier nicht. In vielen Staaten werden diese Berufe im tertiären Bereich ausgebildet, und zwar auf der Stufe Bachelor.

**Auch Vollzeitschulen bilden nach BBiG aus** Derzeit werden etwa 40.000 Jugendliche (2,5 % aller Auszubildenden) in Ausbildungsberufen des Dualsystems an Berufsfachschulen in Vollzeit ausgebildet.[140] In Baden-Württemberg und Bayern bestehen diese an bestimmten Schulstandorten schon über Generationen hinweg. Die dortigen Schulen führen die Prüfungen teilweise selbst durch. An anderen, vor allem später eingerichteten Schulstandorten prüfen die Kommissionen der zuständigen Kammern.

---

[139] In Österreich wurde für die Handelakademien dieses Zusammenwirken über ein besonderes Gesetz festgelegt, indem in den Praxisblöcken die Schüler ähnlich wie Lehrlinge einbezogen sind.

[140] Vgl. BMBF (Hrsg.): Auswirkungen von demographischen Entwicklungen auf die berufliche Ausbildung. Bonn/Berlin 2009, S. 55ff.

Quantitativ in erheblichem Umfang werden also Ausbildungsgänge gemäß anerkannter Ausbildungsberufe nach BBiG vollzeitig in Berufsfachschulen oder in von der Bundesanstalt für Arbeit finanzierten Maßnahmen außerbetrieblich durchgeführt:

– Absolventen der Berufsfachschulen, die bei gleicher Fachrichtung eine Ausbildung nach dem BBiG oder der HwO vermitteln, konkurrieren direkt mit betrieblich ausgebildeten Fachkräften.

Die Tatsache, dass der Berufsabschluss dieser Schulen zu erheblichem Anteil nach den Vorgaben des Berufsbildungsgesetzes zertifiziert wird, spricht dafür, dass die erteilten Facharbeiter- und Gesellenbriefe denen der betrieblichen Ausbildung zumindest gleichwertig sein müssen, fordert doch § 38 des BBiG, dass die berufliche Handlungsfähigkeit nachzuweisen ist.

– Die außerbetriebliche Ausbildung wird überwiegend öffentlich finanziert. Sie dient der Versorgung von Jugendlichen mit Marktbenachteiligungen, mit sozialen Benachteiligungen, Lernschwächen bzw. Behinderungen. Gefördert wird sie nach dem Sozialgesetzbuch (SBG II und III) von der Bundesagentur für Arbeit, über Bund-Länder-Programme Ost und über ergänzende Länderprogramme.[141] In den Erhebungen des BIBB zum 30. September werden aber nur jene überwiegend öffentlich finanzierten Ausbildungsverhältnisse erfasst, die mit einem Ausbildungsvertrag verbunden sind; nicht die von der BA u. a. geförderte schulische Ausbildung, z. B. bei freien Trägern.[142]

Außerbetrieblich ausgebildet wird, abhängig von der regionalen Situation am Ausbildungsstellenmarkt, schwerpunktmäßig in bestimmten Berufssparten. Im Jahre 1999 wurden fast 81.100 außerbetriebliche Ausbildungsverträge registriert (12,8 % aller Neuabschlüsse) und 2007 noch 59.900 (9,6 % der Neuabschlüsse). Ein Schwerpunkt der außerbetrieblichen Ausbildung liegt in den neuen Ländern. Dort entfielen 2007 fast 23 % der neu abgeschlossenen Ausbildungsverträge auf diesen Bereich: Den höchsten Anteil verzeichnete die Hauswirtschaft mit 94 %, hohe Anteile von weit mehr als der Hälfte der Neuabschlüsse die zweijährigen gewerblichen Berufe; kaum vertreten ist dagegen der kaufmännische Bereich.

Beide Wege verstehen sich als Lösungsvarianten, die weitgehend durch den Rückgang der Ausbildungsangebote im Dualsystem ausgelöst wurden: Sie sollten daher seitens der Wirtschaft nicht als unzureichend qualifizierend bezeichnet werden.

Als Überschneidungsbereich, in dem schulisch Qualifizierte am Arbeitsmarkt auf die dual ausgebildeten Absolventen treffen, bleibt der Sektor *Assistentenberufe*, die nach KMK-Rahmenvereinbarungen an Berufsfachschulen in rund 40 Fachrichtungen ausgebildet werden. Insgesamt handelt es sich also bei der negativen Einschätzung einer berufsqualifizierenden Ausbildung in vollzeitschuli-

**Überschneidungsbereich**

---

141 Vgl. BIBB: Datenreport zum Berufsbildungsbericht 2009. Bonn 2009, S. 20
142 Ebd.

scher Form nur um einen geringen Anteil der derzeit in Deutschland im Vollzeitsystem Ausgebildeten.

Nach der Verfassungslage einzelner Länder wie z. B. Baden-Württemberg und Bayern sowie darüber hinaus in den übrigen Ländern nach supranationalen Konventionen, denen Deutschland beigetreten ist, haben die Landesbehörden dafür zu sorgen, dass Ausbildungsplätze auf der Sekundarstufe II in vollem Umfang angeboten werden. Allerdings wird bislang in Deutschland kaum diskutiert, inwieweit der Mangel an Ausbildungsplätzen durch den Ausbau einschlägiger Berufsfachschulen überwunden werden könnte (vgl. dazu Kap. 3.6).

Generell handelt es sich bei den Lücken im Ausbildungsangebot des deutschen Dualsystems um eine Problematik, die einer dringenden Klärung bedarf. Wenn heute eine Situation besteht, in der für einen erheblichen Teil der Schulabgänger aus der SEK I Ausbildungsmöglichkeiten nun schon über viele Jahre hinweg fehlen, stellt dies darüber hinaus ein gesellschaftspolitisches Problem dar.

Während die Verantwortung für die betriebliche Ausbildung in Deutschland bei den Kammern als zuständigen Stellen liegt, sind die Länder für das gesamte Bildungswesen, also die allgemein bildenden und die beruflichen Schulen aller Ebenen zuständig. Sie haben eigenverantwortlich Berufsbildungsgänge an Vollzeitschulen in ihrer Gesamtheit zu realisieren, wie Planung, Einrichtung, curriculare Ausgestaltung, Prüfung und Zertifizierung. Im Dualsystem sind sie bisher nur für den Anteil Teilzeitschule verantwortlich.

Die Überzeugung, das deutsche Dualsystem wäre den berufsqualifizierenden Vollzeitschulen überlegen, wird von verschiedenen Seiten geäußert. Die Wirtschaft ist zweifelsfrei daran interessiert, dass die Dualausbildung auf die ganze Breite der Tätigkeiten vorbereitet und alle Ausbildungswilligen aufnimmt. So wird immer wieder davon ausgegangen, im Beschäftigungssystem seien schulisch Qualifizierte keineswegs adäquat anzuerkennen. Gleiches gilt auch, wenn Teilqualifikationen wie nach absolviertem Berufsgrundbildungsjahr oder anderen Bildungsgängen zu einem bestimmten Anteil auf die Ausbildung anzurechnen wären. Die oben genannten negativen Stellungnahmen enthalten allerdings keine referierten Erfahrungen oder Beweise.

Die Auffassung, Schulen seien schlechter, basiert also nicht auf objektiven Leistungsvergleichen, sondern auf Behauptungen vor allem der verantwortlichen Stellen der Wirtschaft und politischer Parteien.

Die Kultusverwaltungen sind sich offensichtlich dessen bewusst, dass der Abschluss schulischer Vollzeitausbildung in Deutschland zum großen Teil nicht als vollwertig anerkannt wird. Es darf also nicht verwundern, dass die Schulverwaltungen bei Beantwortung der Frage nach ihrem Berufsbildungsangebot in der Zeit, in der Lehrstellen fehlen, zunächst auf höhere Quoten Dualausbildung zielen; sie scheuen also beim Ausbau weiterer berufsqualifizierender Vollzeitschulen scharfe Auseinandersetzungen mit der Wirtschaft. Die traditionelle Vorstellung, die Wirtschaft sei für die ganze Breite verantwortlich und habe verpflichtend Ausbildungsmöglichkeiten zu schaffen, hemmt ganz offensichtlich Initiativen der Kultusverwaltungen. So gesehen ist also die Ausgrenzung der beruflichen Qualifizierung aus dem Kultussektor wie im 19. Jahrhundert nach neuhumanistischer Sichtweise auch heute noch gültig.

Wenn im Berufsbildungsreformgesetz 2005 auf Initiative der Kultusverwaltungen festgelegt wurde, dass schulisch Ausgebildete Kammerprüfungen im Zeitraum bis 2011 absolvieren können (§ 43 Abs. 2 BBiG), dann schwingt zweifelsfrei der Gedanke mit, dass beim derzeitigen Mangel an betrieblichen Ausbildungsplätzen auf diesem Wege mehr Absolventen von Vollzeitschulen auf dem Arbeitsmarkt anerkannt werden sollen.

Bei der Frage Vollzeitschule oder Dualsystem wird nicht berücksichtigt, dass das deutsche Dualsystem durch das Nebeneinander von ca. 350 eng abgegrenzten Einzelberufen nach dem in Deutschland so bezeichneten Berufsprinzip gekennzeichnet ist. Die berufsqualifizierenden Vollzeitschulen vermitteln in der Regel eine fachlich breitere Ausbildung, wenn auch oft nur als erster Schritt für spätere Aufbaumöglichkeiten. **Unterschiede in der Struktur der Ausbildungsgänge**

In anderen Industriestaaten werden derartige negative Stellungnahmen zu den berufsqualifizierenden Vollzeitschulen nur selten geäußert. Die deutsche Auffassung, Vollzeitschulen seien nicht qualifizierend, bezieht sich nicht allein auf die Stufe Facharbeiter, sondern auch auf die Angestelltenberufe. **Benachteiligung von Vollzeitschulen**

Über die Jahrzehnte hinweg hat sich die Vorstellung entwickelt, die betriebliche Ausbildung sei der effizienteste Weg. Nicht gesehen werden die supranationalen Veränderungen im derzeitigen Qualifikationsgefüge mit einem wesentlich höheren Anteil gehobener Fachkräfte, die nicht allein über das Modell der Lehre mit eineinhalbtägigem Besuch der Berufsschule pro Woche ausgebildet werden können (vgl. Abb. 16). Diese Problematik ist in der bundesdeutschen Diskussion noch kaum angesprochen worden.

Ein Pauschalurteil dieser Art erweist sich insbesondere auch im Ländervergleich als nicht gerechtfertigt. In Frankreich mit im Wesentlichen zweijährigen schulischen Ausbildungsgängen besitzen die Absolventen ein nicht ausreichendes Potenzial an Berufserfahrung. Das der deutschen dreijährigen Ausbildung entsprechende Maß an Berufserfahrung wird dann aber in den ersten Monaten der Einarbeitungszeit im Betrieb erworben. **Beispiel Frankreich**

Das Beispiel Österreich zeigt, dass beide Systeme nebeneinander bestehen, wobei die berufsbildenden mittleren Schulen in der Regel breitere Ausbildungsgänge bieten, während die Lehrberufe nach dem Modell der Zünfte enger ausgerichtet sind. Das erreichte Niveau wird als gleichwertig angesehen, schon dadurch, dass aufbauend auf diesen beiden Ausbildungswegen die speziell dafür eingerichtete *Berufsreifeprüfung* absolviert werden kann und damit der Aufstieg in den tertiären Bereich über beide Wege sichergestellt ist. **Beispiel Österreich**

| | |
|---|---|
| **Beispiel England** | In England dominiert generell das Prüfungsergebnis, der Ausbildungsweg ist nicht entscheidend.[143] Dadurch besteht auch nur eine geringere Fokussierung auf die berufliche Erstausbildung gegenüber den breit ausgebauten Möglichkeiten der Qualifizierung neben der Erwerbstätigkeit über formales und informelles Lernen. So ist in England das lebenslange Lernen derzeit innerhalb der EU-Staaten am weitesten entwickelt. Es wurden nach den Zielsetzungen gemäß EU-Reformpaket Lissabon 2000 auch neue Dienststellen speziell zur Förderung des lebenslangen Lernens eingerichtet. |
| **Einseitigkeit durch Ausrichtung auf enge Berufe** | Die derzeitige Struktur der beruflichen Bildung in Deutschland schreibt nahezu unverändert Regeln der Zunftzeit in der heutigen schnelllebigen Wirtschaft fest. Hierin liegt der grundsätzliche Mangel des deutschen betriebsgebundenen Systems. Was vornehmlich fehlt, ist ein Prüfungssystem, das Grundbildungsprüfungen und modulare Ergänzungen zertifiziert und zur Abrundung der Qualifikation oder eigenen Schwerpunktbildung beiträgt. Nur in einem derartigen System ist es möglich, das Prinzip des lebenslangen Lernens zu realisieren. |
| **Unzureichende Weiterbildung** | Im Vergleich mit den anderen Staaten ist Deutschland das Land mit einem kaum ausgebauten Weiterbildungssystem. Elemente der Weiterbildung mit Blick auf die Anforderungen des Beschäftigungssystems, nämlich die modulare Strukturierung und die Ergänzung über Zusatzbausteine, sind in Deutschland unterentwickelt. Grund dafür ist, dass man „Modul" immer noch als Unwort versteht und deswegen ablehnt. |
| **Fehlen von Grundausbildungs-gängen** | Ein Berufsbildungssystem, das nur ca. 350 Einzelberufe von Grund auf bis zum Abschluss ausbildet, ist auf Dauer nicht funktionsfähig. Es fehlen in Deutschland die breiteren Grundbildungsgänge, auf denen mit modularen Ergänzungsmöglichkeiten aufgebaut werden kann. Das deutsche System ist also zu früh eng spezialisiert und daher den anderen Staaten unterlegen, insbesondere wenn es darum geht, die Ausbildung an wechselnde Anforderungen des Beschäftigungssystems anzupassen. |

Auf die Notwendigkeit der Schaffung einer breiten Ausbildungsbasis zur Förderung der beruflichen Anpassungsfähigkeit in einer durch technischen Fortschritt und Spezialisierung gekennzeichneten Arbeitswelt wies bereits in den 1970er Jahren Kultusminister W. Hahn anlässlich der Erarbeitung des Schulentwicklungsplans II für Baden-Württemberg hin.[144]

---

[143] Zur Entwicklung und Bewertung beruflicher Qualifikationen in England siehe Beitrag von George Barr in G. Rothe 2006, a.a.O., S. 124ff.

[144] Hahn betonte, die Ausbildungsbasis müsse „sogar Grundlage sein für Berufe, die es erst in Zukunft geben wird" und stellte fest: „Eine breitere Grundausbildung bedeutet für den einzelnen, da sie ihn flexibler macht, mehr Sicherheit, wie Arbeitslosenstatistiken erkennen lassen." Vgl. Rothe, G.: Berufliche Bildung in Stufen. Modellstudie zur Neuordnung der Berufsschulen in Baden-Württemberg, dargestellt am Raum Schwarzwald-Baar-Heuberg. Hrsg.: Kultusministerium Baden-Württemberg. (Bildung in neuer Sicht: Reihe A, Nr. 7), Villingen 1968. Vorwort von W. Hahn, S. XVI

Die einem Dogma gleiche Diskriminierung berufsqualifizierender Vollzeitschulen, ohne dass Beweise vorgelegt werden, offenbart die Unzulänglichkeit des derzeitigen Systems und ist sachlich unrichtig.
Die Tatsache, dass berufliche Erstausbildung neben der Lehre auch weitere Ausbildungsinitiativen benötigt, wird ignoriert. Die negativen Stellungnahmen zu Vollzeitschulen erwähnen nicht, dass gerade über diesen Ausbildungsweg die in Deutschland bestehenden Lücken geschlossen werden können.

Die künftige Entwicklung ist in Deutschland von einem Mangel an Fachkräften gekennzeichnet, denn über die letzten Jahre hinweg wurde nur etwa die Hälfte eines Jahrgangs in systematischer Form ausgebildet. Die anderen wurden und werden heute noch infolge des Verweilens im Übergangssektor immer älter und sind in ihrer Entwicklung gehemmt. Eine solche Situation stellt auf dem europäischen Arbeitsmarkt ein Novum dar.
Der Hauptmangel besteht allerdings in den fehlenden Einstiegsmöglichkeiten in das lebenslange Lernen gemäß EU-Reformvorschlag.

Wenn in Deutschland in den Medien die Berufsausbildung an Vollzeitschulen nicht präsent ist und die Berichterstattung sich darauf beschränkt, die Versorgung der Jugend mit Ausbildungsplätzen allein nach den Berufsbildungsberichten der Bundesregierung darzustellen, betrifft dies nicht so sehr die Diskussion, ob und inwieweit die Vollzeitschulen die volle Berufsfähigkeit vermitteln, wie sie das Berufsbildungsgesetz definiert. Unmittelbar und direkt betroffen sind die Jugendlichen und ihre Eltern, denen anlässlich der Berufswahl eine Gesamtschau der Ausbildungswege im deutschen System unterhalb der Hochschulebene vorenthalten bleibt.
Auf mittlere und längere Sicht werden in Deutschland die zuständigen Stellen nicht umhin können, die Berufsausbildung in Schulen und Betrieben nach Zugangskriterien und Abschlussniveaus klar nach Ebenen zu strukturieren.

Angesichts der dogmatisch verfestigten Abwehrposition gegenüber berufsqualifizierenden Vollzeitschulen wird der EU von deutscher Seite vielfach unterstellt, sie erkenne die Vorzüge des deutschen Dualsystems nicht an. Daher werden Initiativen der Union nicht selten als potenzielle Gefahr für den Bestand der hiesigen dualen Ausbildung gesehen. Dies erklärt teilweise eine generelle Voreingenommenheit gegenüber EU-Reforminitiativen in der beruflichen Bildung.

### 3.3 „Berufsprinzip als Konzept für eng geschnittene Ausbildungsordnungen"

**Berufsprinzip als begriffliche Neuschöpfung**

Der Terminus „Berufsprinzip" versteht sich als Neuschöpfung. Mit ihm wurde der deutsche Weg der Berufsbildung gegenüber dem Konzept der Modularisierung abgegrenzt, das sich als EU-Modell zur Nachwuchsausbildung auf unterem Level durchsetzte und von Großbritannien ausging. Dazu die Stellungnahme des Instituts der deutschen Wirtschaft vom Juni 1995:

> „Diesen Modulen steht die mehr ganzheitliche Sicht eines Berufskonzepts im dualen System gegenüber, wie es hierzulande praktiziert wird."

> „Die Übernahme des Modulsystems für Deutschland scheidet aus, da sich die deutsche Praxis als so erfolgreich erwiesen hat."[145]

Seitdem bestimmt der Begriff Berufsprinzip die deutsche Sichtweise, erscheint immer wieder in Publikationen und wird allgemein als Richtschnur für die Erarbeitung von Ausbildungsordnungen nach dem deutschen Berufsbildungsgesetz verstanden. Th. Deißinger bezeichnet Beruflichkeit als das „organisierende Prinzip" der deutschen Berufsausbildung.[146]

**Berufsausbildung nach Konsensprinzip**

Im Kern geht es beim Berufsprinzip darum, die Ausbildung für den Arbeitsmarkt nach klar gegeneinander abgegrenzten Qualifikationsprofilen zu strukturieren. Diese werden durch Rechtsverordnungen, auf die sich die Sozialpartner verständigt haben, staatlich anerkannt. Der erzielte Konsens bezieht sich darauf, in diesen Zuschnitten Beschäftigungsmöglichkeiten für Fachkräfte anzubieten und Jugendliche dementsprechend zu qualifizieren.

Im Segment Facharbeiter lehnt sich der Zuschnitt der Berufe an das handwerkliche Modell der früheren Zunftgliederung an. In der Zeit des Zunftzwangs sicherte die Abgrenzung der Gewerke nach gebräuchlichen Arbeitsverfahren und -techniken die wirtschaftliche Existenz der Handwerker. Ein Überschreiten des gemäß Zunftordnung wahrzunehmenden und monopolisierten Arbeitsgebiets, um etwa neue Produkte zu fertigen, führte damals immer wieder zu Rechtsstreitigkeiten.

**Industrie übernimmt das Zunftmodell**

Den im Jahre 1900 neu gegründeten Handwerkskammern war durch die Reichsgewerbeordnung von 1897 die Kompetenz für die Berufsausbildung übertragen worden. Auch die Industrie orientierte sich bei der Ausbildung ihres Facharbeiternachwuchses weitgehend am durch das Zunftmodell vorgegebenen Ordnungsrahmen. Gerade in jüngster Zeit sind immer mehr Ausbildungsordnungen entstanden, die gleichermaßen im Handwerk und in der Industrie gelten. Die um das Jahr 1970 als Modernisierung eingeführte Stufenausbildung sah vor, zunächst nach zweijähriger Ausbildung einen Abschluss unterhalb der Facharbeiterebene zu erteilen.

---

[145] Vgl. Rothe, G.: Die Systeme beruflicher Qualifizierung Deutschlands, Österreichs und der Schweiz im Vergleich. Luzern, Villingen-Schwenningen, Wien 2001, S. 514

[146] Vgl. Deißinger, Thomas: Beruflichkeit als „organisierendes Prinzip" der deutschen Berufsausbildung. Markt Schwaben 1998

Der in den Jahren 1938 bis 1944 in der industriellen Ausbildung eingeschlagene Weg, für immer mehr Spezialtätigkeiten Anlernberufe zweijähriger Dauer zu schaffen, wurde nach 1945 nicht weiter beschritten. Bereits in den Jahren von 1956 bis 1969 hat die Arbeitsstelle für Betriebliche Berufsausbildung (ABB), Köln, rund 170 Anlernberufe gestrichen. Auch nach der Gründung des BBF, dem heutigen BIBB, kam dem Weg, Jugendlichen mit mäßigen Schulleistungen zweijährige Ausbildungsberufe anzubieten, die niedrigere Zugangs- und Prüfungsanforderungen stellen, keine besondere Bedeutung zu. Heute besteht für das Bundesministerium für Wirtschaft allerdings die Vorgabe, bei jedem Neuordnungsantrag für einen dreijährigen Ausbildungsberuf zu prüfen, ob eine arbeitsmarktfähige Konzeption für einen zweijährigen Ausbildungsgang für eher praktisch Begabte denkbar wäre, eventuell mit Anschlussmöglichkeiten.

**Anlernberufe für Spezialtätigkeiten**

Die über Rechtsverordnungen des Bundes sanktionierte Ausbildung im deutschen Dualsystem erhebt den Anspruch, den Arbeitsmarkt der unteren Ebenen durch klar umrissene, voneinander unterschiedene Erwachsenenberufe zu strukturieren. Sie geben Qualifikationsmuster vor, die den Absolventen im erlernten Beruf eine dauerhafte Integration ins Erwerbsleben bieten sollen. Kontinuität der Betätigung im erlernten Tätigkeitsfeld wird damit zum Wesensmerkmal des Berufsprinzips. Dafür steht auch die berufliche Handlungsfähigkeit (BBiG § 1) als Leitbild der Ausbildung; sie wird mit den Abschlussprüfungen (§ 38 BBiG) testiert.

**Berufliche Handlungsfähigkeit als Leitbild**

Die Berufsbilder im Dualsystem werden in Deutschland durch den Bund und das dafür zuständige BIBB mit den Sozialpartnern erarbeitet und im Wege der staatlichen Anerkennung sanktioniert. Das heutige Verfahren entspricht vom Grundsatz her noch immer dem nach 1945 im Handwerk und in der Industrie entwickelten Vorgehen. Im Handwerk erarbeitete das Institut für Wirtschaftspädagogik an der Universität Köln, geleitet von Professor Schlieper, in Kooperation mit dem Heinz-Piest-Institut in Hannover ab 1954 Berufsbilder. Der DIHT beauftragte in Kooperation mit dem BDI die *Arbeitsstelle für Betriebliche Berufsausbildung* mit der Ausarbeitung entsprechender Ordnungsmittel für die Industrie.

**Berufsbilder vom Bund moderiert**

Mit dem Berufsbildungsgesetz von 1969 und den in den Folgejahren getroffenen Vereinbarungen wurde das Verfahren formalisiert, so dass Vorbereitungsgesprächen im Bundesministerium für Wirtschaft nach dem Projektbeschluss im Bund-Länder-Koordinierungsausschuss „Ausbildungsordnungen/Rahmenlehrpläne" der Auftrag an das BIBB folgt, mit den Sozialpartnern den Entwurf der Ausbildungsordnung zu erarbeiten. In Abstimmung dazu erstellt die KMK den Rahmenplan für die Berufsschule. Nach Verabschiedung der Entwürfe im Koordinierungsausschuss wird die Ausbildungsordnung im Bundesgesetzblatt als bundesweit gültige Norm verkündet. Den von der KMK entwickelten Rahmenlehrplan für die Berufsschulen können die Kultusministerien der Länder übernehmen oder den regionalen Gegebenheiten entsprechend anpassen.

**Struktur der Ausbildung** — Im Sinne des Berufsprinzips bestehen in Deutschland derzeit etwa 350 Ausbildungsberufe. In der Regel sind sie eng auf einen Erwachsenenberuf zugeschnitten, der nach den Kriterien des Statistischen Bundesamts zur Berufsklassifizierung im öffentlichen Bewusstsein klar als eigenständiger Beruf abgegrenzt und verankert ist.[147] In soziologischer Sicht erwächst für die Arbeitnehmer aus einer derartigen „Aufspaltung des Arbeitsmarktes in berufliche Teilarbeitsmärkte [...] eine Reduzierung und Kanalisierung der Konkurrenz". Den Betrieben bieten, wie hervorgehoben, die als Berufe „institutionalisierten Angebotsmuster von Arbeitskraft eine wesentliche Orientierungsfunktion", u. a. durch die hohe Transparenz des Arbeitsmarktes und die Garantie gleichwertiger Angebote von Qualifikationen.[148]

**Varianten** — Die Ausbildungsordnungen für die deutschen anerkannten Ausbildungsberufe haben die betreffenden Tätigkeitsfelder umfassend abzudecken. Über die Jahre hinweg entwickelten sich drei Varianten, und zwar:
- Monoberufe, die als Vollberufe alle Tätigkeiten einschließen.
- Ausbildungsberufe mit Fachrichtungen mit differenziertem Berufsbild, in denen die Ausbildung meist ab dem dritten Ausbildungsjahr in einer der angebotenen Fachrichtungen fortgesetzt wird, in der auch die Abschlussprüfung erfolgt.
- Ausbildungsberufe mit Schwerpunkten, die bei einheitlichem Berufsbild „im zweiten und dritten Ausbildungsjahr einen Teil der Qualifikationen in unterschiedlichen Tätigkeitsfeldern" anbieten.[149]

Differenzierungen sowohl nach Fachrichtungen als auch nach Schwerpunkten sollen sich im Umfang auf ein Drittel der Ausbildungszeit beschränken.

**Keine Berufe unterhalb Facharbeiter** — Überlegungen, Schulabgängern mit schwächeren Schulleistungen oder mit sozialen Defiziten Ausbildungsberufe auf niedrigerem Anspruchsniveau anzubieten, stoßen hierzulande immer wieder auf den Widerstand der Sozialpartner. Die Gewerkschaften sehen darin die Gefahr, Betriebe könnten auf diesem Wege Arbeitskräfte unterhalb der Facharbeiterebene rekrutieren. Die Arbeitgeber wiederum betonen – ungeachtet der stark zurückgegangenen Quoten von Lehreintritten nach Schulabschluss – jedes Jahr aufs Neue, alle ausbildungsfähigen und ausbildungswilligen Jugendlichen aufnehmen zu können. Schwache schulische Leistungen und Defizite im sozialen Verhalten durch gezielte Förderung auszugleichen, sehen sie nicht als ihre Aufgabe an, eher als Bringschuld der staatlichen Schulpolitik und der Bundesagentur für Arbeit, der nach dem SGB III (§§ 97 – 115 bzw. §§ 240 – 247) die Förderung von Initiativen beruflicher Bildung außerhalb des Dualsystems übertragen ist.

---

[147] Vgl. Statistisches Bundesamt (Hrsg.): Klassifizierung der Berufe; Personensystematik – Ausgabe 1992. Wiesbaden 1992, S. 7ff.

[148] Nach Beck, Ulrich / Brater, Michael / Daheim, Hansjürgen: Soziologie der Arbeit und der Berufe. Reinbek bei Hamburg 1980, S. 77 bzw. 91

[149] Lt. Bundesagentur für Arbeit, Nürnberg (Hrsg.): Beruf aktuell 2008/2009, S. 7

In den 2007 vom BMBF vorgelegten „10 Leitlinien zur Modernisierung der beruflichen Bildung", die ein Innovationskreis berufliche Bildung verabschiedet hat, fordert Leitlinie 4: „Berufsprinzip stärken – Flexibilisierung der beruflichen Bildung vorantreiben".[150] Die dort vorgeschlagenen Strukturverbesserungen sehen u. a. vor:

- Anrechnung von Leistungen berufsbildender Schulen
- Umorientierung der Ausbildungsordnungen auf Kompetenzbeschreibungen
- Entwicklung gemeinsamer Kernqualifikationen für Berufe in verwandten Tätigkeitsbereichen
- Offenheit für eine möglichst enge Verzahnung von Aus- und Weiterbildung

Zweifelsfrei stoßen sich diese Punkte an den bisherigen Normen des Berufsprinzips. Es bleibt allerdings offen, inwieweit es in nächster Zeit gelingt, eine Änderung herbeizuführen.

Diskussionen darüber, ob in Deutschland neue oder andere Formen von Ausbildungsgängen für das Vorgehen im dualen System entwickelt werden sollten oder könnten, sind nie ernsthaft geführt worden.

Zu den supranationalen Standards gehört, der nachwachsenden Generation zur Integration ins Arbeitsleben vielfältige Qualifikationen anzubieten, auf deren Basis sie ihre Arbeitsfähigkeiten entwickeln, ihren Lebensstandard sichern und Versorgungsansprüche für das Alter erwerben kann. In Deutschland werden derartige Muster, die den Arbeitsmarkt strukturieren, pauschal als Lebensberufe, und zwar ohne eingeplante Änderungsmöglichkeiten verstanden; im angloamerikanischen Sprachraum, je nach Anspruchsniveau und Grad der Autonomie, als Job, Occupation oder auf akademischem Level als Professions.

Ausbildungsprofile, die Betriebe anbieten, sind länderübergreifend auf den Arbeitsvollzug im Betrieb, also auf spezifische Arbeitsplatztypen zugeschnitten. International dient der Beruf als Gliederungs- und Strukturprinzip des Qualifikationserwerbs und des Arbeitslebens. Es stellt sich allerdings die Frage, inwieweit Zuschnitte den Einzelnen derart einengen, dass er in der Anwendung seines Fachwissens und -könnens auf das erlernte Fachgebiet beschränkt ist, oder ob die vermittelten Fähigkeiten und Handlungsmuster über das lebenslange Lernen den Zugang zu unterschiedlichen Tätigkeitsfeldern erschließen, sei es durch die Anerkennung der informell erworbenen Fähigkeiten und Kenntnisse oder über den Abschluss einer formalen Weiterbildung.

Der entscheidende Punkt, an dem sich das deutsche System von dem der Nachbarstaaten unterscheidet, ist die Stellung der dualen Berufsausbildung im nationalen Bildungswesen. Das deutsche Dualsystem wird – wie gezeigt – als integraler Teil der Beschäftigungs- und Sozialpolitik des Bundes verstanden. Die staatliche Anerkennung der von den Sozialpartnern ausgehandelten Ausbil-

---

[150] BMBF (Hrsg.): 10 Leitlinien zur Modernisierung der beruflichen Bildung – Ergebnisse des Innovationskreises berufliche Bildung. Bonn, Berlin 2007, S. 18

dungsordnungen wird damit zum sozialpolitischen Akt, mit dem einerseits der Arbeitskräftebedarf der Wirtschaft auf unterer Ebene gesichert wird und andererseits den Abgängern der Sekundarstufe I Vorgaben für die Ausformung ihrer Arbeitsfähigkeiten und für ihre Integration ins Arbeitsleben an die Hand gegeben werden.

**Beispiel Dänemark**

Außerhalb Deutschlands dagegen ist die Berufsausbildung in Betrieben und Schulen ins staatliche Bildungswesen voll integriert. In der Hierarchie der Bildungsstufen hat sie ihren festen Platz und bietet Abschlüsse, die je nach erworbener Stufe Optionen im Berufsleben und im Bildungswesen bzw. Tertiärbereich bieten. So ging die Carl-Bertelsmann-Stiftung bei ihren Recherchen zur „Beruflichen Bildung der Zukunft", die zur Preisvergabe an Dänemark im Jahre 1999 geführt haben, von folgenden Kriterien aus:

– „Der Staat setzt den Ordnungsrahmen für die berufliche Bildung und nimmt als einer ihrer Akteure gesamtgesellschaftliche Interessen wahr.
– Er koordiniert dazu die relevanten Politikbereiche und unterstützt die Bildung teilautonomer Subsysteme und deren Vernetzung.
– Er gleicht Angebotslücken des privaten Bereichs aus, fördert regionale Aktivitäten, delegiert Verantwortung und fordert Rechenschaftslegung.
– Er fördert den Wettbewerb der Bildungsanbieter durch eine leistungsfähige Infrastruktur und sorgt für Transparenz und Vergleichbarkeit."[151]

Bei der Auszeichnung Dänemarks wurde darauf verwiesen, dass dort eigene neuartige Ansätze entwickelt worden sind; Deutschland dagegen habe bislang kein umfassendes Reformwerk in Angriff genommen. Zum deutschen System äußerte sich Lothar Späth anlässlich der Schlussveranstaltung wie folgt[152]:

„Wir verharren in verkrusteten Strukturen. Und ich meine fast, die berufliche Bildung in Deutschland ist typisch für diese Situation. Wir wissen, die Welt ändert sich, versuchen aber ununterbrochen mit den Spielregeln von gestern die Welt von morgen zu gestalten."

**Beispiel Österreich**

In Österreich wirken berufsqualifizierende Vollzeitschulen und Lehre im Bildungsgesamtsystem gleichwertig nebeneinander. Dadurch können aufeinander aufbauende Stufen entstehen: Die berufsbildenden höheren Schulen (BHS) führen von der achten Schulstufe (4. Klasse Hauptschule oder AHS) aus in fünf Jahren zu einer Doppelqualifikation, der Matura (dem Abitur) und einer beruflichen Qualifikation. Sie stellen den gegenüber der allgemein bildenden Matura größeren Teil der Abiturienten. Die berufsbildenden mittleren Schulen (BMS) auf der darunterliegenden Ebene bauen auf der achten Schulstufe (4. Klasse

---

[151] Bertelsmann Stiftung (Hrsg.): Berufliche Bildung der Zukunft, Carl Bertelsmann Preis 1999. Bd. 1 Dokumentation zur internationalen Recherche. Gütersloh 1999, S. 11f.
[152] Bertelsmann Stiftung (Hrsg.:) Berufliche Bildung der Zukunft, Carl Bertelsmann Preis 1999. Bd. 2: Dokumentation zu Symposium und Festakt. Gütersloh 1999, S. 36

Hauptschule oder AHS) auf und bieten eine anspruchsvolle Berufsausbildung in größerer Breite als die Lehre. Der Aufnahme der Lehre im Betrieb und in der Berufsschule voran geht (idealtypisch) für Hauptschüler – als neuntes Pflichtschuljahr – der Besuch der einjährigen Polytechnischen Schule (PTS), die gezielt auf die Berufswahl und den Lehrbeginn vorbereitet.

In der Schweiz wurde mit der Novellierung der Bundesverfassung vom April 1999 der Bund für sämtliche Berufe im nicht-hochschulischen Bereich zuständig (Sekundarstufe II und Tertiärstufe B). Das zu Beginn des Jahres 2004 in Kraft getretene Bundesgesetz über die Berufsbildung (BBG) gilt demnach für sämtliche beruflichen Grundbildungen. Die Reglemente für die Ausbildung erlässt das Eidgenössische Volkswirtschaftsdepartement als „Verordnungen über die berufliche Grundbildung". Die Berufsverbände (Zusammenschlüsse der Wirtschaft nach Branchen/Sparten) sind im Rahmen der Definition der Bildungsinhalte und der curricularen Struktur der Ausbildungen sowie der Konzeption und Umsetzung der Einführungskurse („überbetriebliche Kurse") eingebunden. Daraus ergibt sich eine enge Zusammenarbeit mit der beruflichen Teilzeitschule, die in der Schweiz seit der Novellierung des BBG als Berufsfachschule bezeichnet wird. Unterschieden werden zwei- sowie drei- und vierjährige Ausbildungsgänge (Lehrverhältnisse). Eine Besonderheit des schweizerischen Systems der Berufsbildung sind die historisch gewachsenen kulturellen Unterschiede und Traditionen der Sprachregionen. Je nach Sprachgebiet bzw. Kantonen schwankt der Anteil der Eintritte in Vollzeitschulen: in der Deutschschweiz sind es 14 %, in den italienischsprachigen Kantonen 28 % und in der französischsprachigen Schweiz fast 30 %. Die Abnahme der Abschlussprüfung auf beiden Wegen obliegt den Kantonen. Sie erteilen das „Eidgenössische Berufsattest (EBA)" und das „Eidgenössische Fähigkeitszeugnis (EFZ)".

Seit 1994 kann ausbildungsbegleitend – über Zusatzkurse der Berufsfachschule – mit dem Lehrabschluss die Berufsmaturität erworben werden. Sie ist Zugangsvoraussetzung für die schweizerischen Fachhochschulen; Abiturienten werden erst nach einjährigem Praktikum zugelassen.

Beispiel Schweiz

Bis in die 1980er Jahre konnte das deutsche Dualsystem – wenn auch ab 1973 mit abnehmender Tendenz – noch den größten Teil der Schulabgänger nach dem Abgang aus der Hauptschule eingliedern. Diese Situation hat sich radikal verändert. Nach der im Berufsbildungsbericht 2008 (S. 82ff.) referierten Übergangsstudie 2006 hatten

Sinkende Integrationskraft des Dualsystems

– von den Schulabgängern auf Hauptschulniveau innerhalb von drei Monaten nach Schulende rund 45 % eine duale Berufsausbildung aufgenommen, nach 15 Monaten 62 % und nach 60 Monaten lediglich 77 %;
– von den Schulabgängern mit mittlerem Schulabschluss binnen drei Monaten nach Schulabgang 60 %, nach 15 Monaten fast 75 % und nach 60 Monaten schließlich 91 %.

Die Beurteilung der Ausbildung gemäß Berufsprinzip erweist sich in Deutschland deshalb als schwierig, weil in der Presse und auch in den amtlichen Statistiken immer nur die Gesamtzahl der in die Lehre eintretenden Jugendlichen publiziert wird. Danach ist die Quote an Eintritten in eine duale Berufsausbildung von noch immer an die 60 % der 16- bis 24-Jährigen höher als in den anderen EU-Staaten.[153] Vernachlässigt wird dabei allerdings der späte Zeitpunkt des Übertritts in Lehrverhältnisse; derzeit liegt das Alter bei Ausbildungsbeginn im Mittel zwischen 19 und 20 Jahren. Die Öffentlichkeit ignoriert diese Tatsache, obwohl die Lehre damit zum großen Teil als postsekundäre Ausbildung einzustufen wäre und die Schulentlassenen leer ausgehen.

**Negative Folgen** Die mit der Erstausbildung vermittelte Handlungsfähigkeit und die erworbenen beruflichen Erfahrungen entfalten sich nur, soweit die Absolventen im Beruf verbleiben und als Fachkräfte übernommen werden. Im Jahre 2006 wurden aber im Westen Deutschlands immerhin 43 %, im Osten sogar 56 % der erfolgreichen Prüfungsteilnehmer vom Ausbildungsbetrieb nicht übernommen.[154] Das Risiko ist groß, bei der Suche nach einer anderen Stelle den Beruf wechseln zu müssen. Fast 75 % der rund 6,0 Mio. Beschäftigten, die nach der dualen Ausbildung den Beruf gewechselt haben, können am neuen Arbeitsplatz, was den fachlichen Teil betrifft, wenig oder nichts von dem verwerten, was sie erlernt haben.[155] Die erworbenen Schlüsselqualifikationen sind hingegen weiter nutzbar. Die Berufswechselquote ist umso größer, je länger die Suche nach einer Beschäftigung im Anschluss an die Ausbildung dauert: Von denen, die ohne arbeitslos zu werden, in einem anderen Betrieb unterkommen, geben 25 % den erlernten Beruf auf; von denen, die vier Monate und länger arbeitslos sind, nimmt die Hälfte eine Arbeitsstelle in einem anderen Beruf an. Das dort erzielte Bruttoeinkommen je Monat liegt dann rund 300 € unter dem Fachkräfteniveau.[156]

**Nachteile beim Berufswechsel** Die hohe Quote der Berufswechsler und ebenso der niedrige Anteil an Absolventen einer dualen Ausbildung, die außerhalb des Lehrberufs ihre erworbenen Fertigkeiten und Kenntnisse anwenden können, verweisen auf die eigentliche Schwäche des deutschen Berufsprinzips. Die im Berufsbildungsgesetz 2005 auf die berufliche Handlungsfähigkeit und Berufserfahrung zentrierte Ausbildung ist – entgegen allen Appellen notwendiger Flexibilität – noch immer allein auf einen geradlinigen Berufsverlauf ausgerichtet: Der Lehre folgt die Übernahme als Facharbeiter/-angestellter, im Arbeitsalltag wächst die Fachkraft in die veränderte Arbeitswelt hinein.

Duale Ausbildung nach dem Berufsprinzip ist damit eigentlich bis heute Qualifizierung für den Lebensberuf ganz im Sinne des Modells der Zunftzeit. In die-

---

[153] Vgl. BMBF (Hrsg.): Berufsbildungsbericht 2008. Bonn, Berlin 2008, S. 140, Übersicht 47
[154] A.a.O., S. 240f.
[155] Ebd., S. 245
[156] Vgl. IAB: Duale Berufsausbildung: Ungelöste Probleme trotz Entspannung. IAB-Kurzbericht Nr. 10, Mai 2009, S. 5f.

ser Weise wird auch die Berufswahl in den Medien der Berufsorientierung gesehen. Der Ausbildungsverlauf, also der Bildungsgang, der zum Berufsabschluss führt und die damit gebotenen Optionen, werden in den Medien kaum thematisiert. Der Grundsatz lebenslanges Lernen ist zwar als Schlagwort allgegenwärtig, im Umfeld dualer Ausbildung bleibt er allerdings unberücksichtigt.

In heutiger Zeit ist es erforderlich, schon bei der Planung von Berufsbildern zu bedenken, dass ein Berufswechsel oder auch andere Veränderungen eintreten können. Hier bietet sich die Modularisierung der Lerninhalte als curriculare Lösung an.

Das Konstrukt Berufsprinzip berücksichtigt nicht die Dynamik der wirtschaftlichen Entwicklung sowie die Notwendigkeit, im lebenslangen Lernen die Qualifikation den wandelnden Anforderungen gemäß zu aktualisieren oder zu erweitern. Entgegen allen Beteuerungen, mit der Abschlussprüfung sei das Lernen nicht zu Ende, droht bei diesem Vorgehen bei Nichtübernahme am Ende der Ausbildung oder beim Berufswechsel ein massenhafter Zerfall der Beschäftigungsfähigkeit. Damit reduziert sich das Potenzial an qualifizierten Fachkräften in Deutschland letztlich auf jene, die im erlernten Beruf verbleiben und dort ihre erworbenen Fähigkeiten anwenden. Der beruflichen Umschulung, die jene, die ihren Fachkraftstatus verloren haben, ins Reservoir der Fachkräfte zurückholen soll, fehlt die Breitenwirkung; sie ist äußerst zeit- und kostenintensiv. Das Berufsprinzip steht also der notwendigen Flexibilität der Arbeitskräfte entgegen.

**Lebenslanges Lernen vernachlässigt**

Zieht man Bilanz, wird das deutsche Berufsprinzip den heutigen Anforderungen an die berufliche Qualifizierung nicht gerecht. Es orientiert sich immer noch am Lebensberuf und nicht an einer beruflichen Grundbildung mit aufbauenden flexiblen Weiterbildungsmöglichkeiten, wie in anderen Ländern, z. B. in der Schweiz, wo die Lehre bereits heute als berufliche Grundbildung bezeichnet wird.

**Wertung des Berufsprinzips**

Mit Blick auf das lebenslange Lernen versteht sich in Deutschland die Erweiterung der Qualifikation eher als Sonderfall. Ferner gibt es noch keine Regelungen zur Anerkennung zusätzlich erworbener Fähigkeiten und Fertigkeiten im Gesamtsystem. Im Rückblick zeigt sich, dass seit in Deutschland über das Berufsprinzip diskutiert wird, die damit verbundene enge Spezialisierung der Ausbildungsgänge bereits de facto überholt war, denn schon damals wurden Mobilität und Flexibilität im Bereich der Berufsbildung als erforderlich angesehen.

Durch die einseitige Ausrichtung der Berufsausbildung auf das nach dem Berufsprinzip strukturierte Dualsystem nimmt Deutschland in der EU eine Sonderstellung ein, wenn nicht – vor dem Hintergrund dessen, dass es das einwohnerstärkste Land ist – eine Abseitsposition. Die seitens der EU beschlossenen Vorgaben und Empfehlungen zur Berufsbildung stehen von der Definition her dem deutschen Berufsprinzip entgegen.[157] Nicht selten hat man den Eindruck, Deutschland sei davon überzeugt, die anderen Staaten hätten in der Berufsbil-

**Unvereinbarkeit mit EU-Vorgaben**

---

[157] Vgl. Entschließung der Rates vom 18.12.1979 über die alternierende Ausbildung von Jugendlichen. Amtsblatt der Europäischen Gemeinschaften Nr. C 001 vom 03.01.1980

dung einiges aufzuholen; mit anderen Worten, in Deutschland sei alles wohl bestellt, das geradezu mustergültige Dualsystem sei heutigen und künftigen Herausforderungen gewachsen. Die Wirtschaft, so die herrschende Auffassung, wisse am besten, was sie brauche. Sie decke ihren Fachkräftebedarf unterhalb des Tertiärbereichs durch eigene Ausbildung ab.

Das zeigt sich auch daran, dass die Verzahnung der Erstausbildung mit der beruflichen Weiterbildung kein aktuelles Diskussionsthema zu sein scheint, auch nicht das Faktum, dass Deutschland bislang weder bundes- noch landesseitig Regelungen verabschiedet hat, nach denen das informelle Lernen am Arbeitsplatz anerkannt und im Zuge des beruflichen Aufstiegs berücksichtigt werden kann.

**Qualitativer Aspekt**

Bezogen auf die Integration der nachwachsenden Generation wird bislang nicht wahrgenommen, dass die Aufnahme der ersten Berufstätigkeit in Deutschland immer später erfolgt und damit das Erwerbsleben immer kürzer wird. Die jährlich erstellte Bilanz zum Ausbildungsstellenmarkt wird der Öffentlichkeit immer noch präsentiert als Abbild einer frühen Integration der Jugendlichen ins Erwerbssystem. Inzwischen nimmt das Dualsystem zu zwei Dritteln junge Erwachsene auf und hat längst einen postsekundären Charakter. Dies wird nicht thematisiert, ebenso wenig die Tatsache, dass ein halber Jahrgang im Übergangssystem „aufbewahrt wird", ohne danach den Zugang zu einer qualifizierten Ausbildung sicherzustellen. Eineinhalb Millionen 20- bis 29-Jährige, die keine Ausbildung absolviert haben, sind Beleg dafür, dass Deutschland – über den Flaschenhals des Dualsystems – den Anspruch, die nachwachsende Generation früh und umfassend zu integrieren, längst nicht mehr einlösen kann.

**Quantitativer Aspekt**

Die Ausbildung im deutschen Dualsystem wird immer noch als untere Ausbildungsebene verstanden. Im europäischen Kontext führt dies zur Benachteiligung deutscher Absolventen am Arbeitsmarkt, gilt doch aus EU-Sicht die betriebsgebundene Ausbildung und die Facharbeiterstufe als die Ebene, die auf dem Pflichtschulabschluss aufbaut. Die fehlende Differenzierung des Zugangs und des Abschlusses nach Bildungsstufen und erteilter Berechtigung wird insbesondere bei der Einstufung innerhalb des Europäischen Qualifikationsrahmens (EQR) zum Problem. Die Undifferenziertheit der Abschlüsse des Dualsystems wird jedenfalls weder den hohen Anforderungen der modernen Ausbildungsberufe – u. a. im mechatronischen, informationstechnischen und kaufmännischen Bereich – gerecht, noch der Tatsache, dass die Majorität der Einsteiger mindestens den mittleren Bildungsabschluss oder die Hochschulreife erworben hat.

Das deutsche Berufsprinzip steht im Vergleich zu anderen Ländern den Vorgaben Lissabon 2000 diametral entgegen; die angeregte Differenzierung nach Stufen fehlt, ebenso Strukturen, die über das lebenslange Lernen, sei es formaler oder informeller Art, den Durchstieg bis an die Spitze der Qualifikationspyramide ermöglichen.

### 3.4 „Verzahnung der Berufsbildung mit der Allgemeinbildung verzichtbar"

Allgemeine und berufliche Bildung sind im deutschen Bildungswesen getrennte Bereiche. Das allgemein bildende System eröffnet den Absolventen der Gymnasien über den oft so bezeichneten „Königsweg" den Zugang zur Hochschule. Der Bereich der beruflichen Qualifizierung konzentriert sich traditionell auf die Ausbildung in den anerkannten Ausbildungsberufen und stellt ein in sich weitgehend geschlossenes Segment dar, für dessen Absolventen sich ein Überwechseln in den Hochschulsektor als überaus mühsam und zeitaufwändig erweist.

*Traditionell getrennte Bildungsbereiche*

Historisch betrachtet steht die weitgehende Abschottung von allgemeiner und beruflicher Bildung vor allem im Zusammenhang mit der bereits angesprochenen noch immer bestimmenden neuhumanistischen Sichtweise, wonach die beiden Sektoren getrennt sein müssen, um zunächst eine allseitige, von der Zweckgebundenheit beruflicher Ansprüche freie Entwicklung der menschlichen Anlagen zu ermöglichen, an die sich dann erst die berufliche Bildung anschließt. Dieser Auffassung nach besitzt berufliche Bildung keinen eigenen Bildungswert. Die als utilitaristisch herabgestufe Berufsbildung wurde nicht dem staatlichen Bildungssystem zugeordnet, sondern den Ständen überlassen und nach heutiger Begrifflichkeit der Wirtschaft über das Berufsbildungsgesetz zugewiesen. Deren Kammerorganisationen übertrug der Staat die Prüfungshoheit im Bereich der betriebsgebundenen Ausbildung (vgl. Kap. 2.2), was dazu führte, dass die berufliche Bildung bis heute nicht ins staatliche Bildungswesen eingebunden ist.

*Historische Ursachen*

Auch wenn zu Beginn des 20. Jahrhunderts Pädagogen wie G. Kerschensteiner, E. Spranger und A. Fischer den Gegensatz von allgemeiner und beruflicher Bildung beanstandeten und Berufsbildung in ihrer Bedeutung für die Persönlichkeitsentwicklung hervorgehoben wurde, schlug sich diese Erkenntnis kaum in der Struktur des deutschen Bildungswesens nieder. Sprangers Feststellung, dass der Weg zur höheren Allgemeinbildung einzig über den Beruf führen könne, hatte für die Gestaltung des Schulwesens kaum Konsequenzen. Darüber kann auch die oft postulierte Gleich*wertigkeit*, jedoch nicht Gleich*artigkeit* der beiden Bildungsbereiche nicht hinwegtäuschen. So stellte J. Stender heraus[158]:

*Gleichwertigkeit beruflicher Bildung*

> „Die Gleichwertigkeit beruflicher und allgemeiner Bildung lässt sich ... theoretisch und empirisch gut begründen. Gleichwohl ist der Optionswert der beruflichen Bildung vergleichsweise gering; der Sackgassencharakter der beruflichen Erstausbildung ist zumindest nicht vollständig überwunden, auch wenn seit der Phase der Reformeuphorie in den 1970er Jahren verschiedene Ansätze institutionell-rechtlicher Art entwickelt worden sind, um die theoretisch begründete und allseitig akzeptierte prinzipielle Gleichwertigkeit durch geeignete Bildungsoptionen in die Praxis zu transformieren."

---

[158] Stender, Jörg: Berufsbildung in der Bundesrepublik Deutschland. Teil 2: Reformansätze in der beruflichen Bildung. Stuttgart 2006, S. 216

**Duales System undifferenziert** Die anerkannten Ausbildungsberufe sollen auf dem Niveau des Hauptschulabschlusses basieren; sie setzen keine speziell absolvierten Bildungsstufen voraus. De facto tritt heute der größere Anteil der Lehranfänger mit mittlerem Bildungsabschluss in ein Ausbildungsverhältnis ein und sogar ca. 17 % mit Abitur. So wird auch in der Bildungsberichterstattung des BMBF auf die steigenden Bildungsvoraussetzungen des dualen Systems hingewiesen und festgestellt, dass der Anteil so genannter „Hauptschülerberufe" an den neu abgeschlossenen Ausbildungsverhältnissen von knapp 30 % aller Neueintritte im Jahre 1993 auf etwa 20 % im Jahre 2006 gesunken ist.[159] Damit verfügt Deutschland im internationalen Vergleich nicht mehr über einen geregelten Anschluss einer beruflichen Bildung an die Sekundarstufe I.

Ebenso undifferenziert wie die Zugangsvoraussetzungen ist das Niveau der erreichten Abschlüsse. Damit ist eine Einbindung der betriebsgebundenen Ausbildung in die Stufen des allgemein bildenden Systems und ein eventueller Aufstieg nicht gegeben. Der klassische Aufstiegsweg auf der Facharbeiterebene führt wie schon in der zunftgebundenen Ausbildung zum Meister mit Prüfungszeugnis der Kammern bzw. über den Besuch von Fachschulen zum Betriebswirt oder Techniker mit staatlichem Abschluss.

Die Landesregierung von Nordrhein-Westfalen hat die Frage der Differenzierung des mit der dualen Ausbildung erreichten Niveaus unlängst aufgegriffen und folgende Absicht formuliert[160]:

> „In der dualen Berufsausbildung sollen die bereits bestehenden Möglichkeiten verstärkt genutzt und ausgebaut werden, mit dem Berufsabschluss gleichzeitig die Fachhochschulreife durch ein erweitertes Unterrichtsangebot am Lernort Berufsschule zu erwerben. Bei der von Nordrhein-Westfalen angestrebten transparenten und flexiblen Struktur dualer Ausbildungsberufe muss eine Differenzierung hinsichtlich der zu erreichenden Kompetenzniveaus erfolgen. So können für ganze Gruppen von Ausbildungsberufen Anrechnungs- und Einstufungsszenarien systematisch angelegt und Bildungswege ökonomisch optimiert werden."

Die Formulierung „Anrechnungs- und Einstufungsszenarien" ist allerdings sehr vage und lässt es fraglich erscheinen, ob eine Stufung anvisiert ist, die z. B. eine exakte Positionierung in einem nationalen Qualifikationsrahmen ermöglicht.

**Fachhochschulreife im Dualsystem über Sonderwege** In Deutschland fehlt bisher eine Koppelung von Ausbildung in anerkannten Ausbildungsberufen und Hochschulzugangsberechtigung als Regelangebot. Es gibt allerdings Möglichkeiten des Erwerbs der Fachhochschulreife als Zusatzqualifikation in Verbindung mit einer Ausbildung im dualen System. Abrufbar sind derartige Angebote bundesweit über die vom BIBB eingerichtete Datenbank *AusbildungPlus*.

---

[159] Vgl. BIBB: Datenreport zum Berufsbildungsbericht 2009. Bonn 2009, S. 130

[160] Landesregierung von Nordrhein-Westfalen: Weiterentwicklung der beruflichen Bildung in Nordrhein-Westfalen. Grundlage für wirtschaftliche Innovation und gesellschaftliche Entwicklung. Düsseldorf 2008, S. 14

In Sachsen z. B. besteht seit 1996 für besonders leistungsfähige Abgänger der 10. Klasse ein Bildungsgang, der eine dreijährige Ausbildung zum Maurer, Beton- und Stahlbetonbauer oder Zimmerer mit dem gleichzeitigen Erwerb der Fachhochschulreife verbindet.[161]
Diese Zusatzqualifikation wird allerdings nicht von allen Betrieben als wichtige Ergänzung anerkannt.

Für beruflich qualifizierte Bewerber ist die Hochschulzulassung nach einer Vereinbarung der KMK vom März 2009 wie folgt geregelt[162]: **Hochschulzugang für beruflich Qualifizierte**
– Die allgemeine Hochschulzugangsberechtigung wird Meistern im Handwerk und Inhabern bestimmter Fortbildungsabschlüsse, die auf Lehrgängen mit mindestens 400 Unterrichtsstunden basieren, sowie den Absolventen der Fachschulen u. a. zuerkannt.
– Die fachgebundene Hochschulzulassungsberechtigung erhalten Absolventen einer affinen Ausbildung in einem anerkannten Ausbildungsberuf mit Berufspraxis nach einer Eignungsfeststellung, die sich auf allgemeines und fachliches Wissen bezieht, bzw. ersatzweise erfolgreichem einjährigen Probestudium.

Die KMK publizierte im September 2009 eine Gesamtdarstellung der durch Rahmenvereinbarung geregelten Bildungswege und Berechtigungen und wies darauf hin, dass die Länder den gestiegenen Qualifikationsanforderungen und dem Bedarf an hochkompetenten Fachkräften infolge des Strukturwandels zur Dienstleistungs- und Wissensgesellschaft durch eine deutliche Verbesserung der Durchlässigkeit zwischen der beruflichen Bildung und der Hochschulbildung entgegenkommen.[163]

Größere Durchlässigkeit zwischen den Bildungsbereichen und Anschlussfähigkeit beruflicher Abschlüsse im allgemein bildenden Bereich ist zwar ein immer wieder aufgegriffenes Diskussionsthema, doch erst in Ansätzen verwirklicht. So mahnte der *Innovationskreis berufliche Bildung* im Jahre 2007 an: **Kritik an mangelnder Durchlässigkeit**

„Es ist Aufgabe der Bildungspolitik, adäquate und gleichwertige Bildungschancen zu schaffen, die Verzahnung von beruflicher Aus- und Weiterbildung zu verwirklichen und die Durchlässigkeit zwischen den Bildungsbereichen zu erhöhen."[164]

---

[161] Bei einem Notendurchschnitt über 2,5 in Mathematik, Deutsch, Englisch, Chemie und Physik kann der Ausbildungsvertrag abgeschlossen werden. Bei Notendurchschnitt zwischen 2,5 und 3,0 ist zuvor mit dem jeweiligen Berufsschulleiter ein Eignungsgespräch zu führen. Einbezogene Berufsschulstandorte sind Dresden, Leipzig und Zschopau. Vgl. *http://www.ausbildung-plus.de/allgemein/zq_des_monates/archiv/Februar2002.html* (Abruf 28.07.09)
[162] Hochschulzugang für beruflich qualifizierte Bewerber ohne schulische Hochschulzugangsberechtigung. Beschluss der KMK vom 06.03.2009
[163] Vgl. Studium über berufliche Bildung. Wege und Berechtigungen. Bonn, im September 2009; *http://www.kmk.org/fileadmin/pdf/PresseUndAktuelles/2009/ 09-09_Hochschulzugang_Berufliche_Bildung.pdf* (Abruf 14.10.09)
[164] Innovationskreis berufliche Bildung: 10 Leitlinien zur Modernisierung und Strukturverbesserung der beruflichen Bildung. Empfehlungen und Umsetzungsvorschläge. Berlin 2007, S. 8

Auch speziell im internationalen Vergleich hält der Innovationskreis die Durchlässigkeit von der beruflichen Bildung in die Hochschulen in Deutschland für unzureichend und führt dazu aus:

> „Dies gilt nicht nur für die Zulassung zum Studium, sondern auch für die Anrechnung von Vorqualifikationen – umso mehr, als in Deutschland Ausbildungen vielfach im nichtakademischen Bereich erfolgen, die in anderen Staaten auf akademischer Ebene vermittelt werden. Unser Ziel ist es, hier zusätzliche, differenzierte Übergangs- und Anrechnungsmöglichkeiten zu schaffen."[165]

Zu den zahlreichen kritischen Stimmen gehört auch der *Aktionsrat Bildung*, der feststellte, die Anschlussfähigkeit der dualen Ausbildung in Deutschland zu weiterführenden Bildungsangeboten sei unzureichend und dazu ausführte:

> „Der Übergang in eine Fachhochschul- oder Universitätsausbildung ist häufig immer noch durch schwierige Zulassungsvoraussetzungen und kaum existente Anrechnungsverfahren gekennzeichnet, die zudem noch für jedes Bundesland spezifisch sind."[166]

**Deutscher Qualifikationsrahmen** Das Thema Durchlässigkeit zwischen den verschiedenen Bildungsbereichen hat in jüngster Zeit durch den Europäischen Qualifikationsrahmen und die Erarbeitung eines nationalen Rahmenwerks für Deutschland noch erheblich an Brisanz gewonnen. So zählt zu den offiziell herausgestellten Zielsetzungen des Deutschen Qualifikationsrahmens (DQR) auch „Gleichwertigkeiten und Unterschiede von Qualifikationen für Bildungseinrichtungen, Unternehmen und Beschäftigte transparenter zu machen und auf diese Weise Durchlässigkeit zu unterstützen".[167]

Auch die *Qualifizierungsinitiative Aufstieg durch Bildung* der Regierungschefs von Bund und Ländern von 2008 spricht die Erleichterung des Hochschulzugangs für beruflich Qualifizierte an und führt dazu aus[168]:

> „Dafür sind Studiengänge erforderlich, die die in der beruflichen Bildung erworbenen Qualifikationen einbeziehen und transparente Anerkennungs- und Anrechnungsverfahren für berufliche Vorqualifikationen umsetzen. Auch der Deutsche Qualifikationsrahmen (DQR) ... soll einen wichtigen Beitrag zu besserer Transparenz und wechselseitiger Anerkennung von Bildungsleistungen zwischen den Teilsegmenten des Bildungssystems leisten und dadurch deren Durchlässigkeit erhöhen."

**Übergang in den tertiären Bereich in anderen Ländern** Andere Staaten führten die Verzahnung von Berufsausbildung und Berechtigung zum Übergang in den Hochschulbereich bereits ein; teils als uneingeschränkte, teils als fachgebundene Hochschulzugangsberechtigung. Als Beispiele dafür lassen sich anführen:

---

[165] Ebd.
[166] Aktionsrat Bildung: Bildungsrisiken und -chancen im Globalisierungsprozess. Jahresgutachten 2008. Hrsg.: Vereinigung der Bayerischen Wirtschaft e. V. Wiesbaden 2008, S. 82
[167] Diskussionsvorschlag eines Deutschen Qualifikationsrahmens für lebenslanges Lernen. Erarbeitet vom „Arbeitskreis Deutscher Qualifikationsrahmen". Februar 2009, S. 3
[168] Aufstieg durch Bildung – Qualifizierungsinitiative der Bundesregierung. Januar 2008, S. 23

- In Österreich kann mit der 1997 eingeführten *Berufsreifeprüfung* die volle Hochschulreife nach Abschluss der Lehre oder der berufsbildenden mittleren Schule erworben werden. Geprüft wird in vier Fächern. Die jüngste Entwicklung ermöglicht bereits parallel zur Lehre einzelne dieser Fächer als Wahlangebote zu absolvieren.

- In der Schweiz kann die *Berufsmaturität* parallel zur beruflichen Grundbildung durch Besuch einer Berufsmaturitätsschule (zweiter Berufsschultag) erworben werden oder aber nach der Lehre in einem Vollzeitlehrgang bzw. berufsbegleitend. Mehr als 10 % der Schweizer Lehrabsolventen erreichen diese Stufe. Mit einer Zusatzqualifikation ist außerdem neuerdings auch der Übertritt in eine Universität oder Eidgenössische Technische Hochschule (ETH) möglich.

- In Frankreich ist beim Erwerb eines *Berufsabiturs (Baccalauréat Professionnel)* im Rahmen der Lehre die Hochschulzugangsberechtigung eingeschlossen. Es können auch mehrere Lehrverhältnisse hintereinander auf unterschiedlichen Niveaus absolviert werden.

In Frankreich sind alle staatlichen Abschlüsse der beruflichen und technischen Bildung wie auch alle Hochschulabschlüsse fünf Qualifikationsstufen zugeordnet, die in den 1960er Jahren konzipiert und seither ergänzt wurden. Sie reichen vom Facharbeiterniveau bis in den Hochschulbereich. Diese Stufung trägt wesentlich zur Durchlässigkeit des Bildungssystems bei. Grundsätzlich ermöglichen alle berufsbildenden Abschlüsse die Weiterqualifizierung für den nächsthöheren Abschluss. Auch der Wechsel zwischen vollzeitschulischem und dual-alternierendem Ausbildungsweg, die auf die gleichen staatlichen Abschlüsse vorbereiten, ist möglich. Eine mehrjährige Ausbildung, z. B. eine zweijährige Vorbereitung auf den Abschluss *Certificat d'Aptitude Professionnelle (CAP)*, kann aufgeteilt werden, indem ein Jahr als Lehre und das andere vollschulisch absolviert wird.

**Stufung der Berufsbildungsangebote**

In Deutschland ist der Übergang von anspruchsvollen Ausbildungsgängen und eventuell absolvierter Zusatzausbildung in den Tertiärbereich bis heute noch nicht gelöst. Der Bildungsbericht 2008 stellt in diesem Zusammenhang fest:
„Im Blick auf die sich ... abzeichnende tendenzielle Höherqualifizierung in vielen modernen Berufsfeldern außerhalb des akademischen Spektrums lässt sich die herkömmliche Differenzierung zwischen dem studienvorbereitenden Monopol des Gymnasiums und dem weitgehenden Ausschluss der beruflichen Aus- und Weiterbildung vom Hochschulzugang nicht mehr aufrechterhalten."[169]

**Problematik des Übergangs in den Hochschulbereich**

Die geringe Zahl von Hochschulabsolventen in technischen Fachrichtungen ist u. a. auf die fehlende Koppelung von beruflicher Erstausbildung und Hochschulzugangsberechtigung zurückzuführen. Die Entwicklung der Zahl der Hochschulabsolventen in den Bereichen Mathematik, Naturwissenschaften und Tech-

---

[169] Bildung in Deutschland 2008, a.a.O., S. 176

nik, die einen der Indikatoren bzw. Benchmarks bei der Messung der Fortschritte hinsichtlich der in der EU gesetzten Ziele im Bildungsbereich bildet, zeigt für Deutschland zwar eine Erhöhung seit dem Jahre 2000; doch blieb die Bundesrepublik 2005 mit 9,7 Hochschulabsolventen in den genannten Fachbereichen pro 1000 Einwohnern im Alter von 20 bis 29 Jahren erheblich unter dem EU-Durchschnittswert von 13,1 zurück.[170]

**Abb. 17:**
**Auswirkungen der Trennung von Bildung und Berufsbildung in Deutschland projiziert auf den Europäischen Qualifikationsrahmen**

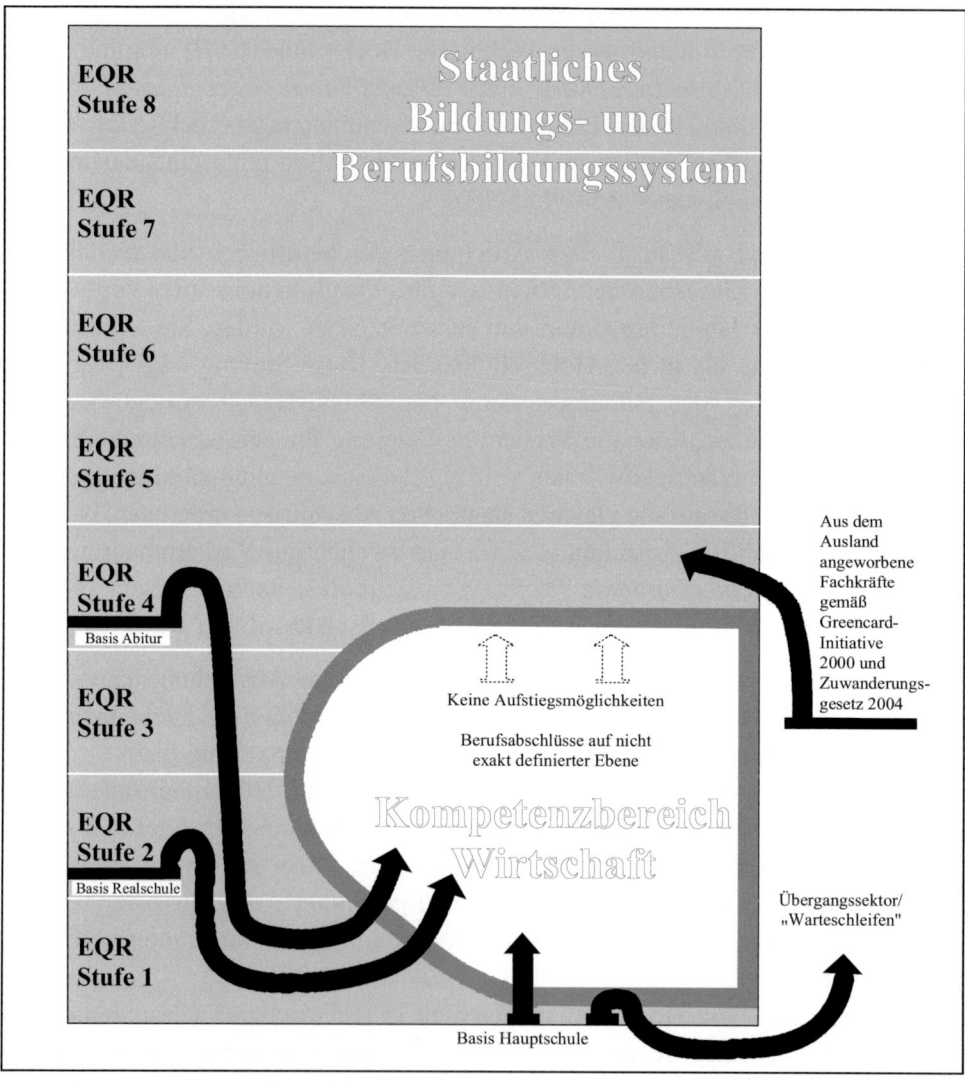

---

[170] Vgl. Entwurf des Gemeinsamen Fortschrittsberichts 2008 des Rates und der Kommission über die Umsetzung des Arbeitsprogramms „Allgemeine und berufliche Bildung 2010". „Wissen, Kreativität und Innovation durch lebenslanges Lernen." Rat der Europäischen Union. Brüssel, 31. Januar 2008, (5723/08), S. 31

Die Vorschläge der EU vom Jahre 2000 und die Beschlüsse der Folgetreffen mit dem Schwerpunkt lebenslanges Lernen verlangen in den einzelnen Staaten ein integriertes Bildungsgesamtsystem. Die Ausklammerung von Teilbereichen wie in Deutschland hinsichtlich der Zuständigkeit der Wirtschaft für die betriebliche Ausbildung steht also den Plänen der EU zum Ausbau des lebenslangen Lernens entgegen. Abbildung 17 zeigt die alleinige Zuständigkeit der Wirtschaft in Deutschland.

Nicht dargestellt ist in Abb. 17 der Übergangssektor mit den verschiedenartigen Warteschleifen, deren Problematik u. a. ebenfalls in der mangelnden Verzahnung mit nachgelagerten Bildungsgängen besteht. Wie die GEW feststellt,

> „fehlt die Bereitschaft, zwischen den drei Segmenten des Berufsbildungssystems – duale Berufsausbildung, schulische Berufsausbildung und Übergangssystem – Brücken zu bauen, die endlich eine organische Verknüpfung und Anerkennung verschiedener Lernorte und Ausbildungswege ermöglichen, statt Jugendliche in Ersatzmaßnahmen abzuschieben."[171]

Für die gemäß EU-Reformpaket Lissabon 2000 neu zu strukturierenden oder zu ergänzenden Berufsbildungsangebote ist die verantwortliche Position des Staates unabdinglich. Nur dadurch lässt sich erreichen, dass berufliche Umstiegsmöglichkeiten, beruflicher Aufstieg sowie individuelle Initiativen zu anrechenbaren Zertifikaten führen können. Gleichzeitig ist über die staatliche Zuständigkeit auch der Aufstieg nach den neu zu installierenden EU-Stufen gemäß EQR sicherzustellen; dabei sind alle Bildungs- und Berufsbildungsebenen einzuschließen, von der Lehre oder Vollzeitschule bis hin in den Hochschulbereich. Nur der Staat kann in Verbindung mit zuständigen Stellen der Wirtschaft dafür Sorge tragen, dass ein solches Bildungsgesamtsystem einschließlich beruflicher Bildung auf allen Ebenen und Zweigen geschaffen und die Einseitigkeit der teilweise noch überkommenen Zunftausbildung überwunden wird. Sicherzustellen ist folgerichtig, dass alle Bildungsgänge und Berufsbildungsstufen ins Gesamtsystem integriert sind.

Für das duale System ergibt sich beim Fortbestand eines undifferenzierten Abschlussniveaus ein zunehmender Attraktivitätsverlust bei leistungsstarken Jugendlichen. Ohne Bildungsgänge als Regelangebot, die eine qualifizierte berufliche Erstausbildung mit exakt definierten Abschlussniveaus im Bereich der allgemeinen Bildung verbinden und anschlussfähig sind, bleibt das Schlagwort von der Gleichwertigkeit allgemeiner und beruflicher Bildung eine Floskel.
Das in Deutschland ungelöste Nebeneinander von Allgemeinbildung und Berufsbildung steht auch dem von der EU herausgestellten Prinzip des lebenslangen Lernens diametral entgegen. Die mangelnde Verzahnung schadet dem Gesamtsystem.

---

[171] Neß, Harry: Generation abgeschoben. Warteschleifen und Endlosschleifen zwischen Bildung und Beschäftigung. Daten und Argumente zum Übergangssystem. Hrsg.: Hauptvorstand der Gewerkschaft Erziehung und Wissenschaft (GEW). Bielefeld 2007, S. 167

### 3.5 „Sozialpartner entscheiden über die Gestaltung von Ausbildungsberufen"

**Bedeutung des Konsensprinzips**

Bei der Novellierung bzw. Neuerarbeitung von Ausbildungsordnungen sind in Deutschland die Sozialpartner maßgeblich beteiligt. So kann festgehalten werden:

> „Grundsätzlich erlässt die Bundesregierung keine Ausbildungsordnung, der die zuständigen Sozialparteien nicht zugestimmt haben (Konsensprinzip)."[172]

Damit verbunden sind langwierige Verfahren, auch wenn es mittlerweile Ansätze zur zeitlichen Begrenzung gibt. Das in diese Entwicklung eingebundene BIBB hebt hervor:

> „Dadurch kommt es zwar während der Neuordnung vereinzelt zu Zeitverzögerungen und Stillstand; diese Auswirkungen treten jedoch gegenüber den Vorteilen (z. B. allgemeine Akzeptanz der erarbeiteten Ausbildungsordnungen durch die Ausbildungspraxis, Tragfähigkeit von geschlossenen Kompromissen) in den Hintergrund.
>
> Das Konsensprinzip ist Grundlage für die Zusammenarbeit aller am Neuordnungsverfahren Beteiligten. Es stellt insbesondere ein Recht der Sozialparteien auf Mitgestaltung dar, dem naturgemäß auch die Pflicht zur Einigung gegenübersteht, um Neuordnungsverfahren zu einem positiven Abschluss bringen zu können."[173]

**Aufgaben der Sozialpartner in der Berufsbildung**

Die Sozialpartner sind nach Darstellung des BIBB an der Gestaltung der beruflichen Bildung wie folgt beteiligt[174]:

> „Die Sozialpartner umfassen Arbeitgeberorganisationen und Gewerkschaften und haben gleichzeitig beratende, gestaltende und kontrollierende Funktionen in der Berufsbildung. ... Sie arbeiten im Hinblick auf die Berufsausbildung in der Regel kooperativ zusammen, da beide Seiten daran interessiert sind, dass alle Arbeitnehmer über gute Qualifikationen verfügen („Konsensprinzip").
>
> Gemeinsam mit den politischen Parteien haben die Sozialpartner einen wesentlichen Einfluss auf die Ausgestaltung und Verabschiedung des Berufsbildungsgesetzes. Sie kooperieren mit den Behörden der Berufsbildung, indem sie in allen wichtigen Gremien und Ausschüssen vertreten sind. Dazu gehören:
> – der Hauptausschuss des BIBB,
> – die Landesausschüsse für Berufsbildung,
> – die Berufsbildungsausschüsse der Kammern,
> – die Prüfungsausschüsse für Abschluss-, Meister- und Fortbildungsprüfungen
> – sowie alle Organe der Bundesagentur für Arbeit.

---

[172] Bundesinstitut für Berufsbildung (Hrsg.): Wie entstehen Ausbildungsberufe? Leitfaden zur Erarbeitung von Ausbildungsordnungen mit Glossar. Bonn 2003, S. 6

[173] Ebd., S. 6f.

[174] BIBB, Kommunikations- und Informationssystem Berufliche Bildung (KIBB): Fragen zu Zuständigkeiten, Entscheidungskompetenzen und rechtlichen Regelungen der beruflichen Bildung in der Bundesrepublik Deutschland im Jahr 2005. Anfrage der EU zu REFER. Bearb. von S. Dücker, S. Thalemann u. F. Schapfel-Kaiser, 02.05.2005, S. 7f. *(http://kibb2.skygate.de/cps/uploads/REFER_Antwort_050502_sdstfsk.1115110013525.pdf)*

Auf der Bundesebene gestalten sie im Rahmen der Sachverständigenarbeit zur Entwicklung von Ausbildungsordnungen maßgeblich die neuen Ausbildungsordnungen und spielen hier auch als Impulsgeber eine initiierende Rolle. Formal ist ihr Status allerdings ein beratender, wenngleich auf der Basis des Konsensprinzips keine Ausbildungsordnungen gegen den Willen eines Sozialpartners erlassen werden.

Im Hinblick auf die unterschiedlichen sektoralen Aspekte verhandeln die Sozialpartner über das Ausbildungsplatzangebot und die Höhe der Ausbildungsvergütungen. Auf der betrieblichen Ebene arbeiten sie gemäß Betriebsverfassungsgesetz und Personalvertretungsgesetz bezogen auf die Ausgestaltung der betrieblichen Aus- und Weiterbildung zusammen."

**Verhältnis von Staat und Sozialpartnern**

Durch das Subsidiaritäts- und das Konsensprinzip ist die Rolle des Staates in der Berufsausbildung entscheidend bestimmt. Das Bundesinstitut für Berufsbildung nimmt dazu wie folgt Stellung:

„Nach dem Subsidiaritätsprinzip räumt der Staat den Sozialpartnern große Gestaltungsspielräume bei der Berufsausbildung ein. So haben die Betriebe eine Schlüsselfunktion bei der Qualifizierung ihrer Mitarbeiter. Das Konsensprinzip besagt, dass Entscheidungen bezüglich der Regelung der Berufsausbildung in aller Regel nicht gegen den Willen eines Beteiligten (z. B. Sozialparteien) getroffen werden. Auf diese Weise nehmen alle hier genannten Organe entscheidenden Einfluss auf die Gestaltung von Ausbildungsordnungen."[175]

**Grundprinzipien der beruflichen Bildung**

Im Deutschen Bundestag finden die traditionellen Grundprinzipien der beruflichen Bildung in Deutschland breite Unterstützung. So stellte der bei der Reform des BBiG 2005 einbezogene Bundestagsausschuss heraus, dass das modernisierte Gesetz „bewährten Prinzipien" folge, und zwar dem dualen Prinzip, dem Berufsprinzip und dem Konsensprinzip. Zu letzterem wurde festgehalten:

„Das Konsensprinzip gewährleistet durch die möglichst einvernehmliche Erarbeitung der nationalen Ausbildungsstandards durch Sozialpartner und Bundesregierung und die Abstimmung mit den Ländern die Arbeitsmarktnähe und Transparenz der Ausbildungsberufe und ihre breite Akzeptanz in der Wirtschaft."[176]

**Kennzeichen des Ausbildungsspektrums**

Mit Blick auf die von 1996 bis 2007 insgesamt 71 neu geschaffenen Ausbildungsberufe stellt das BIBB fest: „Insgesamt bleibt ein Großteil der neuen Ausbildungsberufe auch nach einigen Jahren seit ihrer Neuordnung vergleichsweise gering besetzt."[177] Im Jahre 2007 wurden die Berufe Automatenfachmann/frau,

---

[175] BIBB, KIBB: Fragen zu Zuständigkeiten, Entscheidungskompetenzen und rechtlichen Regelungen der beruflichen Bildung in der Bundesrepublik Deutschland im Jahr 2005. A.a.O.

[176] Beschlussempfehlung und Bericht des Ausschusses für Bildung, Forschung und Technikfolgenabschätzung. Deutscher Bundestag, 15. Wahlperiode. Drucksache 15/4752, S. 22

[177] BIBB: Datenreport zum Berufsbildungsbericht 2009. Bonn 2009, S. 113

Fachkraft für Automatenservice, Fotomedienfachmann/frau, Personaldienstleistungskaufmann/frau, Produktionstechnologe/in, Servicekraft für Schutz und Sicherheit sowie Speiseeishersteller/in neu geschaffen.[178]

Kennzeichnend für das duale System insgesamt ist die Konzentration auf vergleichsweise wenige Ausbildungsberufe und die hohe Zahl gering besetzter Fachrichtungen, wozu das BIBB folgende Daten angibt[179]:

„In ca. 60 % aller staatlich anerkannten Ausbildungsberufe werden jeweils weniger als 500 neue Ausbildungsverträge abgeschlossen; in den 20 am stärksten besetzten staatlich anerkannten Ausbildungsberufen findet man mehr als die Hälfte aller Jugendlichen mit neu abgeschlossenem Ausbildungsvertrag."

**Kritische Einwände** Im Vergleich einiger Staaten stellt F. Rauner kritisch fest, dass überall Sachverständige der jeweiligen Branchen an der Berufsentwicklung beteiligt sind, allerdings mit erheblichen Unterschieden. Rauner kritisiert, dass in Deutschland das Konsensprinzip staatliche Berufsbildungsplanung und Nutzung der Qualifikationsforschung stark einschränke. Im Einzelnen führt er aus[180]:

„In Deutschland hat die staatliche Berufsbildungsplanung sich aus der Berufsentwicklung praktisch weitgehend zurückgezogen. Das so genannte Konsensprinzip bedeutet in der Praxis, dass die Sachverständigen der Sozialparteien faktisch die Berufsentwicklung „in der Hand" haben. Der Bundesminister für Wirtschaft erlässt die Ausbildungsordnungen ... Nach dem Konsensprinzip kommt es ... vor allem auf die Verständigung zwischen den Sozialparteien an. Dieses Verfahren hat zunächst den Vorteil ... dass die Expertise der Berufsbildungspraxis – wenn auch interessenbezogen – in die Berufsentwicklung eingebracht wird. Zugleich wird durch dieses Verfahren faktisch die Mitwirkungsmöglichkeit der staatlichen Berufsbildungspolitik sowie einer qualifizierten domänenspezifisch ausdifferenzierten Qualifikationsforschung erheblich eingeschränkt."

**Konsensprinzip erweitern** Es stellt sich die Frage, ob das Konsensprinzip, das nach eingangs zitierter Sicht des BIBB die Rolle des Staates in der Berufsbildung mitbestimmt, allein für die Beziehungen zwischen der Bundesregierung und den Sozialpartnern gilt, oder ob es in neuer Form nicht Gegenstand der Ausgestaltung des Berufsbildungswesens zwischen drei oder vier Seiten sein könnte – den Sozialpartnern (Arbeitgeber, Gewerkschaften), Bund und Ländern. Das Interesse der jungen Leute erfor-

---

[178] Ebd., S. 105

[179] Ebd., S. 113f.

[180] Rauner, Felix: Steuerungsmerkmale beruflicher Bildung im transnationalen Vergleich – Überblick und Handlungsfelder. Vortrag anlässlich des Expertengesprächs: „Steuerung und Gestaltung der beruflichen Bildung – wie weiter in Europa?" Bertelsmann Stiftung, Berlin, 11.02.2009, S. 10
(*http://www.ibb-2010.de/fileadmin/user/Vergleichende_Berufsbildungsforschung/ Bertelsmann_Expertengespraech11_02_2009V__2_.pdf*)

derte dies längst. Der strikten Trennung der Zuständigkeiten, die das Grundgesetz festgeschrieben hat, einen Stellenwert zuzumessen, demgegenüber die Berufsqualifizierung der nachwachsenden Generation nachrangig oder sekundär sei, führt gesellschaftlich über kurze oder längere Sicht zu Verwerfungen. Die finanziellen Lasten, die damit einhergehen, hat zwar später einmal der Bund zu tragen; die Länder sind aber mitbetroffen, haben doch die Kommunen vor Ort den steigenden Aufwand für die Sozialhilfe zu bewältigen.

In anderen Ländern besteht Übereinstimmung darin, dass grundsätzlich die verschiedenen Akteure im Bereich der beruflichen Bildung in ausreichendem Maße Mitgestaltungsmöglichkeiten haben sollen. Hierzu drei Beispiele: **Kompetenz der Branchenverbände**

In der Schweiz sind es insbesondere die Berufsverbände (nach heutiger Bezeichnung *Organisationen der Arbeitswelt*) mit ihrem Fachwissen. Die Organisationen der Arbeitswelt sind für die Inhalte der beruflichen Aus- und Weiterbildungen und deren ständige Anpassung an die wirtschaftlichen und gesellschaftlichen Entwicklungen zuständig. Dies führt zu Ausbildungen, die sich an tatsächlich nachgefragten Qualifikationen und an den zur Verfügung stehenden Arbeitsplätzen orientieren. **Schweiz**
Zu den Organisationen der Arbeitswelt zählen die Sozialpartner, die Berufsverbände sowie andere zuständige Organisationen und Anbieter der Berufsbildung. Die Berufsverbände definieren die Bildungsinhalte im Bildungsplan, organisieren die berufliche Grundbildung, bieten überbetriebliche Kurse an und stellen Angebote der höheren Berufsbildung (Tertiärstufe B) bereit. Die Sozialpartner und andere zuständige Organisationen und Anbieter der Berufsbildung beteiligen sich zusammen mit den Berufsverbänden an der Durchführung und Weiterentwicklung der Berufsbildung.

In England ging die Entwicklung dahin, die Qualifikationsanforderungen durch die Branchenverbände (so genannte *Sektorale Kompetenzräte*) ermitteln zu lassen. Die entsprechenden Qualifikationsprofile bedürfen jedoch der staatlichen Anerkennung. Es ist vom Staat gewollt, dass die Anforderungen in den nationalen beruflichen Befähigungsnachweisen sich eng am tatsächlichen aktuellen Bedarf der Wirtschaft ausrichten. Diese Qualifikationen werden darüber hinaus in kurzen Zeitintervallen aktualisiert. **England**

In Frankreich setzt die Konzeption, Ausarbeitung, Fortschreibung oder auch Neuordnung der Abschlüsse der beruflichen Bildung das Zusammenspiel von mehreren öffentlichen und privaten Akteuren voraus; dies geschieht im Rahmen der *commissions professionnelles consultatives/CPC* (Fachkommissionen mit beratender Funktion).[181] Diese sind nach Branchen bzw. Berufsfamilien organi- **Frankreich**

---

[181] Vgl. Zettelmeier, Werner: Wie entsteht eine Ausbildungsordnung bzw. ein beruflicher Abschluss in Frankreich? In: Rothe 2008, a.a.O., S. 478ff.

siert. Alle Ministerien, die staatliche Abschlüsse bzw. Zertifikate verleihen, müssen derartige Kommissionen einrichten. Für die Abschlüsse der beruflichen Erstausbildung sind dies im Wesentlichen das Erziehungsministerium und das Landwirtschaftsministerium.[182] Die CPC haben beratende Funktion, allerdings muss das Ministerium sie im Falle der Neuerarbeitung, Anpassung oder Abschaffung einer Ausbildungsordnung bzw. eines Abschlusses anhören. Das Arbeitsprogramm der CPC wird vom Ministerium festgelegt; grundsätzlich soll jeder Abschluss alle fünf Jahre auf seine Angepasstheit an die Erfordernisse des Arbeitsmarktes überprüft werden. Den Vertretern des Erziehungsministeriums kommt nicht nur in pädagogischen Fragen im engeren Sinne wie beispielsweise Prüfungsinhalte und Prüfungsmodalitäten eine starke Stellung zu.

**Qualifikations-bedarf nicht gedeckt** Das Ausbildungsberufsspektrum in Deutschland orientiert sich nicht genügend am Qualifikations- und Nachwuchsbedarf der Wirtschaft insgesamt; zu den Folgeerscheinungen gehört u. a. der Fachkräftemangel. Die angesprochene Impulsgeberfunktion der Sozialpartner bei der Novellierung und Neuschaffung von Ausbildungsordnungen wird demnach den Ansprüchen nicht gerecht.

Ein Beispiel dafür, dass nicht rasch und flexibel genug auf neuen Ausbildungsbedarf reagiert wird, ist der IT-Bereich. Hier wurden entsprechende Ausbildungsberufe erst 1997, also mit erheblicher Zeitverzögerung nach Auftreten des neuen Qualifikationsbedarfs geschaffen, so dass zur Überbrückung über die Greencard-Initiative IT-Fachkräfte aus dem Ausland angeworben werden mussten.

Folgt man der Einschätzung von F. Rauner, so kommen in Deutschland staatliche Berufsbildungsplanung und objektive Qualifikationsforschung unabhängig von den Sozialpartnern praktisch nicht zum Zuge. Dies bedeutet, dass der Staat originäre bildungsplanerische Aufgaben aus der Hand gibt und sich wie bei der Bereitstellung des Ausbildungsplatzangebots primär auf die Initiative der Wirtschaft verlässt.

**Überfrachtete Ausbildungs-ordnungen** Bei der Erstellung von Ausbildungsordnungen wird zu wenig berücksichtigt, was die Betriebe ausbildungsmäßig tatsächlich zu leisten vermögen. Die Anforderungen in den anerkannten Ausbildungsberufen werden teilweise als überzogen betrachtet, und dies aus Kreisen der Wirtschaft selbst. So stellte DIHK-Präsident Braun im Jahre 2007 fest, dass ein Teil der Ausbildungsordnungen überfrachtet sei und von den ausbildenden Betrieben kaum bewältigt werden könne (vgl. Kap. 3.1).

Derartige Statements werfen die Frage auf, weshalb die Arbeitgeberseite nicht aus eigenem Interesse darauf hinwirkt, dass Ausbildungsordnungen mit realistischen Anforderungen an die Ausbildungsbetriebe erarbeitet werden.

---

[182] Derzeit bestehen 15 CPC sowie ein branchenübergreifendes Beratungsgremium zur Koordination der Arbeit der verschiedenen CPC, dessen Vorsitz beim Erziehungsminister liegt.

Ein Weiterbildungssystem, das den Grundprinzipien des lebenslangen Lernens gerecht wird, ist in Deutschland bisher nicht vorhanden. Das bestehende Weiterbildungsangebot ist unzulänglich und höchst heterogen, was u. a. mit den regional unterschiedlichen Fortbildungsregelungen der Kammern zusammenhängt. Im IT-Bereich gibt es seit 2002 ein Fortbildungssystem, das auf den 1997 eingeführten IT-Berufen aufbaut und auch Seiteneinsteigern offen steht. Damit dürfte dieser Bereich eine Ausnahme in der weithin unstrukturierten Weiterbildungslandschaft bilden.

**Defizite im Weiterbildungsbereich**

Ein weiterer Problembereich, der auch mit der starken Position der Sozialpartner in der beruflichen Bildung in Deutschland in Zusammenhang steht, ist die eingeschränkte Mitwirkung der Berufsschule in der dualen Ausbildung.
So sind bei den Lehrabschlussprüfungen die schulischen Leistungen für den Prüfungserfolg unerheblich. Den bei den Kammern eingerichteten Prüfungsausschüssen gehören Beauftragte der Arbeitgeber und der Arbeitnehmer in gleicher Zahl an. Die Vertreter der Sozialpartner müssen mindestens zwei Drittel der Gesamtzahl der Mitglieder eines Prüfungsausschusses ausmachen; als Vertretung der schulischen Seite genügt eine Lehrkraft einer berufsbildenden Schule (§ 40 BBiG). Laut § 39 Abs. 2 BBiG kann der Prüfungsausschuss „zur Bewertung einzelner, nicht mündlich zu erbringender Prüfungsleistungen gutachterliche Stellungnahmen Dritter, insbesondere berufsbildender Schulen, einholen". Auf Antrag des Auszubildenden können die Leistungen in der Berufsschule im Kammerzeugnis ausgewiesen werden (§ 37 Abs. 3 BBiG 2005).
Die Sozialpartner konnten bis heute die gleichberechtigte Mitwirkung der Berufsschule im Dualsystem verhindern und ihre Vormachtstellung sichern.

**Eingeschränkte Position der Berufsschule**

Als Berufsbildungssystem wird in diesem Zusammenhang allein die betriebliche Ausbildung gesehen und ignoriert, dass dessen ungeachtet ein erheblicher Anteil Jugendlicher schulisch ausgebildet wird. Nach den Plänen der EU umfasst das vorgeschlagene Acht-Stufen-System des Europäischen Qualifikationsrahmens die Gesamtheit aller Bildungsgänge, vom Schulabschluss bis in der Tertiärbereich hinein, so dass für die Gestaltung der schulischen Berufsbildungsgänge auf Sekundarstufe II und die betriebliche Ausbildung gleiche Regeln gelten sollten, zumal die in diesen beiden Sektoren ausgebildeten Fachkräfte im Beschäftigungssystem nebeneinander eingesetzt sein können und auch ihre Qualifikationen im Zuge des lebenslangen Lernens weiterentwickeln.
In der so wichtigen Frage der Gestaltung von Berufsbildungsgängen mangelt es am Blick auf die Gesamtheit der Jugendlichen, und hier speziell der Schulentlassenen einschließlich des Anteils Lernschwacher und Benachteiligter. Eine Institution, die hierfür verantwortlich ist, gibt es in Deutschland nicht; die einseitige Einflussnahme der Wirtschaft – vertreten durch Arbeitgeber und Arbeitnehmer – reicht allein nicht aus. Die schwierige Lage auf dem Ausbildungsstellenmarkt ist

**Fokussierung auf die betriebliche Erstausbildung**

Folge dieser Konstellation. Es fehlt die staatliche Komponente, die in den anderen Ländern als selbstverständlich gesehen wird.

Offensichtlich ist auch schon seit längerer Zeit ein Teil der Jugendlichen nicht mehr bereit, den Weg der Berufsausbildung über die betriebliche Lehre zu gehen und vermisst andere Ausbildungsmöglichkeiten.

Wenn heute der Anteil der Ausgebildeten nach der Statistik beispielsweise bei den 18- bis 24-Jährigen zunehmend geringer wird, ist dies auf die fehlende Gesamtschau in den Ausbildungsangeboten und den ausgebauten Wegen zurückzuführen. Die alleinige Verantwortlichkeit der Wirtschaft mit dem „letzten Wort" erweist sich als unrichtig und ineffektiv.

**Missverhältnis von Ausbildungsangebot und -bedarf** Das derzeitige Ausbildungsangebot in Deutschland entspricht nicht dem aktuellen Fachkräftebedarf und kann die Nachwuchssicherung nicht gewährleisten. In diesem Zusammenhang wird zu wenig berücksichtigt, dass allein schon der geringe Prozentsatz tatsächlich ausbildender Betriebe es nicht erlaubt, das ganze Spektrum des Nachwuchsbedarfs allein zu vertreten. Hinzu kommt die Frage der Ausbildung über den eigentlichen Bedarf hinaus, wie sie insbesondere im Handwerk immer wieder auftritt und in Zeiten eines defizitären Ausbildungsplatzangebots auch politisch eingefordert wird.

**Partikulare Interessen** Angesichts des großen Einflusses der Sozialpartner in der beruflichen Bildung kommen auch Interessen ins Spiel, die nichts mit der Relevanz und Qualität der beruflichen Qualifizierung zu tun haben, sondern vielmehr mit Machtkonflikten der beiden Parteien, z. B. bei der tariflichen Einstufung der Ausbildungsabschlüsse.

Daher sind auch Gewerkschaften wie IG Metall und die Vereinte Dienstleistungsgewerkschaft ver.di bisher strikt gegen eine Modularisierung, denn wer einzelne zertifizierte Module vorweist, würde höchst wahrscheinlich gehaltsmäßig geringer eingestuft werden als ein Absolvent einer drei- oder dreieinhalbjährigen Ausbildung nach BBiG.

**Europäische Kooperation** Mit Blick auf die Anschlussfähigkeit Deutschlands an die europäischen Entwicklungen und Reformziele der EU ergibt sich eine starke Einschränkung der staatlichen Reaktionsmöglichkeiten, wenn z. B. gegensätzliche Positionen der Arbeitgeber- und Arbeitnehmerseite Abstimmungsprozesse verzögern oder die Interessenkonflikte sich gar nicht überbrücken lassen.

Die EU tritt zwar für eine enge Anbindung der beruflichen Ausbildung an den Qualifikationsbedarf der Wirtschaft zur Sicherung der wirtschaftlichen Prosperität ein. Schon mit der Tagung in Budapest 1999 betonte sie die Bedeutung einer „neuen Partnerschaft zwischen Bildung und Wirtschaft" (vgl. Kap. 1.1). Im November 2008 wurde mit dem Bordeaux-Kommuniqué, das zur weiteren Intensivierung der europäischen Zusammenarbeit in der Berufsbildung beitragen soll, die Notwendigkeit einer engeren Verbindung von Berufsbildung und

Arbeitsmarkt unterstrichen. Es geht darum, die Nachfrage nach Arbeitskräften und Qualifikationen zu antizipieren und besser mit dem Angebot in Einklang zu bringen.

Die EU setzt auch auf die Einbeziehung aller an der beruflichen Bildung beteiligten Akteure; das zeigen u. a. ihre Konsultationsverfahren, wie beispielsweise zum Europäischen Qualifikationsrahmen. Die EU-Initiativen sollen von einem breiten Konsens getragen werden. Dessen ungeachtet bedarf es letztlich auf nationaler Ebene einer entschlusskräftigen obersten staatlichen Instanz, die übergeordnete Interessen wahrnimmt.

Sachverstand und Engagement der Wirtschaft sind unzweifelhaft wichtig; dessen ungeachtet ist die Orientierung des Berufsbildungsangebots am gesamtwirtschaftlichen Qualifikationsbedarf unter Antizipation erwartbarer Bedarfsentwicklungen geboten. Allerdings scheint eine wesentlich aktivere Rolle des Staates mit Einbeziehung der Ergebnisse einer unabhängigen Qualifikationsforschung und Wahrnehmung der Gesamtverantwortung dringend erforderlich.

*Staatliche Gesamtverantwortung*

## 3.6 „Kompetenz der Wirtschaft sichert allein den Fachkräftenachwuchs"

In historischer Sicht war das dreigliedrige Schulwesen ein Abbild des Gesellschaftsaufbaus. Vor diesem Hintergrund ergaben sich drei Formen des Übergangs ins Arbeitsleben: Der Volksschule (heutigen Hauptschule) folgte das Lehrverhältnis oder die Arbeitsaufnahme als Jungarbeiter/in, dem mittleren Bildungsabschluss der Übergang in eine Ausbildung auf mittlerem Niveau sowie dem Abitur das Hochschulstudium.

*Schulstufen als Abbild der Sozialstruktur*

Ungeachtet des Wandels der Arbeitswelt und der Schülerströme hat sich in Deutschland bis heute die Grundvorstellung erhalten, dass unmittelbar nach der Schulentlassung der Übergang in eine Ausbildung oder in die Arbeitswelt erfolgt. Inzwischen stellen unter den Lehranfängern die Realschulabsolventen als mittlerem Bildungsabschluss mit 40 Prozent die größte Gruppe, Neueintretende mit Hauptschulbildung hingegen nur noch knapp ein Drittel.

Mit der traditionellen Vorstellung vom Übergang von der Schule in Ausbildung und Beruf verbindet sich gemeinhin die Annahme, die nötige Qualifizierung der Schulabgänger für das Arbeitsleben und gleichermaßen die Fachkräfteversorgung der Wirtschaft sei auf dem überkommenen Wege gewährleistet: Die Betriebe legen im Rahmen ihrer Personaldispositionen fest, wie viele Auszubildende sie in einschlägigen Berufen aufnehmen und wählen die geeignet erscheinenden Jugendlichen aus.

*Grundmodell: Direktzugang ins Arbeitsleben*

Die Verantwortung der Wirtschaft für die Berufsausbildung in Form der Selbstverwaltung durch ihre Kammern als Standesorganisationen wurde in Deutschland – am Ende einer Phase partieller Gewerbefreiheit – durch die Reichsgewer-

*Zuständigkeit der Wirtschaft seit 1900 unverändert*

beordnung der Jahre 1897/1900 festgeschrieben, zunächst allein für die Handwerkskammern und ab 1936 durch Reichsgesetz auf die Industrie- und Handelskammern erweitert. Ausbildungsberufsbilder und Ordnungsmittel wurden von da ab vom Reichswirtschaftsministerium erlassen.

Nach 1949 ging die staatliche Anerkennung für alle Ausbildungsberufe auf das Bundesministerium für Wirtschaft über. Die Erarbeitung der Berufsbilder für die in der Handwerksordnung aufgezählten Vollberufe oblag nun den Handwerksorganisationen unter Beteiligung eines Kölner Universitätsinstituts. Auf Seiten der Arbeitgeber in Industrie und Handel übernahm die Arbeitsstelle für betriebliche Berufsausbildung (ABB) ebenfalls in Köln die Erarbeitung der Berufsbilder. Den Gewerkschaften als Vertretern der Arbeitnehmerinteressen verblieb bis zum Erlass des Berufsbildungsgesetzes 1969 nur ein geringer Einfluss.

**Systemerweiterung ab 1950 um neue Felder** Die Zahl der Ausbildungsberufe und der verfügbaren Ausbildungsplätze stieg in den Jahren ab 1950 durch die Erweiterung des Angebots in den Bereichen Landwirtschaft, öffentlicher Dienst, Freie Berufe, Hauswirtschaft und Seeschifffahrt rasch an. Dies führte dazu, dass in fast allen Sparten duale Ausbildungsgänge angeboten wurden. Nur das schmale Segment der Erziehungs-, Sozial- und Gesundheitsberufe in Zuständigkeit der Länder bzw. des Bundes mit vollzeitschulischer Ausbildung blieb ausgeklammert. Dieser Wandel sei an ausgewählten Zahlen veranschaulicht:

- 1960 wurden in den genannten Bereichen – außerhalb des Handwerks, der Industrie und des Handels – rund 6 Prozent der Lehrlinge (80.000) ausgebildet,[183]
- 1975 bereits 14 Prozent (190.000) und 1990 dann 16 Prozent (234.000).

Durch das sich stetig erweiternde Spektrum der Ausbildungsberufe in immer neuen Sparten verfestigte sich in der Öffentlichkeit die Vorstellung, die Fachkräfteversorgung unterhalb des Tertiärbereichs werde in Deutschland durch die duale Ausbildung allein gewährleistet.

**Ausbildung als Gesamtaufgabe der Wirtschaft** Mit der wirtschaftlichen Hochkonjunktur ab 1960 stieg das Lehrstellenangebot an. Die schwachen Geburtsjahrgänge der Nachkriegszeit vermochten jedoch den Bedarf der Betriebe nicht zu decken. Hinzu kam, dass in allen Bundesländern das neunte Pflichtschuljahr eingeführt wurde. Schließlich blieben über Jahre – bis zur Ölkrise 1973 – pro anno mehr als 200.000 Lehrstellen unbesetzt. Gekennzeichnet war diese Phase dadurch, dass ein hoher Anteil der Betriebe ausbildete. Im Hintergrund stand die Vorstellung, Ausbildung sei eine Gesamtaufgabe der Wirtschaft. Aus dem so entstehenden Reservoir könnten alle Betriebe ihren Bedarf decken.

---

[183] Bundesministerium für Bildung und Wissenschaft: Grund- und Strukturdaten 1976. Bonn 1976, S. 66

Die Gewerkschaften, die zunächst an der Ausgestaltung der Berufsausbildung kaum beteiligt waren, drängten in den Jahren nach 1960 auf eine Regelung des Gesamtsystems der betriebsgebundenen Berufsausbildung. Für alle Kammerbereiche sollten einheitliche Bestimmungen gelten, die u. a. die Mitwirkung der Gewerkschaften gesetzlich festschreiben.

Das Berufsbildungsgesetz (BBiG) von 1969 trug beidem Rechnung: Die Verantwortung für die Ausgestaltung des deutschen Dualsystems übernahmen von da ab Arbeitgeber- und Arbeitnehmerorganisationen gemeinsam. Wie bereits in Kap. 2.2 skizziert, scheiterte die Initiative von Bundeskanzler Willy Brandt in den Jahren nach 1970, die Berufsausbildung in Schule und Wirtschaft neu zu ordnen und den Einfluss des Staates zu stärken, am Widerstand der zentralen Wirtschaftsverbände, unter anderem an der Drohung, dann nicht mehr auszubilden.

Nach 1975 gab die Bundesregierung nicht nur ihre Reformansätze auf, sie sicherte darüber hinaus zu, das Ausbildungswesen in Deutschland künftig nicht gegen die explizit geäußerten Vorstellungen eines Sozialpartners verändern zu wollen. An dieser festgeschriebenen Aufgabenteilung hat sich bis heute nichts geändert. Rückwirkungen daraus für die Entwicklung neuer Ausbildungsgänge oder die Modernisierung bestehender Ausbildungsordnungen wurden in den vorangehenden Kapiteln 3.3 bis 3.5 dargestellt.

Mit dem Vorgehen, nach dem die Ausbildungsordnungen – moderiert vom BIBB – zwischen den Sozialpartnern ausgehandelt werden, wird in Deutschland (vgl. Kap. 3.3) der Arbeitsmarkt unterhalb der Studiengänge nach dem Berufsprinzip strukturiert: Ein Arbeitsmarktausschnitt zur Deckung des Fachkräftebedarfs wird definiert und den Jugendlichen zur Ausbildung ihrer Arbeitsfähigkeit und zur Integration ins Erwerbsleben angeboten. Die Absolventen, die danach als Fachkräfte tätig sind, werden nach den tarifvertraglichen Regelungen für Facharbeiter bzw. entsprechend qualifizierte Angestellte eingestuft.

Die berufliche Bildung nach deutschem Zuschnitt versteht sich als System von rund 350 anerkannten Ausbildungsberufen, die dem Berufsprinzip entsprechen. Damit rückt die Erstausbildung – letztlich im Sinne eines Lebensberufs – ins Zentrum. Darauf sind bis heute auch die von der Bundesagentur für Arbeit bereitgestellten Orientierungshilfen zur Berufswahl ausgerichtet.

Die Weiterbildung im Sinne einer stetigen Anpassung der Qualifikation an die sich verändernde Arbeitswelt bleibt ausgeblendet. Der Zugang zur Fachschule als höhere Qualifikationsstufe oder zum Studium ohne Abitur ist dadurch erschwert, dass drei Jahre Berufserfahrung nachzuweisen sind. Deutschland koppelt sich damit von internationalen Standards ab, nach denen das Qualifikationspotenzial einer Volkswirtschaft in erster Linie über die Weiterbildung gesichert ist, während die Erstausbildung primär die Startchancen bestimmt.

Nachteilig wirkt sich in diesem Kontext aus, dass sich die deutsche Wirtschaft insgesamt über einen langen Zeitraum gegen die Einführung von Modulen wandte. Gerade heute kommt der Absolvierung derartiger Bausteine – angesichts der Forderung nach flexibler Anpassung – die Funktion der raschen Erweiterung der Qualifikation oder ihres situationsgemäßen Umbaus zu.

Schon bei der empfohlenen Verbundausbildung, bei der mehrere Betriebe zusammenwirken, erschwert die unzureichende Strukturierung der Ausbildungsordnungen die Eingrenzung bestimmter Teilbereiche, die ein Partnerbetrieb übernehmen könnte.

Auch in den Nachbarstaaten ist die Wirtschaft in die Entwicklung der Ordnungsmittel eingebunden, in der Schweiz sogar ganz intensiv; die Oberhoheit liegt dort aber beim Staat. Er gibt den Rahmen vor, innerhalb dessen berufliche Bildung auf den verschiedenen Ebenen angeboten und zertifiziert wird, sei es in den Betrieben oder in Vollzeitschulen.

Dem steht die einseitige Ausrichtung Deutschlands gegenüber: Die Wirtschaft allein hat den Rahmen abzustecken, innerhalb dessen der Übergang von der Schule in ein Ausbildungsverhältnis erfolgt. Dies hat derzeit zur Folge, dass Jahr für Jahr beim bestehenden Lehrstellenmangel rund eine halbe Million junger Leute längere Zeit im Übergangssystem aufgefangen werden muss, womit dem Staat ein hoher finanzieller Aufwand entsteht.

Eine Diskussion, wie sie seit Jahren in Deutschland um die Ausbildungsfähigkeit der Hauptschulabsolventen geführt wird, kennen daher die Nachbarstaaten nicht. In Österreich und in der Schweiz werden die Schulabgänger in der Regel am Ende der Pflichtschulzeit in ein Ausbildungsverhältnis übernommen. In Österreich haben sich die Betriebe längst darauf eingestellt, dass alternativ die Wege in den Beruf über Berufsbildende Mittlere Schulen (BMS) und Berufsbildende Höhere Schulen (BHS) in der Bevölkerung hohes Ansehen genießen. In beiden Ländern gehört der Erwerb der Studienberechtigung über die berufliche Bildung längst zur Norm; ebenso in anderen Ländern wie Frankreich mit dem *Baccalauréat Professionnel*.

In den letzten Jahrzehnten wurden die Bildungssysteme in der Europäischen Union nachhaltig verändert: Die Quoten an Studienberechtigten sind laufend gestiegen: Frankreich ist auf dem Wege zu einem 80 %-Anteil am Jahrgang, Finnland hat diese Marke schon seit Jahren überschritten. Die Gesamtquote in Deutschland – die Vielzahl an Sonderwegen zur Fachhochschulreife eingerechnet – bleibt immer noch deutlich unter der 50 %-Marke. Es wird nach wie vor darauf gesetzt, das Gros des Jahrgangs über eine berufliche Qualifizierung in eng eingegrenzten Berufsprofilen in den Arbeitsmarkt zu integrieren.

Die Dominanz des Dualsystems ist derzeit verbunden mit einem hohen Aufwand an vorberuflicher Bildung und beruflicher Grundbildung zur Überwindung der Zugangshürden. Wenn inzwischen jedes Jahr rund 1,3 Mio. junger Leute in die verschiedenen Formen der vorberuflichen und beruflichen Bildung der Sekundar-stufe II übergehen (vgl. Kap. 2.4) ist dies auch ein Indikator dafür, dass der Über-gang von der Allgemeinbildung zur Berufsausbildung neu justiert werden müsste. Die Nachbarstaaten, die die duale Ausbildung in ein gestuftes System der beruf-lichen Qualifizierung – wie es die EU vorschlägt – in staatlicher Verantwortung einbeziehen, kennen Probleme dieser Art nicht.

In Deutschland wird nicht diskutiert, wie zu gewährleisten ist, dass das Ausbil-dungssystem auf innovative Entwicklungen frühzeitig reagiert. Das Angebot an betrieblichen Ausbildungsplätzen in neuen Arbeitsfeldern ist zum einen an die Schaffung neuer Ausbildungsberufe gebunden. Zum anderen müssen neue Tech-niken und Verfahren in der Praxis in einer Breite eingeführt sein, die gewähr-leistet, dass in den Betrieben qualifiziertes Personal für die Ausbildung neuer Fachkräfte vorhanden ist. **Verspätete Reaktion in innovativen Feldern**

Welche Probleme aus einer derartigen Situation erwachsen, wurde in Deutsch-land in den Jahren um 2000 deutlich, als die Informationstechnologie in großer Breite eingeführt und angewendet wurde, aber dafür das Fachpersonal fehlte.

Die Bundesregierung ermöglichte mit der Greencard-Initiative den Zuzug aus-ländischer IT-Fachleute aus Drittländern, die auf mittlerem und gehobenem Niveau in beruflichen Schulen und in Hochschulen einschlägig qualifiziert wor-den waren. Die Experten kamen u. a. aus Schwellen- und Entwicklungsländern wie Indien und Pakistan. **Greencard-Initiative des Jahres 2000**

Das Problem lag darin, dass der IT-Sektor in Deutschland über Jahrzehnte als ein Wissensgebiet galt, das für die meisten Berufe in Form von Zusatzqualifika-tionen oder Grundkenntnissen zu vermitteln sei. Daneben genüge ein kleiner Kreis von IT-Fachleuten mit entsprechender Ausbildung oder Spezialisierung. Die Einführung der neuen dualen Ausbildungsberufe der Informations- und Telekommunikationstechnik im Jahre 1997 erfolgte eher im Rahmen der Erwei-terung des Berufsspektrums im Dualsystem, denn als Reaktion auf den hohen Bedarf an IT-Fachpersonal. Danach vergingen naturgemäß noch Jahre, bis ge-nügend Absolventen auf dem Arbeitsmarkt verfügbar waren.

Die Bildungsexpansion in den sechziger Jahren des 20. Jahrhunderts wurde in Deutschland zu dem Zeitpunkt gestoppt, als – wie zuvor beschrieben – die Re-gierung daran gehen wollte, die berufliche Bildung neu zu ordnen, die staatliche Verantwortung zu stärken und über die Abschlüsse in Stufenform bis hin zur dort erteilten Studienberechtigung ins Gesamtsystem zu integrieren. **Supranationale Standards werden negiert**

Außerhalb Deutschlands setzte sich die Expansion fort, wofür die im Inland immer wieder beklagten niedrigen Abiturienten- und Akademikerquoten ein beredter Beleg sind. Auf die veränderte Bildungslandschaft, die in der EU und darüber hinaus heute internationaler Standard ist, baut die derzeitige Personalre-krutierung auf. Von einer breiten, mindestens mittleren, meist aber gehobenen

Allgemeinbildung her wird Fachpersonal unterhalb der akademischen Berufe kurzzeitig praxisorientiert ausgebildet. Nach der internationalen Standard-Klassifikation des Erziehungswesens (ISCED) sind solche Aufgaben der Stufe ISCED 5B zugewiesen, die wie folgt beschrieben wird:

„Studiengänge des Tertiärbereichs B (ISCED 5B) sind typischerweise kürzer als im Tertiärbereich 5A und konzentrieren sich auf praktische / technische / berufsbezogene Fähigkeiten für den direkten Eintritt in den Arbeitsmarkt, obwohl in diesen Studiengängen auch einige theoretische Grundlagen vermittelt werden können. Sie dauern im Tertiärbereich mindestens 2 Jahre."[184]

Deutschland hat diese Stufe nicht ausgebaut. Berufsabschlüsse, die denen anderer EU-Staaten nach ISCED 5B entsprechen, werden mit Anhang II und Anhang III zur Berufsanerkennungsrichtlinie 2005/36/EG auf dieses Niveau angehoben. Die deutsche Wirtschaft nimmt inzwischen zwei Drittel der Ausbildungsanfänger im Dualsystem erst mit 18 und mehr Jahren nach Abschluss allgemein und berufsbildender Bildungsgänge auf dem SEK II-Niveau auf.

**Ausbildungssystem und Schulwesen harmonieren nicht**

Hält Deutschland am dreigliedrigen Schulwesen und am dreifach gestuften Abschluss der Allgemeinbildung fest, steht es vor der Herausforderung, sein Berufsbildungssystem darauf auszurichten. Auf Dauer kann nicht argumentiert werden, Ausbildungsreife sei allein eine Bringschuld der Schule und des Einzelnen. Wenn seit Jahren die Mehrzahl der Hauptschulabgänger und ein beachtlicher Anteil der Realschulabsolventen erst im Übergangssystem auf das Niveau des betrieblichen Ausbildungswesens gebracht werden, bedeutet dies eine folgenschwere Fehlentwicklung. Den Nachbarländern Österreich und der Schweiz, wo der SEK I-Abschluss wesentlich früher erreicht wird, gelingt es, allen Jugendlichen im Anschluss daran eine Ausbildungsperspektive zu bieten.

Vorschläge des deutschen Innovationskreises berufliche Bildung (IKBB), „ein System von Ausbildungsbausteinen in 10 – 12 wichtigen Berufen des dualen Systems bis Oktober/November 2007" zu schaffen[185], wurden bislang nicht umgesetzt. Die zweijährigen Ausbildungsberufe, die 2008 rund 54.000 Jugendliche aufgenommen haben, können das Defizit an Ausbildungsplätzen für Schulabgänger mit Leistungs- und Motivationsschwächen nicht ausgleichen.

**Wertung**

Der eigentliche Grund für die seit Jahren angehäuften Probleme des deutschen Berufsbildungssystems ist das Festhalten an der Überzeugung, der Fachkräftebedarf der Wirtschaft und gleichermaßen die Versorgung der nachwachsenden Generation mit Ausbildungsplätzen sei dadurch sichergestellt, dass die Wirtschaft selbst – konkret die das Dualsystem steuernden Sozialpartner – die Verantwortung für die Berufsausbildung übernehmen. Mit dieser Einstellung ist

---

[184] Lt. BMBF: Grund- und Strukturdaten 2005, S. 444
[185] Vgl. BMBF Berlin (Hrsg.): 10 Leitlinien zur Modernisierung der beruflichen Bildung – Ergebnisse des Innovationskreises berufliche Bildung. Bonn, Berlin 2007, S. 17

Deutschland innerhalb Europas in einer Außenseiterrolle isoliert. Kennzeichen dieser Sonderstellung sind:

– Fachlich eng ausgerichtete Ausbildungsgänge nach dem Berufsprinzip sind unmittelbar nach der Ausbildung oder kurz darauf in Form der Weiterbildung an die auf dem Arbeitsmarkt erforderlichen Qualifikationen anzupassen.

– Späte Verfügbarkeit deutscher Jugendlicher auf dem Arbeitsmarkt wegen des verzögerten Eintritts in die Ausbildung und wegen der drei- bis dreieinhalbjährigen Ausbildungszeit. Die Erstausbildung ist unstrukturiert, so dass bereits absolvierte Teilqualifikationen nicht in den Bereich der Weiterbildung eingebracht werden können. Es fehlt also die Modularisierung von Aus- und Weiterbildung.

– Weichenstellungen zur Sicherstellung des lebenslangen Lernens als dem Hauptziel der EU-Reformen sind noch nicht vollzogen worden.

Wenn in der breiten Öffentlichkeit die Kompetenz der Wirtschaft in Sachen Berufsbildung positiv eingeschätzt wird, erscheint dies im Grunde durchaus sachdienlich. Dies darf allerdings nicht dazu führen, dass sich der Staat vollkommen zurückzieht und keine Ersatzangebote für diejenigen bereitstellt, die den derzeitig gestellten Anforderungen in der betrieblichen Berufsausbildung nicht genügen. Jugendliche mit Lernschwierigkeiten, aus Migrantenfamilien oder aus niederen sozialen Schichten geraten völlig aus dem Blickfeld. Ihnen eröffnet sich de facto auch nach Besuch mehrerer Maßnahmen des Übergangssystems keine Ausbildungsperspektive. Die Lasten für ein derartiges Vorgehen in Form zu gewährender Sozialleistungen trägt letztendlich die Allgemeinheit. **Staat ist gefordert**

Mit der alleinigen Orientierung am Dualsystem setzt Deutschland – unterhalb des Tertiärbereichs – nach wie vor auf die klassische Form der Integration ins Arbeitsleben: Den Direkteinstieg am Ende der Schulzeit in eine gemäß BBiG geregelte Qualifizierung. **Zwei Wege in den Beruf im EU-Konzept**

Auf diese Weise wird ein zweiter Weg als ineffektiv beiseite geschoben: Die Qualifizierung in einer Fachrichtung bzw. einem Fachgebiet im Bildungswesen im Verbund mit Phasen des Erfahrungslernens, die dem Erwerbseintritt und der Einweisung am Arbeitsplatz vorausgeht. International ist dieses Modell auf dem Vormarsch. Es wird den Herausforderungen der Wissens- und Informationsgesellschaft – vgl. Teil 1 – am ehesten gerecht. Experten weisen immer wieder darauf hin, dass unter den dort herrschenden Bedingungen das Erfahrungslernen allein die dauerhafte Integration ins Erwerbsleben nicht mehr gewährleisten kann. Im globalen Wettbewerb seien vielmehr die Ökonomien im Vorteil, die auf breiter Basis Wissen vermitteln und von dieser Basis aus ihr Humankapital in den innovativen Feldern zügig zu ergänzen vermögen.

Vor diesem Hintergrund hat die EU bereits 1979 ihr Konzept des alternierenden Vorgehens in der Berufsausbildung auf den verschiedenen Ebenen entwickelt und vorgeschlagen, die Einführung in die berufliche Praxis ins Zentrum der betrieblichen Qualifizierung zu stellen und die systematische Ausbildung samt der Vermittlung der theoretischen Grundlagen in beruflichen Bildungszentren oder Schulen anzusiedeln. Bei einer derartigen Aufgabenteilung ist die Wirtschaft voll einbezogen; gegenüber dem Vorgehen im deutschen Dualsystem brauchen die Betriebe nicht mehr die alleinige Verantwortung tragen.

### 3.7 „Beschränkung des Staates auf subsidiäre Funktionen in der Berufsbildung"

**Subsidiarität als Organisationsprinzip** In den Verfassungen einiger deutscher Länder ist – wie in Kap. 2.5 dargelegt – die Verantwortung des Staates für Bildung und Berufsbildung ausdrücklich festgeschrieben. Gleichwohl vertreten die Länder bislang die Auffassung, die Berufsausbildung sei Aufgabe der Wirtschaft. Ihr komme es zu, Ausbildungsplätze in ausreichender Zahl bereitzustellen. Diese Sichtweise vertritt auch das BIBB[189]:

> „Die Rolle des Staates in der Berufsausbildung wird entscheidend durch das Subsidiaritätsprinzip und das Konsensprinzip bestimmt. Nach dem Subsidiaritätsprinzip räumt der Staat den Sozialpartnern große Gestaltungsspielräume ein. So haben die Betriebe eine Schlüsselfunktion bei der Qualifizierung ihrer Mitarbeiter."

**Aufgaben der Länder im Vollzeitsystem** Berufsfachschulen, die für die gemäß BBiG oder HwO anerkannten Ausbildungsberufe ausbilden, haben die deutschen Länder nur zum kleineren Teil eingerichtet. Im Rahmen ihrer eigenen Zuständigkeit für das Erziehungs- und Sozialwesen unterhalten sie Ausbildungseinrichtungen für die diesbezüglichen Berufe. Bei den Berufen des Gesundheitsdienstes, die durch Bundesgesetze geregelt sind, obliegt ihnen die Überwachung der Ausbildung und die Abnahme der Prüfungen.

**Aufgaben der Länder im Teilzeitsystem** Aus ihrer Zuständigkeit für die (Teilzeit-)Berufsschulen, die früheren Fortbildungsschulen, erwächst den Ländern im dualen System eine weitere wichtige Aufgabe. In ihrer Rolle als Partner der Betriebe, in der sie die Ausgestaltung der Berufsausbildung mitbestimmen, verhalten sie sich allerdings eher passiv. Sie protestieren nicht dagegen, dass der Berufsschulanteil der Ausbildung keinem

---

[186] Bundesministerium für Bildung und Wissenschaft: Grund- und Strukturdaten 1976. Bonn 1976, S. 66

[187] Lt. BMBF: Grund- und Strukturdaten 2005, S. 444

[188] Vgl. BMBF Berlin (Hrsg.): 10 Leitlinien zur Modernisierung der beruflichen Bildung – Ergebnisse des Innovationskreises berufliche Bildung. Bonn, Berlin 2007, S. 17

[189] BIBB, Kommunikations- und Informationssystem Berufliche Bildung (KIBB): Fragen zu Zuständigkeiten, Entscheidungskompetenzen und rechtlichen Regelungen der beruflichen Bildung in der Bundesrepublik Deutschland im Jahr 2005. Anfrage der EU zu REFER. Bearb. von S. Dücker, S. Thalemann u. F. Schapfel-Kaiser. 02.05.05, S. 7f. (http://kibb2.skygate.de/cps/uploads/REFER_Antwort_050502_sdstfsk.1115110013525.pdf)

dem Zeitaufwand gemäßen Stellenwert entspricht und dass die Berufsschule noch immer den Charakter einer Fortbildungsschule behält.

Im BBiG, das insgesamt auf die Erstausbildung ausgerichtet ist und die betriebliche Seite in den Vordergrund stellt, ergibt sich insofern ein Missverhältnis, als Weiterbildung, Fortbildung und Umschulung nur knapp behandelt werden, obwohl diese Bereiche immer größere Bedeutung erlangen und gemäß EU-Reformen das lebenslange Lernen im Vordergrund stehen sollte.

Berufliche Fortbildung im Sinne des BBiG §§ 53 – 57 u. a. der Meister in der Industrie, der Fachwirte etc. wird wie die Erstausbildung unter die Regie der Wirtschaft gestellt. Die Initiative für den Erlass einschlägiger Regelungen liegt primär bei den vor Ort zuständigen Kammern. Sie haben – nach der Auflistung des BIBB – inzwischen 555 Regelungen nach BBiG § 54 bzw. HwO § 42 erlassen, und zwar 535 für die berufliche Fortbildung und 20 für die berufliche Umschulung.

Dagegen hat Deutschland bislang keine Verfahren etabliert, nach denen die im lebenslangen Lernen erworbenen Kenntnisse, Fähigkeiten und Kompetenzen anerkannt und der entsprechenden Stufe im Gesamtsystem gleichgestellt werden. Weder der Bund noch die Länder oder die Kammern haben bislang derartige Regelungen verabschiedet und auch kaum diskutiert.

In Anwendung des Subsidiaritätsprinzips hat somit in Deutschland die Wirtschaft dafür Sorge zu tragen, dass der nachwachsenden Generation auf dem SEK II-Niveau genügend Ausbildungsplätze angeboten werden. In diesem Sinne konkretisiert § 85 Abs. 2 BBiG die Berufsbildungsplanung:

> „Die Berufsbildungsplanung hat insbesondere dazu beizutragen, dass die Ausbildungsstätten nach Art, Größe und Standort ein qualitativ und quantitativ ausreichendes Angebot an beruflichen Ausbildungsplätzen gewährleisten und dass sie unter Berücksichtigung der voraussehbaren Nachfrage und des langfristig zu erwartenden Bedarfs an Ausbildungsplätzen möglichst günstig genutzt werden."

Einschlägige Maßnahmen zu ergreifen, sofern entsprechende Mängel in Erscheinung treten, ist demzufolge Aufgabe des Bundes. Dazu hat das BMBF nach § 86 Abs. 1 BBiG im Rahmen des jährlichen Berufsbildungsberichts Stellung zu nehmen:

> „Erscheint die Sicherung eines regional und sektoral ausgewogenen Angebots an Ausbildungsplätzen als gefährdet, sollen in den Bericht Vorschläge für die Behebung aufgenommen werden."

Berufsbildungsplanung wird im Übrigen im Berufsbildungsgesetz nicht expressis verbis als eine der Aufgaben beschrieben, an denen das BIBB „im Rahmen der Bildungspolitik der Bundesregierung" (§ 90 Abs. 1 BBiG) mitzuwirken habe. Berufsbildung ist demnach ein Themenbereich innerhalb der bildungspolitischen Aktivitäten des Bundes, deren Richtlinien im jeweiligen Regierungsprogramm festgeschrieben werden und vom zuständigen Fachministerium im Rahmen des Art. 65 GG umzusetzen sind, in dem es heißt:

„Der Bundeskanzler bestimmt die Richtlinien der Politik und trägt dafür die Verantwortung. Innerhalb dieser Richtlinien leitet jeder Bundesminister seinen Geschäftsbereich selbständig und unter eigener Verantwortung."

In der Berufsbildungspolitik, die nach dem GG Art. 74 Ziff. 11/12 dem Recht der Wirtschaft und des Arbeitsmarktes zugerechnet wird, stehen zudem das Wirtschaftsressort und das Ministerium für Arbeit und Soziales in der Verantwortung für die Umsetzung einschlägiger Leitlinien.

**Spezifische Verantwortung der Arbeitgeber**

Das Bundesverfassungsgericht ging in seinem Urteil vom Dezember 1980 zum Ausbildungsplatzförderungsgesetz auch auf die Zuständigkeit für die „praktische Berufsausbildung" ein. Es hob dabei die historisch verwurzelte spezifische Verantwortung der Arbeitgeber hervor:

„Die praktische Berufsausbildung war ... nie in einem engeren Sinne der staatlichen Sphäre überantwortet. Bestrebungen, sie ‚staatsnäher' zu organisieren, sind von den Arbeitgebern, die sich immer zu der geschichtlich gewachsenen Aufgabenteilung zwischen staatlicher und privater Verantwortung im Berufsausbildungswesen bekannt haben, stets abgelehnt worden."[190]

**Handlungspflicht des Staates**

Mit der Frage, ob sich aus dem genannten Urteil eine verfassungsrechtliche Ausbildungspflicht der Arbeitgeber ergibt, befasste sich F. Ossenbühl in einem Rechtsgutachten für das Bundesministerium für Bildung und Wissenschaft vom Jahre 1985. Dabei beleuchtete er die Handlungspflicht des Staates. Nach seinen Feststellungen geht das Bundesverfassungsgericht von einer besonderen Gruppenverantwortung der Arbeitgeber aus, die allerdings lediglich als „Aufgabenerfüllungskompetenz" verstanden und nicht durch eine „rechtlich begründete Pflicht zur Aufgabenerfüllung" ergänzt wird. Man könne in diesem Sinne von einer sozialethischen Verpflichtung der Wirtschaft sprechen.[191]

Zur Verantwortung des Staates im Falle eines defizitären Ausbildungsplatzangebots führte Ossenbühl aus:

„... stellen die Arbeitgeber die notwendige Anzahl von Ausbildungsplätzen nicht bereit, so ist der Staat verpflichtet, auf geeignete Weise Abhilfe zu schaffen ... Es obliegt ... dem Ermessen der zuständigen Staatsorgane, die nach ihrer Einschätzung erforderlichen Maßnahmen zu treffen. Sie besitzen eine Einschätzungs- und Abwägungsprärogative."[192]

---

[190] Vgl. Kittner, Michael: Berufliche Qualifikation in der Rechtsordnung. Bd. 94 Schriftenreihe der IG Metall, Frankfurt am Main 1982, S. 66f.

[191] Vgl. Ossenbühl, Fritz: Zur verfassungsrechtlichen Pflicht der Arbeitgeber, betriebliche Ausbildungsplätze bereitzustellen. Rechtsgutachten erstellt im Auftrag des Bundesministers für Bildung und Wissenschaft. In: BMBW, Bonn, Studien zu Bildung u. Wissenschaft, Bd. 10, Bad Honnef 1985, S. 37f.

[192] Ossenbühl, a.a.O., S. 46

Eine derartige Abwägung zwischen der Gesamtheit der Staatsaufgaben und der Notwendigkeit, das Defizit an Ausbildungsplätzen durch staatlicherseits finanzierte Berufsausbildung zu beheben, ist bislang nicht dokumentiert. Die nach den Vorgaben des § 86 Abs. 2 BBiG Jahr für Jahr von der Bundesregierung vorgelegten Berufsbildungsberichte waren bislang für den Deutschen Bundestag offensichtlich kein Anlass, die unzureichende Versorgung der Jugend mit Ausbildungsplätzen zu erörtern und Weichen zur Besserung der Situation zu stellen. Die Trennlinie zwischen Zuständigkeit der Länder für das Bildungswesen und des Bundes für die Wirtschaft und den Arbeitsmarkt wird im Berufsbildungsbericht strikt beachtet. Selbst das Votum der Beauftragten der Arbeitnehmer im Hauptausschuss des BIBB zum Berufsbildungsbericht 2009 orientiert sich an dieser Trennlinie zwischen Bundes- und Landeskompetenz, wenn zur Berufsbildungsbilanz der Bundesregierung lediglich angemerkt wird[193]:

> „Es wird ignoriert, dass aufgrund von Schulgesetzen der Bundesländer tausende Jugendliche, die bis zum Schuljahresbeginn keinen Ausbildungsplatz gefunden haben, wegen der (Teilzeit-)Schulpflicht Berufsschulen besuchen. Da der Schulbeginn in allen Bundesländern vor dem 30. September liegt, tauchen diese Jugendlichen in den Statistiken größtenteils nicht mehr auf."

Das BMBF sieht im Statement vom 20.08.2009 die staatliche Verantwortung, auf eine Steigerung der angebotenen Ausbildungsplätze hinzuwirken, durch den mit der Wirtschaft geschlossenen Ausbildungspakt als erfüllt an. Darüber hinaus flankiere der Staat die Anstrengungen der Wirtschaft, mehr Ausbildungsplätze anzubieten, durch Fördermittel aus dem Bundeshaushalt.[194] Die Gelder erhalten freie Träger und andere Stellen, die Ausbildungsplätze im außerbetrieblichen Bereich – additiv zu den von den Ländern finanzierten eine Lehre ersetzenden Berufsfachschulen – bereitstellen. Die Länder ergänzen das Programm des Bundes durch eigene Sonderprogramme. Laut Berufsbildungsbericht 2009 (S. 27) wurden allein in den neuen Ländern im Jahre 2007 durch Bund-Länder-Programme 28.516 Auszubildende mit 135,5 Mio. € gefördert. Darüber hinaus zögern die Länder, mit Rücksicht auf die Voten der Landesausschüsse für Berufsbildung, in größerer Zahl Ausbildung nach dem BBiG bzw. der HwO in beruflichen Schulen einzurichten und damit die mit dem BBiG 2005 eröffneten Möglichkeiten auszuschöpfen, in Kooperation mit der Wirtschaft neue Wege der Berufsausbildung zu erproben.[195] Jenseits subsidiärer Formen, zu denen auch die Flankierung der Ausbildung über freie Träger zu zählen ist, wird also ein stärkeres staatliches Engagement bisher

**Stützung des Dualsystems aus Steuermitteln**

---

[193] BMBF, Bonn (Hrsg.): Berufsbildungsbericht 2009. Berlin, Bonn 2009, S. 56
[194] Vgl. http://www.bmbf.de/de/2295.php (Abruf 20.08.09)
[195] Lt. BBiG (2005) § 7 Abs. 1 können die Landesregierungen „nach Anhörung des Landesausschusses für Berufsbildung durch Rechtsverordnung bestimmen, dass der Besuch eines Bildungsganges berufsbildender Schulen oder die Berufsausbildung in einer sonstigen Einrichtung ganz oder teilweise auf die Ausbildungszeit angerechnet wird".

abgelehnt. Insbesondere die Sozialpartner beargwöhnen Überlegungen, die Grenzen der Subsidiarität im Ausbildungswesen abzustecken und den Staat stärker in die Steuerung des Dualsystems einzubinden.

**Fehlende Gesamtsicht** Das deutsche Problem mangelhafter Versorgung der Jugend mit Ausbildungsplätzen liegt primär in der in anderen Staaten unbekannten Aufspaltung der Zuständigkeiten zwischen den regionalen Instanzen (Länder) für das Schulwesen und dem Bund für das betriebliche Ausbildungswesen. Der mit dem Berufsbildungsgesetz von 1969 zwischen Bund und Ländern erreichte (Minimal-)Konsens in Sachen Berufsbildung bestand eben darin, die Trennlinien wechselseitig klar zu definieren. Dabei ist es im novellierten Berufsbildungsgesetz 2005 geblieben. Beide Male wird eingangs ausdrücklich festgehalten, wie im BBiG in § 3 Abs. 1 formuliert:

„... dieses Gesetz gilt für die Berufsbildung, soweit sie nicht an berufsbildenden Schulen durchgeführt wird, die den Schulgesetzen der Länder unterstehen."

Ausgehend von dieser Trennlinie beschränkt sich der Berufsbildungsbericht darauf, das Geschehen am Markt der Ausbildungsstellen abzubilden. Herangezogen werden Daten der Institutionen, die Bundesgesetzen unterliegen, wie es bei den Kammern der Wirtschaft und der Bundesagentur für Arbeit (BA) der Fall ist. Allein die Angaben dieser beiden Seiten zu neu abgeschlossenen Verträgen, vakant gebliebenen Ausbildungsstellen und unversorgten Bewerbern gehen in den Berufsbildungsbericht ein, der jährlich nach § 86 Abs. 2 BBiG zu erstellen ist. Auch der im BIBB-Datenreport 2009 ausgewiesene Überhang zwischen Nachfrage und Angebot nach der erweiterten Definition, woraus sich für 2007 eine Versorgungslücke von 112.458 und für 2008 eine solche von 76.830 errechnet,[196] basiert auf den BA-Daten derer, die dort – obwohl sie Maßnahmen besuchen – weiter als Bewerber geführt werden.

**Deutscher Berufsbildungsbericht als Torso** Der Berufsbildungsbericht bietet schon deshalb keine Gesamtschau, weil darin das Ausbildungsangebot in den beruflichen Vollzeitschulen der Länder nicht aufgenommen wird; noch gravierender ist aber, dass die Gesamtzahl der Jugendlichen, die ohne Ausbildungsplatz bleiben, von keiner Seite festgehalten wird. Kontrovers bleibt insbesondere, wie weit berufliche Schulen des Übergangssystems freiwillig, also zwecks Verbesserung der Chancen am Markt besucht werden oder schlicht fehlender Lehrstellen wegen.[197]

Eine derartige Aufspaltung des Geschehens am Ausbildungsstellenmarkt ist anderen Staaten, etwa Österreich oder der Schweiz mit ihren historisch gewach-

---

[196] BIBB: Datenreport zum Berufsbildungsbericht 2009. Bonn 2009, S. 28f.
[197] Lt. Berufsbildungsbericht 2009, a.a.O., S. 25, strebt die BA an, bis zum Herbst den Personenkreis statistisch zu erfassen, der fehlender „Ausbildungsreife" wegen Unterstützungsangebote bei der Integration ins Ausbildungssystem bedarf.

senen Dualsystemen, fremd; der Schweiz schon deshalb, weil die Berufsausbildung dort in französisch- und italienischsprachigen Kantonen auf anderen historischen Wurzeln aufbaut. Betriebliche Lehre und Ausbildung an den Vollzeitschulen schließen beide mit dem staatlicherseits erteilten „Eidgenössischen Fähigkeitszeugnis" ab. Die Berichterstattung bezieht stets beide Seiten ein.

In Österreich verantworten das Bildungs- und das Wirtschaftsministerium in Wien gemeinsam die Sicherung der Versorgung mit Ausbildungsplätzen. Der Beitrag des Dualsystems zur beruflichen Qualifizierung des nachrückenden Jahrgangs ist dort inzwischen auf rund 40 Prozent gesunken; umgekehrt wurde der Besuch der berufsbildenden höheren Schulen (BHS) zur begehrtesten Ausbildungsform im Lande. Neben der vollen Matura (dem Abitur) bieten die BHS eine gehobene Berufsausbildung, etwa auf Technikerebene.

Deutsche Stellen tun sich schwer, Vorschläge zu unterbreiten, wie das Defizit an Ausbildungsstellen abgebaut werden kann, was das 2009 vorgelegte Gutachten der Friedrich-Ebert-Stiftung zur aktuellen Situation belegt.[198] Die hohe Zahl von Jugendlichen ohne Berufsabschluss wird darin auf den langjährigen Mangel an Ausbildungsplätzen zurückgeführt. Auch wird die Praxis der Ausbildungsmarktbilanzierung kritisiert

Handlungsbedarf wird zögernd erkannt

> „als Folge eines im Grundsatz nicht gelösten (Verteilungs-)Konflikts darüber, ob das betriebliche Ausbildungsplatzangebot für eine Versorgung der an betrieblicher Ausbildung interessierten Bewerber ausreichend zu sein hat und wer – sollte das Angebot nicht ausreichen – die Kosten zusätzlich einzurichtender Plätze übernimmt."[199]

Dadurch, so die Sicht der Friedrich-Ebert-Stiftung, sei effizientes Handeln zur Versorgung aller Interessenten mit vollqualifizierender Ausbildung verhindert worden.

Zum Ausgleich der Defizite wird vorgeschlagen, Angebote an vollqualifizierenden Berufsfachschulen oder bei außerbetrieblichen Einrichtungen bereitzustellen.[200] Dem folgt prompt der Verweis auf das Dilemma, in dem die staatlichen Institutionen zu stehen scheinen[201]:

> „Auf der einen Seite besitzen sie zwar gesetzgeberische Rahmenkompetenz. Auf der anderen Seite müssen sie – sollen die besonderen Vorzüge des dualen Systems erhalten bleiben – auf die systemischen Gestaltungswünsche der Wirtschaft Rücksicht nehmen."

---

[198] Krekel, Elisabeth M./Ulrich, Joachim Gerd (Bundesinstitut für Berufsbildung): Jugendliche ohne Berufsabschluss. Handlungsempfehlungen für die berufliche Bildung. Kurzgutachten. Copyright by Friedrich-Ebert-Stiftung, Berlin 2009
[199] A.a.O., S. 33
[200] A.a.O., S. 26
[201] A.a.O., S. 21

| | |
|---|---|
| **Fragwürdige Abstinenz des Staates** | Die Auffassung von Ossenbühl und ähnliche Voten werden in der Öffentlichkeit vielfach als Meinungen Einzelner abgetan. Die deutsche Situation bleibt somit nach wie vor davon bestimmt, die Unternehmen hätten den Jugendlichen Ausbildungsplätze anzubieten, stehe doch am Ende der Schulzeit der Übertritt ins Arbeitsleben an. Mit dem Eintritt ins Erwerbssystem gehe die Zuständigkeit auf den Bund über, der die Berufsausbildung im Rahmen seiner Wirtschafts- und Beschäftigungspolitik zu regeln habe. Der Beginn der betrieblichen Berufsausbildung ist verbunden mit dem Übergang ins soziale Sicherungssystem, zahlt der Auszubildende doch Sozialversicherungsbeiträge aus seiner monatlichen Vergütung. Sie ist tarifvertraglich fixiert und wird in regelmäßigen Abständen seitens der Sozialpartner an die wirtschaftliche Entwicklung angepasst. Berufsausbildung als reine Bildungszeit, die zu einer höheren Bildungsstufe führt, ist solchen Vorstellungen fremd. |
| **Qualifizierung muss konjunktur-unabhängig sein** | In diesem Kontext stellt sich längst die Frage, ob die berufliche Qualifizierung unterhalb der Hochschulebene weiterhin von konjunkturellen Schwankungen und unternehmerischem Kalkül abhängig sein darf. Angesichts der ökonomischen Herausforderungen kann der Staat in seiner Gesamtheit, also Bund und Länder, es eigentlich nicht hinnehmen, dass die nachwachsende Generation erst mit jahrelanger Verzögerung oder überhaupt nicht beruflich ausgebildet wird. Zur Sicherung der Konkurrenzfähigkeit Deutschlands im globalen Wettbewerb sind längst Korrekturen erforderlich. Ohne eine aktive Rolle des Staates in der Berufsbildungspolitik wird jedenfalls der seit Jahren beklagte Mangel an Fachkräften und an Lehrstellen nicht dauerhaft zu beheben sein. Wenn nach dem Mikrozensus 2005 rund 1.570.000 Jugendliche im Alter zwischen 20 und 29 Jahren ohne abgeschlossene Berufsausbildung waren, bedeutet dies eine schwere Hypothek des sozialen Sicherungssystems, denn nur durch nachhaltige Förderung mit hohem Einsatz öffentlicher Mittel kann es gelingen, dieses Sechstel der Altersgruppe[202], das aus der beruflichen Qualifizierung verdrängt worden ist, dauerhaft ins Berufsleben zu integrieren. |
| **Verhärtete Fronten überwinden** | Seit Jahren kreist die Diskussion der Versorgung der Jugendlichen mit Ausbildungsplätzen um die wechselseitige Rechtfertigung der Verantwortlichen. Sie erschöpft sich weithin in Appellen und im Kurieren an Symptomen. Seitens des Bundes sind es Appelle an die Wirtschaft, ihre Aufgaben anzuerkennen und zu erfüllen. Dem dient auch der mit den Wirtschaftsverbänden geschlossene Ausbildungspakt. Die Selbstverpflichtung der Wirtschaft, bis zum Jahre 2008 60.000 neue Ausbildungsplätze zu schaffen, sei, so stellt das BMBF im Berufsbildungsbericht 2009 fest[203], weit übertroffen worden. Formal mag man damit belegen können, der Bund habe den Vorgaben des Berufsbildungsgesetzes Genüge getan. |

---

[202] Lt. Berufsbildungsbericht 2009, a.a.O., S. 57
[203] Ebd., S. 25

Die bis zu 500.000 Jugendlichen, die zuletzt pro Jahr ins Übergangssystem abgedrängt wurden, sind in solcher Sicht als Schüler beruflicher Schulen im Bildungswesen, also weiterhin im Verantwortungsbereich der Länder verblieben.

Die Wirtschaft ihrerseits kontert den Vorwurf mangelnder Aufnahmebereitschaft mit dem Verweis auf die fehlende Ausbildungsreife. Rasch sind ihre Interessenvertreter zudem mit der Warnung bei der Hand, staatliche Berufsbildungsangebote könnten die Wirtschaft veranlassen, sich noch stärker aus der Ausbildung zurückzuziehen.

Weiterführend ist die gegenseitige Rechtfertigung nicht. Sie verlagert die Verantwortung auf das Schulwesen und auf die jungen Menschen selbst. Letztere werden aber auch künftig aus Schulen im gegebenen Zuschnitt entlassen. Ihnen ist nicht geholfen, wenn sie nach vielen Bewerbungen erkennen müssen, dass sie den gegebenen Anforderungen am Markt der Ausbildungsstellen nicht gerecht werden. Solche Ernüchterung mag hilfreich sein, um dem Einzelnen klar zu machen, er habe unter heutigen Bedingungen eigenverantwortlich zu handeln. Ohne nachhaltige Angebote des Staates zur Überwindung der individuellen und gesamtgesellschaftlichen Defizite muss aber dieser doch letztlich mit hohen Ausgaben im sozialen Sicherungssystem eintreten. Er darf nicht zusehen, wie ein Sechstel der nachwachsenden Generation vollkommen ins bildungspolitische Abseits gedrängt wird.

Nach dem Subsidiaritätsprinzip, wie es in Deutschland verstanden und angewendet wird, überträgt der Staat Organisationen, die in bestimmten Politikfeldern aktiv sind, Verantwortung für einschlägige Aufgaben oder beteiligt sie an deren Erfüllung. Seit dem frühen 19. Jahrhundert gilt dies für Kirchen und freie Wohlfahrtsverbände bezogen auf die Fürsorge für Hilfsbedürftige, Alte und Kranke, die frühkindliche Erziehung sowie die Jugendarbeit; desgleichen für die Arbeitgeber und ihre Selbstverwaltungsorgane im Hinblick auf die betriebliche Berufsausbildung. In der seit dem Mittelalter gewachsenen Tradition ist letztere auch nach 1949 in der Verantwortung der Wirtschaft verblieben. Die heutigen Rahmenvorgaben sind in den Berufsbildungsgesetzen von 1969 und 2005 festgeschrieben worden.

Gleichwohl verbleibt beim Staat die Aufsicht darüber, ob, angesichts des nachhaltigen sozio-ökonomischem Wandels, die Verbände, an die staatliche Aufgaben übertragen sind, deren Wahrnehmung noch im erforderlichen Umfang gewährleisten.

Ist, wie am Beispiel der Berufsausbildung belegt, dies nicht mehr sichergestellt, so muss der Staat Fehlentwicklungen wehren und Schaden von Wirtschaft und Gesellschaft abwenden. Nach der von Fritz Ossenbühl betonten Prärogative kann er zwar auf Zeit über Steuermittel und einen Ausbildungspakt mit der Wirtschaft ein vorübergehendes Ungleichgewicht überbrücken. Erweisen sich beide Instrumente allerdings als stumpf und wird die Unterversorgung – wie es

**Wertung**

seit Jahren der Fall ist – zum Dauerproblem, stehen Staat und Parlament in der Verantwortung, das System der beruflichen Bildung durch weitergehende Maßnahmen neu zu justieren, und dies ggf. auch gegen den Widerstand starker Gruppeninteressen, die befürchten, eine Monopolstellung aufgeben zu müssen oder bei der Rekrutierung von Nachwuchskräften für ihr Unternehmen nicht mehr aus der vollen Breite des Jahrgangs schöpfen zu können.

**Verfassung setzt enge Grenzen** Die Schlussfolgerung liegt nahe, dass die deutsche Verfassung einer Revision der gegenwärtigen Aufgabenteilung enge Grenzen setzt. Eine Verfassungsänderung, wie in der Schweiz im April 1999, durch die der Eidgenossenschaft die volle Zuständigkeit für die berufliche Ausbildung unterhalb der Hochschulebene (Tertiärstufe A) übertragen wurde, steht in Deutschland wohl nicht an.

Zu erwarten, eine Vereinbarung zwischen den Ländern und dem Bund zum Ausbau der Hochschulen, die jüngst geschlossen worden ist, könne es auch auf der Ebene der Berufsausbildung geben, scheitert sicher nicht am Subsidiaritätsprinzip, eher an den starken Interessen derer, die dabei mitzuwirken hätten.

**Nachteile in der EU** Dauern die gegebenen Verhältnisse an, droht Deutschland innerhalb der EU in einer Sonderrolle zu verharren. Dabei hat sich die Vorstellung, das deutsche Berufsbildungssystem solle eigentlich das Leitbild für die Nachwuchsqualifizierung in der gesamten Europäischen Union sein (deutsches Dualsystem als Exportschlager), längst als Utopie erwiesen. Die in Lissabon 2000 beschlossenen Reformen der Systeme allgemeiner und beruflicher Bildung gehen von ganz anderen Leitgedanken aus, die sich etwa im Katalog der acht Ebenen des Europäischen Qualifikationsrahmens (EQR) wiederfinden, u. a. bezogen auf die Anerkennung des lebenslangen Lernens. Sie spiegeln sich ebenso im zähen Bemühen, die im deutschen System erworbenen Berufsabschlüsse adäquat in einem deutschen Qualifikationsrahmen gegenüber dem EQR zu verorten.

Nur durch zwei Anhänge zur EU-Berufsanerkennungsrichtlinie 2005/36/EG war die Gleichstellung auf der Stufe der vollschulischen Berufsausbildung in Erziehungs-, Sozial-, Gesundheits- und Assistentenberufen zu erreichen. Die Absolventen dualer Ausbildung sind in anderen EU-Staaten noch immer benachteiligt, selbst wenn sie die duale Ausbildung nach dem Abitur absolviert haben. Dies allein schon dadurch, dass ihr Kammerzeugnis zwar in der Wirtschaft anerkannt ist, aber selbst in Deutschland nicht als Abschluss einer postsekundären Berufsbildung auf ISCED-Stufe 4 gilt, oder – was partiell durchaus vertretbar wäre – als ein Abschluss des unteren Tertiärbereichs (ISCED-Stufe 5B) anerkannt wird.

## 4. Erforderliche Ergänzung und Aktualisierung der beruflichen Bildung

Das schon über Jahre hinweg fehlende Ausbildungsangebot für mehr als die Hälfte der Schulentlassenen aus der Sekundarstufe I verlangt den Ausbau ergänzender und neu einzurichtender Qualifizierungsmöglichkeiten.

Seit den 1980er Jahren erhöhte sich das Alter der in eine betriebliche Ausbildung Eintretenden kontinuierlich, so dass sich heute die in den Statistiken ausgewiesenen hohen Quoten der Lehranfänger nur zum Teil auf die Schulentlassenen beziehen, wird doch die betriebsgebundene Ausbildung derzeit in Deutschland im Durchschnittsalter zwischen 19 und 20 Jahren begonnen.

Die hier zur Diskussion gestellte Systemergänzung verfolgt das Ziel, den aus allgemein bildenden Schulen Entlassenen den raschen Eintritt in eine Berufsausbildung zu ermöglichen, wie es die geltenden Verfassungen der Länder und die Zielsetzungen supranationaler Konventionen vorgeben.

Auf den derzeitigen Mangel an Ausbildungsplätzen in der dualen Berufsausbildung reagierten die Länder im Rahmen ihrer Kulturhoheit mit der Einrichtung neuer berufsqualifizierender Ausbildungsgänge bisher nur in geringem Umfang. Die über das duale System unversorgten Jugendlichen werden vor allem auf ein- bis zweijährige Maßnahmen der Berufsvorbereitung oder der beruflichen Grundbildung verwiesen. Obwohl insbesondere bei der Grundbildung in den Berufsschulen die inhaltliche Abstimmung mit den Ausbildungsordnungen entsprechender Ausbildungsberufe gegeben ist, wird eine Verpflichtung zur Anrechnung dieser Ausbildungszeiten auf eine anschließende Berufsausbildung nicht mehr gesehen. Diese und andere Maßnahmen bezeichnet man daher oft als *Warteschleifen*. Das Konsortium Bildungsberichterstattung nennt im Bericht des Jahres 2006 die Summe dieser Angebote unpräzise *Übergangssystem*. Von der öffentlichen Hand erfordert dieses „System" Jahr für Jahr finanzielle Mittel in Milliardenhöhe.

Die schon über Jahrzehnte andauernden und jedes Jahr neu entstehenden Lücken an Ausbildungsplätzen bereiten den regionalen Arbeitsagenturen zunehmend Schwierigkeiten, Jugendlichen ohne Ausbildung bei der Eingliederung ins Beschäftigungssystem Hilfestellung zu leisten. Dies wirkt sich bereits in den Statistiken aus, und zwar messbar über die dort ausgewiesenen 1,5 Mio. Personen im Alter zwischen 20 und 29 Jahren ohne Berufsabschluss. Eine im Auftrag der Friedrich-Ebert-Stiftung mit Beteiligung von Mitarbeitern des BIBB erstellte Studie führt hierzu aus[204]:

> „Somit gelingt es etwa jedem siebten Jugendlichen nicht, die formellen Voraussetzungen für eine qualifizierte Beteiligung am Erwerbsleben zu erwerben. ... Ausbildungslosigkeit ... ist auch für die Gesellschaft teuer, und sie wird für die Gesellschaft in Zukunft von Jahr zu Jahr kostspieliger. Denn

---

[204] Krekel, Elisabeth M./Ulrich, Joachim Gerd (Bundesinstitut für Berufsbildung): Jugendliche ohne Berufsabschluss. Handlungsempfehlungen für die berufliche Bildung. Kurzgutachten. Copyright by Friedrich-Ebert-Stiftung, Berlin 2009, S. 5

die negativen Folgen der demografischen Entwicklung sind nun auch bei der Rekrutierung des Fachkräftenachwuchses zu spüren. ... Der Fachkräftemangel ist somit vorprogrammiert, und er kann nur dann gelindert werden, wenn es gelingt, den Anteil der Jugendlichen mit einer qualifizierten Berufsausbildung zu erhöhen."

**Fehlinterpretierte Statistiken**

Die Entwicklung neuer Wege beruflicher Qualifizierung wird in Deutschland dadurch erschwert, dass nach kurzzeitiger Erhöhung der Neueintritte in Lehrverhältnisse Meldungen zuständiger Stellen sowie Berichte in den Medien von einer positiven Wende sprechen. Dieser Auffassung liegen jedoch Fehlinterpretationen amtlicher statistischer Ergebnisse zugrunde:

– Hinsichtlich der gestiegenen Anzahl der Eintritte in die betriebliche Ausbildung wird die Gesamtzahl ohne Differenzierung nach Altersstufen fälschlicherweise auf die Schulentlassenen bezogen, auf die tatsächlich aber nur etwa ein Drittel entfällt (vgl. Kap. 2.4).

– Die im Vergleich mit anderen Ländern nachgewiesene geringere Anzahl erwerbsloser Jugendlicher berücksichtigt nicht, dass Lehrlinge in der international angewandten Formel zur Berechnung der Jugendarbeitslosigkeit im Nenner als Erwerbspersonen gezählt werden und sich so für Deutschland ein wesentlich günstigeres Ergebnis darstellt (vgl. Kap. 2.3).

Zum letzten Punkt ist noch zu ergänzen, dass in Deutschland im Vergleich zu anderen Staaten äußerst hohe Anteile Jugendlicher nur deshalb nicht als arbeitslos gezählt werden, weil sie in Maßnahmen der Berufsvorbereitung und -grundbildung einbezogen sind.

**Ausbildungsplätze nicht besetzt**

In jüngerer Zeit wird oft gemeldet, Ausbildungsplätze in den Betrieben seien nicht besetzt worden, was ganz offensichtlich veranschaulichen soll, dass kein Ausbildungsplatzmangel mehr bestehen kann. Nicht erklärt wird allerdings, warum ein bisher unbekannter Anteil Jugendlicher an den angebotenen betriebsgebundenen Ausbildungsplätzen kein Interesse hat; sei es beispielsweise weil diese aus ihrer Sicht fachlich zu eng geschnitten sind oder weil sich nach Ausbildungsabschluss kaum Aufstiegsmöglichkeiten abzeichnen. Es stellt ein folgenschweres Versäumnis der Berufsbildungsforschung dar, die Situation auf dem Ausbildungsstellenmarkt unter diesem Aspekt bisher nicht untersucht zu haben.

**Vollschulische und duale Ausbildung im Nebeneinander**

Im Ländervergleich zeigt sich die folgende Situation: Dort, wo sowohl vollschulische als auch duale Ausbildung ausgebaut sind, gibt es keine Engpässe, die zum Anschwellen des so genannten Übergangssystems in Deutschland beitrugen. In den Ländern, die traditionell in berufsqualifizierenden Vollzeitschulen ausbilden, aber auch seit jüngerer Zeit bestimmte Anteile über das Dualsystem qualifizieren, gelingt es ebenfalls, den Gesamtbedarf an beruflicher Ausbildung abzudecken.

Im internationalen Vergleich gibt es kein Land, das anstrebt, allein über das herkömmliche duale System auszubilden. Grund für den Engpass in Deutschland ist, dass Wege der vollschulischen Ausbildung als Ergänzung des Qualifikationsangebots der betrieblichen Seite fehlen; nach wie vor gilt dogmenhaft die Auffassung, die vollschulische Ausbildung könne nicht berufsqualifizierend sein (vgl. Kap. 3.2).

Als primärer Grund für den hohen Anteil Schulentlassener mit geringen Aussichten, in eine betriebliche Ausbildung eintreten zu können, wird immer wieder die unzureichende Ausbildungsreife der Bewerber genannt. In jüngerer Zeit hat es an Appellen in diesem Zusammenhang nicht gefehlt; Maßnahmen zur Verbesserung der Startpositionen blieben bisher aus. Demzufolge ist als erster Schritt die Ergänzung des Gesamtsystems über den Ausbau neuer berufsqualifizierender Bildungsgänge erforderlich, um dem derzeitigen Mangel entgegenzuwirken. **Fehlende Ausbildungsreife**

Die Empfehlung der EU zur dual-alternierenden Ausbildung vom Jahre 1979 hebt den Unterschied zwischen vollschulischem und dualem System auf. Sie verbindet beide Wege, indem in alle berufsqualifizierenden Berufsbildungsgänge Betriebspraktika oder andere Formen des Erfahrungslernens einzubeziehen sind. Die Anteile systematischer Ausbildung in der Berufsschule werden zeitlich je nach Erfordernis der betreffenden Fachrichtung bemessen. Die EU empfiehlt ferner, Wege ober- und unterhalb der Facharbeiterebene im dual-alternierenden System auszubauen. **Dual-alternierendes System gemäß EU 1979**

Die hier erläuterte Systemergänzung zielt nicht darauf, neben der überkommenen betriebsgebundenen Ausbildung ein schulisches System aufzubauen, sondern vielmehr einen neuen Ausbildungsgang nach dem dual-alternierenden Modell gemäß Empfehlungen der EU von 1979 einzurichten. Mit einer solchen Ergänzung wären in Deutschland Warteschleifen bald nicht mehr erforderlich. **Systemergänzung anstatt Warteschleifen**

Die vorgeschlagene zweijährige Grundqualifikation soll den Jugendlichen eine Bildungsmöglichkeit anbieten, die berufsqualifizierenden Charakter hat. Diese Notwendigkeit stellt das Nachrichtenmagazin *Der Spiegel* in seinem Beitrag „Bildung: Im Dschungel" heraus, in dem auf folgende Aussagen verwiesen wird[205]: **Zielsetzung**
– „In Zukunft sollen ausbildungsreife Jugendliche ohne Ausbildungsplatz keine Zeit mehr in Übergangsmaßnahmen verlieren."
– „Aus Übergangszeiten Ausbildungszeiten machen ..."
– „Wer keinen Betrieb finde, der ihn nehme, müsse etwa an einer Schule ausgebildet werden."
– „Seit Jahren beklagen Experten das Chaos und die Geldverschwendung."

Die in Kap. 4.1 dargestellte zweijährige Grundqualifikation ist vorrangig auf diese Situation ausgerichtet und nicht zu verstehen als ein künftig generell einzuführendes Berufsbildungsmodell. In einem solchen müsste auch für eine Reihe von Fachrichtungen eine Qualifizierung zum Facharbeiter nach zwei Jahren möglich sein, wie es in den anderen Ländern, z. B. Frankreich, die Regel ist. **Zweijährige Grundqualifikation**

---

[205] Heft 51/2009, S. 40f.

| | |
|---|---|
| **Module in Aus- und Weiterbildung** | Der Grundsatz des lebenslangen Lernens erfordert den Ausbau von Ausbildungsgängen, die modular gestaltet sind. Die Modularisierung wurde vielfach zunächst auf den Sektor Weiterbildung bezogen. Es zeigt sich jedoch, dass eine derartige Strukturierung auch in der Erstausbildung zweckdienlich ist. So eignen sich Module dazu, Ausbildungsabschnitte, die zu arbeitsmarktfähigen Qualifikationen führen, zu strukturieren und einzeln zu zertifizieren, damit die Absolventen später auf diesen erworbenen Teilqualifikationen aufbauen können. Der Begriff Modul unterscheidet sich von dem oft gebrauchten Terminus Baustein dadurch, dass Module grundsätzlich testiert oder geprüft werden. |

Diese Form der Strukturierung von Ausbildungsgängen nach Teilabschnitten wurde bisher empfohlen mit dem Ziel, die Abschlussprüfung durch Leistungsfeststellungen im Ausbildungsverlauf zu ersetzen. Dazu beschlossen in den 1970er Jahren die deutsche und die französische Regierung gemeinsam den Modellversuch *„Contrôle continu"* durchzuführen. Im Einzelnen ging es darum, die alleinige Abschlussprüfung durch eine fortlaufende Lernerfolgskontrolle abzulösen.

| | |
|---|---|
| **Modellversuch Contrôle continu** | Der von Regierungsebene dies- und jenseits des Rheins initiierte Modellversuch bezog auf beiden Seiten Ausbildungsberufe gleichen Niveaus ein wie Elektroanlageninstallateur, Maschinenschlosser und Betriebsschlosser.[206] Mit dem Anlaufen dieses Vorhabens waren sowohl Lerninhalte für den betrieblichen als auch für den schulischen Teil zu konzipieren: Sie umschrieben als Bausteine konkrete Lernleistungen und strukturierten damit das Vorgehen in Schule und Betrieb. Jeder absolvierte Baustein war im Sinne eines Moduls zu prüfen oder zu zertifizieren. |

Planung und Durchführung dieses Modellversuchs sind in Quellenauszug 2 beschrieben. Nach Abschluss des Vorhabens wurden auf deutscher Seite allerdings keine Konsequenzen gezogen; es blieb im Großen und Ganzen bei der Orientierung am Berufsprinzip und der alleinigen Lehrabschlussprüfung zu Ende der betrieblichen Ausbildung, während in Frankreich seit dieser Zeit Erstausbildungsgänge im Sinne von *Contrôle continu* strukturiert sind.

| | |
|---|---|
| **Weiterbildung ins System integrieren** | Vor dem Hintergrund des raschen technologischen Wandels muss die Berufsbildung den wichtiger werdenden Bereich der beruflichen Weiterbildung in ihr System integrieren und darf sich nicht nur auf die Erstausbildung beschränken. Der insgesamt bedeutsamere Sektor Weiterbildung muss vielmehr bei Beachtung des Prinzip des lebenslangen Lernens eine Struktur erhalten, die den Ausbau des erworbenen Berufs bis hin zum Umsteigen auf andere benachbarte Berufe bzw. den Aufstieg auf eine höhere Stufe im nationalen Berufsbildungssystem ermöglicht. Die fehlende Modularisierung im deutschen Berufsbildungssystem erweist sich als erheblicher Nachteil; im Bereich der Berufsbildungsforschung besteht hier unverkennbar ein erheblicher Nachholbedarf. |

---

[206] Vgl. Bundesgesetzblatt Teil I, Bonn, 21.7.1975: Verordnung über die Entwicklung und Erprobung einer neuen Ausbildungsform, S. 1985ff.

# Quellenauszug 2: Deutsch-französischer Modellversuch „Contrôle continu"*

Im Rahmen des Vertrages über die deutsch-französische Zusammenarbeit von 1963 wurde in den Jahren 1975 bis 1980 der Modellversuch zur Erprobung des Systems *Contrôle continu*, d. h. der fortlaufenden Lernkontrolle, in ausgewählten gewerblich-technischen Berufsbildungsgängen auf Facharbeiterebene durchgeführt. Die Federführung lag auf französischer Seite beim Erziehungsministerium, auf deutscher Seite beim Bevollmächtigten für kulturelle Angelegenheiten im Rahmen der deutsch-französischen Kooperation. Dies war damals der baden-württembergische Ministerpräsident Dr. Hans Filbinger.

Ausgangspunkt des Modellversuchs war in beiden Ländern die Problematik der Ermittlung der Berufsqualifikation durch punktuelle Abschlussprüfungen am Ende der in der Regel dreijährigen Berufsausbildung. Dadurch konnte erst zum Abschluss der gesamten Ausbildungszeit festgestellt wurde, ob der Ausbildungsprozess erfolgreich war. In Frankreich bestanden bis zu 50 % der in den beruflichen Vollzeitschulen Ausgebildeten die Abschlussprüfung nicht, in Deutschland ca. 12 %. Der Unterschied in den Nichtbestehensquoten beruhte wohl in erster Linie darauf, dass in Frankreich neben den berufsbezogenen Ausbildungsinhalten die Leistungen in den allgemeinen Fächern – wie Französisch, Fremdsprache, Mathematik und andere – für das Ergebnis voll maßgeblich sind. Die Ausbildungsabschlussprüfungen nach dem deutschen Berufsbildungsgesetz erstrecken sich zwar auch auf den Stoff der Berufsschule, jedoch nur, soweit dieser nach der Ausbildungsordnung für die Berufsausbildung wesentlich ist. Die Leistungen in den allgemeinen Fächern sind nur für den Abschluss der Berufsschule relevant.

Frankreich entwickelte im Verbund mit der fortlaufenden Leistungsfeststellung ein neues curriculares Konzept der Gliederung der Ausbildungspläne in mehrere Ausbildungsabschnitte und die Beschreibung der Lerninhalte als Lernziele. Die bewerteten Ergebnisse der laufenden Lernkontrollen gehen als anrechenbare Einheiten – *Unités capitalisables* – in Abschnittszeugnisse ein, aus denen dann abschließend die Berufsqualifikation – ohne Abschlussprüfung – ermittelt wird.

Diese Konzeption korrespondierte unmittelbar mit deutschen Bestrebungen, während der betrieblichen Ausbildung erbrachte Lernleistungen in den Abschlussverfahren nach dem Berufsbildungsgesetz zu berücksichtigen, ja, wenn möglich, von den rein punktuellen Abschlussprüfungen ganz weg zu kommen. Zugleich bot sich die Möglichkeit, aktuelle pädagogisch-didaktische Entwicklungen im dualen System zu erproben, so beispielsweise die Verbesserung der Abstimmung und Zusammenarbeit zwischen Ausbildungsbetrieb und Berufsschule.

Auf deutscher Seite nahmen Baden-Württemberg, Rheinland-Pfalz und das Saarland am Modellversuch teil. Ausgewählt wurden die anerkannten Ausbildungsberufe Elektroanlageninstallateur, Maschinenschlosser und Betriebsschlosser. Auf französischer Seite wurde Berufe mit vergleichbarem Profil ausgewählt.

Der Bundesminister für Wirtschaft erließ im Einvernehmen mit dem Bundesminister für Bildung und Wissenschaft eine spezielle Verordnung für den Modellversuch, die u. a. festlegte, dass zwecks Durchführung laufender Lernkontrollen die betriebliche Ausbildung und der Berufsschulunterricht inhaltlich und zeitlich möglichst eng aufeinander abgestimmt werden müssen; die curricularen Grundlagen – Ausbildungs- und Lehrpläne – sind darauf auszurichten. Auch die beteiligten Kultusministerien erarbeiteten für den Modellversuch Rechtsvorschriften auf der Basis ihrer Schulgesetze.

Es wurden besondere Ausbildungsrahmenpläne erarbeitet, gegliedert in vier Ausbildungsabschnitte für den Elektroanlageninstallateur (zweijährige Ausbildungsdauer) und in fünf Ausbildungsabschnitte für Betriebsschlosser und Maschinenschlosser (dreijährige Ausbildung). Die Dauer der Ausbildungsabschnitte betrug in Folge: 3, 9, 6, 6, 12 Monate. Für jeden Abschnitt wurden die jeweils zu vermittelnden Kenntnisse und Fertigkeiten als Abschnittsziele, abgeleitet aus dem Gesamtbild, formuliert. Zur Kontrolle, Bewertung und Zertifizierung des Lernerfolgs wurden bei den zuständigen Stellen (Kammern) Prüfungsausschüsse bestellt.

Bei der Bewertung waren Leistungsnachweise, die in dem jeweiligen Ausbildungsabschnitt in der Berufsschule erbracht worden sind, einzubeziehen, soweit sie für die Berufsausbildung wesentlichen Lehrstoff betrafen.

Die Erteilung des Ausbildungsabschlusszeugnisses erfolgte durch die zuständige Stelle auf Antrag des Auszubildenden, wenn der Prüfungsausschuss festgestellt hatte, dass die in den vorgelegten Abschnittszeugnissen nachgewiesenen Ausbildungsleistungen den in der Abschlussprüfung zu erbringenden Prüfungsleistungen entsprachen.

Die curriculare Arbeit lag bei Expertengruppen für die einbezogenen Berufsfelder.

Insgesamt haben innerhalb der fünfjährigen Versuchslaufzeit 784 Auszubildende/Schüler die Ausbildung begonnen und 723 erfolgreich abgeschlossen. Die Versuchsergebnisse waren insgesamt positiv. So zeigte sich z. B. dass die Ausbildungsplanung, deren Ablauf und die Stoffabstimmung besser funktionierten und gegenüber punktuellen Prüfungen ein Vielfaches an Ausbildungsinhalten erfasst werden konnte. Allerdings entstanden Ausbildungsbetrieben und Berufsschulen zusätzliche Personal- und Sachkosten.

Über die Auswertung der Erprobung und die Anwendung des Systems *Contrôle continu* in Frankreich stehen aktuelle Informationen nicht zur Verfügung.

Offen blieb trotz der eindeutig positiven Versuchsergebnisse die Frage, inwieweit das Modell *Contrôle Continu* übertragbar ist. Zu dieser Frage gingen die Auffassungen zwischen dem DIHT und den anderen am Versuch Beteiligten auseinander. Dies hatte zur Folge, dass die Versuchsergebnisse nicht zu einer Änderung des BBiG führten und auch die bis 31. Juli 1980 befristete Rechtsverordnung für weitere Erprobungen mit anderen Ausbildungsberufen oder Standorten nicht verlängert wurde.

---

\* Zusammenfassung des Beitrags von Rolf Sitzmann: „Modellversuch zur Erprobung einer neuen Ausbildungsform „Contrôle continu" in den Ländern Baden-Württemberg, Rheinland-Pfalz, Saarland – 1975 bis 1980" in G. Rothe 2008, a.a.O., S. 473–477

| Stufung gemäß EQR zwingend |

Aus den EU-Beschlüssen zum Europäischen Qualifikationsrahmen (EQR) ergibt sich die Forderung, dass die nationalen Bildungssysteme in ihrer Gesamtheit gestuft sein müssen. In Deutschland sind bisher die anerkannten Ausbildungsberufe nach BBiG und HwO undifferenziert auf die Stufe *Facharbeiter* ausgerichtet. Diese Situation verdeutlicht, dass die Planung aufbauender Bildungsstufen im deutschen Berufsbildungssystem überfällig ist.

Als weiterer Gesichtspunkt kommt hinzu, dass auch die berufliche Weiterbildung über das Prinzip des lebenslangen Lernens nur realisiert werden kann, wenn Qualifizierungselemente zur Anpassung an neue Entwicklungen, zur Erleichterung eines Umstiegs auf andere Aufgaben oder zum beruflichen Aufstieg angeboten werden.

**Kosten der berufspraktischen Ausbildung**

Die Ergänzung des Qualifizierungssystems und dabei der Einbau von Bildungsgängen nach dem EU-Modell 1979 setzt voraus, dass geeignete Praktikumsbetriebe mitwirken, die die entsprechenden Teilaufgaben der erarbeiteten Bildungspläne mit Schwerpunkt Erfahrungslernen erfüllen. Mit diesem Aufwand verbunden sind auch entsprechende finanzielle Mittel. Die Tatsache, dass die betriebliche Ausbildung den betreffenden Unternehmen Kosten verursacht, wird erst in jüngerer Zeit diskutiert, und zwar in den Ländern mit Dualsystem in ganz unterschiedlicher Weise.

**Beispiel: Österreich**

In Österreich erhalten ausbildende Betriebe seit jüngerer Zeit auf Antrag staatliche Zuschüsse, um die Qualität der betrieblichen Ausbildung sicherzustellen.[207] Zum einen wird eine Basisförderung für alle regulären Lehrverhältnisse gewährt. Zu weiteren Möglichkeiten zählt die Förderung neuer Lehrstellen in bereits bestehenden oder neu gegründeten Firmen. Ausbildungsbetriebe können ferner eine zusätzliche Förderung erhalten, wenn die Lehrlinge zur Hälfte der Lehrzeit einen Praxistest erfolgreich absolvieren.

**Beispiel: Fertigungswerkstatt in der Schule**

Sollten sich hinsichtlich des Anteils Berufspraxis im Betrieb gemäß EU-Modell 1979 Schwierigkeiten ergeben, kann ersatzweise auf Ausbildungsmodelle verwiesen werden, die sich seit Generationen bewährt haben. Dies sind beispielsweise:

– *Maschinenbauschule Ansbach*
  Hier werden Facharbeiter für die Metallberufe vollschulisch ausgebildet. Die erforderlichen Praxisanteile vermitteln besondere Schulwerkstätten, die Aufträge von außen annehmen. Bei der Auftragserledigung wirken die in dieser Schule ausgebildeten Techniker mit. Auf diesem Weg sind laut Schulhaushalt pro anno 100.000 € zu erwirtschaften.
– *Metallarbeiterschule Winterthur*
  Diese berufsqualifizierende Vollzeitschule bezieht Werkstätten ein, die Physikgeräte für den Unterricht an Gymnasien herstellen und über Lehrmittelmessen vertreiben.

---

[207] Vgl. Bundes-Berufsausbildungsbeirat: Richtlinie zur Förderung der betrieblichen Ausbildung von Lehrlingen gemäß § 19 c BAG. Beschluss vom 10. Dezember 2008

Für die hier vorgeschlagenen Ergänzungsangebote verstehen sich beide Modelle nur als Ausweichmöglichkeit zur Realisierung der fachpraktischen Ausbildung.

Bei der auch nach dem EU-Modell 1979 zur Einführung der dual-alternierenden Ausbildung beim Staat liegenden Gesamtverantwortung muss die Wirtschaft, also die betriebliche Seite der Ausbildung, aktiv beteiligt sein, so dass aus den einbezogenen Betrieben auch gleichzeitig Vertreter bestimmt werden können, die in den Prüfungsausschüssen mitwirken. *(Fehlen einer zentralen Prüfungsinstanz)*

Wegen unterschiedlicher Zuständigkeiten im Berufsbildungssystem fehlt es in Deutschland ohnehin an einer zentralen Prüfungsinstanz. Eine solche muss sowohl auf den unteren als auch den mittleren Ebenen nach den EU-Vorschlägen zum lebenslangen Lernen aktiv werden und neben dem Aufsteigen im Stufensystem auch den Übergang in den Hochschulbereich ermöglichen.

Staatliche Oberhoheit im Prüfungssystem bedeutet nicht Verstaatlichung der Ausbildung; auch in Ländern wie Frankreich ist jeweils die Wirtschaft verantwortlich beteiligt. Das gilt dort über ähnliche Regelungen auch für den tertiären Bereich. *(Prüfungssystem in staatlicher Oberhoheit)*

Eng damit verbunden ist die Forderung, dass für die betriebsgebundene Ausbildung in Deutschland eine staatliche Stelle verantwortlich wird und damit die Kooperation von Ausbildung in Betrieb und Berufsschule im Sinne des echten dualen Lernortverbunds sichergestellt werden kann.

In den letzten Jahren von verschiedenen Seiten vorgeschlagene Reformen (vgl. Kap. 2.5) wurden bisher nicht umgesetzt, weil ganz offensichtlich eine zentrale Stelle, die sich auch für die Qualität der beruflichen Bildung verantwortlich fühlt, noch nicht besteht.

Die Bundesregierung hat in ihrer im Jahre 2008 ins Leben gerufenen „Qualifizierungsinitiative Aufstieg durch Bildung" die Bündelung der Ausbildungsberufe zu Berufsgruppen mit gemeinsamen Kernqualifikationen und darauf aufbauenden Spezialisierungsmöglichkeiten angekündigt.[208] Im Berufsbildungsbericht 2009 wird festgestellt, dass nach Auffassung der Bundesregierung die Möglichkeiten, verwandte Ausbildungsberufe zu Berufsgruppen zusammenzufassen, noch nicht ausgeschöpft sind. Es bedürfe *(Bündelung von Ausbildungsberufen)*

> „eines gezielteren Ansatzes, bei dem über den Modernisierungsbedarf einzelner Ausbildungsberufe hinaus zeitgleich auch andere Berufe für ähnliche Tätigkeitsbereiche mit in den Blick genommen werden. Nur so können die Gemeinsamkeiten entdeckt werden, welche die Bildung von Berufsgruppen unter Berücksichtigung der Arbeitsmarkterfordernisse und der demografischen Entwicklung ermöglichen".[209]

Der Übergang vom Berufsprinzip zur Gestaltung von Ordnungsmitteln in modularer Form erfordert einen erheblichen Arbeitsaufwand. Bezogen auf die Erstausbildungsgänge sind alle Berufe curricular nach Modulen im Sinne von Kern- *(Module in der beruflichen Erstausbildung)*

---

[208] Aufstieg durch Bildung – Qualifizierungsinitiative der Bundesregierung. Januar 2008, S. 19
[209] BMBF: Berufsbildungsbericht 2009, Bonn/Berlin 2009, S. 32

einheiten neu zu strukturieren. In einer solchen bausteinartigen Struktur muss allerdings die Gesamtzielsetzung der betreffenden Berufsbildungsgänge erhalten bleiben. Nach dem Beispiel Österreichs erforderte dieser erste Schritt der curricularen Bearbeitung volle zwei Jahre.

**Beispiel Österreich** Die österreichische Regierung legte im Jahre 2005 einen Entwurf zur Neufassung des Berufsausbildungsgesetzes (BAG) vor. Geprüft wurde bei allen damals 254 Lehrberufen, ob sie sich für die Umwandlung in modular strukturierte Lehrberufe nach diesem Konzept eignen bzw. ob dies relativ rasch realisierbar wäre.[210] Das novellierte BAG trat im Jahre 2006 in Kraft. Danach kann das Bundesministerium für Wirtschaft und Arbeit in den Ausbildungsvorschriften für einen Lehrberuf auch eine modulare Ausbildung festlegen. Ziel ist die Schaffung von ca. 100 Basislehrberufen.[211]

Das BAG legt in § 8 Abs. 4 fest, dass ein modular strukturierter Lehrberuf aus einem Grundmodul und mindestens jeweils einem Haupt- und Spezialmodul besteht. Grund- und Hauptmodul zusammen stellen die Beruflichkeit sicher. Das Spezialmodul enthält weitere Fertigkeiten und Kenntnisse zu einem Lehrberuf, die dem Qualifikationsbedarf eines Berufszweigs im Hinblick auf seine speziellen Produktionsweisen oder Dienstleistungen entsprechen. Grundmodule sind i. d. R. auf eine Dauer von zwei Jahren, Hauptmodule auf ein Jahr angelegt; Spezialmodule beanspruchen ein halbes oder ganzes Jahr. Letztere werden auch in der Erwachsenenbildung angeboten.

**Beispiel Schweiz** Während Österreich in der Planung das Dualsystem in seiner Gesamtheit berücksichtigt, hat die Schweiz für den Bereich der Informatik seit 2003 modulare Strukturen bereits eingeführt und erste Erfahrungen sammeln können.

Das Berufsbildungsgesetz der Schweiz vom Jahre 2004 ermöglicht die Modularisierung. Realisiert ist sie derzeit bei einem Beruf, dem vierjährigen Lehrberuf Informatiker/in. Für dessen Grund- und Weiterbildung hat der Berufsverband einen Modulbaukasten entwickelt, der nach Niveaus und Kompetenzfeldern gegliedert ist. Er umfasst[212]:
– Die berufliche Grundbildung (Lehrzeit): Module der Niveaus 1 bis 4
– Die berufliche Weiterbildung: Module der Niveaus 5 bis 8
Die Kompetenznachweise für die einzelnen Module werden von den Anbietern nach Qualitätsstandards des Berufsverbands entwickelt, durchgeführt und bewertet. Die kantonale Behörde validiert sie und gibt sie zur Anwendung frei.

---

[210] Vgl. Archan, Sabine: Modularisierung der Lehrlingsausbildung. Status quo Analyse und Expertenbefragung. ibw-Schriftenreihe Nr. 130. Institut für Bildungsforschung der Wirtschaft, Wien, April 2006, S. 5

[211] Ebd., S. 71

[212] Vgl. Eidgenössisches Hochschulinstitut für Berufsbildung: Handbuch für Expertinnen und Experten in Qualifikationsverfahren der beruflichen Grundbildung. Hinweise und Instrumente für die Praxis. Zollikofen 2006, S. 54

Der Teil 4 „Erforderliche Ergänzung und Aktualisierung der beruflichen Bil- Gliederung
dung" ist wie folgt gegliedert:
- Zweijährige Grundbildungsgänge auf Ebene Berufsgruppe (4.1)
- Aufbauende modular strukturierte Qualifizierung nach dem EQR-Modell (4.2)
- Spezielle Ausbildungsgänge für ausbildungsschwache Schulentlassene (4.3)

## 4.1 Zweijährige Grundbildungsgänge auf Ebene Berufsgruppe

Derzeit gibt es in Deutschland nur wenige Ausbildungsgänge, die gestuft vorge-  **Gestufte**
hen, also zunächst auf einer unteren Stufe beginnen, die für eine Gruppe von  **Ausbildung**
Berufen weitgehend identisch ist,[213] und darauf aufbauend über spezielle und
auch kürzere Ausbildungsabschnitte zur Ebene Facharbeiter führen. Die Einführung derart gestufter Ausbildungsgänge scheiterte bisher unter anderem am
dogmatisch verstandenen *Berufsprinzip* mit enger Eingrenzung vom Beginn der
Ausbildung bis zu ihrem Abschluss nach drei Jahren (vgl. Kap. 3.3).

Die Unterscheidung nach einer ersten Grundstufe und darauf aufbauender  **Basis**
Fachstufe erklärt sich aus der inhaltlichen Verwandtschaft zwischen Ausbil-  **verwandte**
dungsberufen. Als erstes Beispiel für die Bildung von Grundstufen kann das  **Berufe**
*Fragenbuch* genannt werden, das Ferdinand von Steinbeis als württembergischer
Wirtschaftsreformer erarbeiten ließ. Grundlage dafür waren Prüfungsfragen der
in Württemberg von 1830 bis 1862 durchgeführten Gesellenprüfungen.
Bearbeitet hatte diese Aufgabe der Hannoveraner Professor Karl Karmarsch. Er
leitete die Verwandtschaft zwischen den Berufen aus den anlässlich der Prüfungen gestellten Fragen ab und ordnete sie nach Grundstufen und entsprechenden
Fachstufen. Sein 1867 erschienenes „Gewerbliches Fragenbuch" ging von der
Erkenntnis aus, dass Fragen, die in verwandten Berufen übereinstimmen, zusammengefasst werden können. Davon zu unterscheiden sind Fragen, die sich
darauf aufbauend speziell auf Einzelberufe beziehen (vgl. Kap. 2.2 b).

Eine Stufung für die schulische Seite des Dualsystems ergab sich in Baden-  **Berufliche**
Württemberg mit dem Schulentwicklungsplan II vom Jahre 1970, der nach  **Bildung**
Grund- und Fachstufe unterschied. Für die Zeitdauer der beiden Stufen standen  **in Stufen**
zwei Modelle zur Diskussion: 1 + 2 oder 2 + 1 Jahre.[214]
Voraus gingen Untersuchungen zur Ermittlung des Ausmaßes von Übereinstimmungen bestimmter Fachgebiete in benachbarten Ausbildungsberufen anhand entsprechender Lehrbücher.

---

[213] Laut „Beruf aktuell 2007/08" gilt dies für fünf fahrzeugtechnische Berufe, für vier handwerkliche Elektroberufe, für sechs Hotel- und Gaststättenberufe, 16 Bau-/Ausbauberufe
und nach dem Modell der „integrierten Vermittlung von Kern- und Fachqualifikationen"
für die acht industriellen Elektroberufe und die fünf industriellen Metallberufe, also für
einen hohen Anteil der Auszubildenden im gewerblichen Bereich.
[214] Vgl. Rothe, G.: Berufliche Bildung in Stufen. Modellstudie zur Neuordnung der Berufsschulen in Baden-Württemberg, dargestellt am Raum Schwarzwald-Baar-Heuberg. Hrsg.: Kultusministerium Baden-Württemberg. (Bildung in neuer Sicht: Reihe A, Nr. 7), Villingen 1968

Hinzu kommt, dass sich in zahlenmäßig schwach vertretenen Berufen die Organisation des Unterrichts in Fachklassen in der Berufsschule erleichtert.

Der in Baden-Württemberg für den Schulentwicklungsplan II zuständige Kultusminister Wilhelm Hahn begründete in seinem Geleitwort zum Untersuchungsbericht die Notwendigkeit einer breiten Ausbildungsbasis wie folgt:

> „Sie muss sogar Grundlage sein für Berufe, die es erst in Zukunft geben wird. Eine breitere Grundausbildung bedeutet für den einzelnen, da sie ihn flexibler macht, mehr Sicherheit, wie Arbeitslosenstatistiken erkennen lassen."[215]

**Von der Grundstufe zum Grundberuf**

Die deutsche Wirtschaft konnte sich damals mit der Stufung im Ausbildungsbereich nicht anfreunden; erst in jüngster Zeit wird dieses Modell wieder diskutiert. In der Fachdiskussion werden ein- oder zweijährige Grundstufen bisher grundsätzlich in dreijährige Ausbildungsgänge einbezogen. Die Grundstufe schließt dabei allerdings nicht mit einem berufsqualifizierenden Abschluss ab.

Die hier als Ergänzung vorgeschlagene zweijährige Grundqualifizierung führt dagegen direkt zu einem berufsqualifizierenden Abschluss in der Fachbreite Berufsgruppe. Dieser Ausbildungsgang ist also nicht als Vorstufe konzipiert, die in eine dreijährige duale Ausbildung einmündet. Er entspricht den mit den EU-Vorschlägen vom Jahre 1979 gegebenen Möglichkeiten.

So versteht sich die hier vorgestellte zweijährige Ausbildung als erster berufsqualifizierender Abschluss, der einmal den Übergang in eine Erwerbstätigkeit gestattet und zum anderen die Basis für den Aufstieg in darüber liegende Berufsbildungsebenen bildet. Damit ist es den einbezogenen Jugendlichen später auch möglich, in einen betriebsgebundenen Ausbildungsgang gemäß BBiG überzuwechseln, sofern die Fachrichtungen in den Grundzügen übereinstimmen.

**Ausbildungsstruktur**

Die Abbildung 18 zeigt die Struktur der zweijährigen Grundqualifikation. Der Block auf der linken Seite der Zeichnung bezieht sich auf die Berufspraxis mit Schwerpunkt Erfahrungslernen, die übrigen Felder auf die verschiedenen Aufgabenbereiche der Teilzeitberufsschule. Diese ist unterteilt in den berufsbezogenen Pflichtteil links und die rechts außen dargestellten Wahlmöglichkeiten in Form von Modulen verschiedener Art.

**Zusammenwirken von Lernfeld und Erfahrungslernen**

Der dargestellte beruflich-fachliche Kernbereich unterscheidet pro anno, hier als Modell, jeweils zwei Lernfeldeinheiten, die – gezeigt durch den Doppelpfeil – mit dem Erfahrungslernen im Betrieb abgestimmt sind, und schließt parallel dazu alle Lerneinheiten ein, die in systematischer Form geboten werden müssen; dies gilt auch für die fachpraktischen Grundlagen. In Frankreich werden diese beispielsweise in kombinierten Räumen vermittelt, in denen entsprechende Werkzeuge und Maschinen sowie auch Zeichentische untergebracht sind. Der französische Lehrer im *Centre de Formation d'Apprentis* unterrichtet also beide

---

[215] A.a.O., S. XVI

Lehr-/Lernbereiche in einem Raum. Dieses Beispiel ist auf die gewerblich-technischen Berufe bezogen. In anderen Sektoren gibt es ähnliche Themenbereiche, wie z. B. das Lernbüro.

**Abb. 18: Zweijährige Grundqualifizierung**

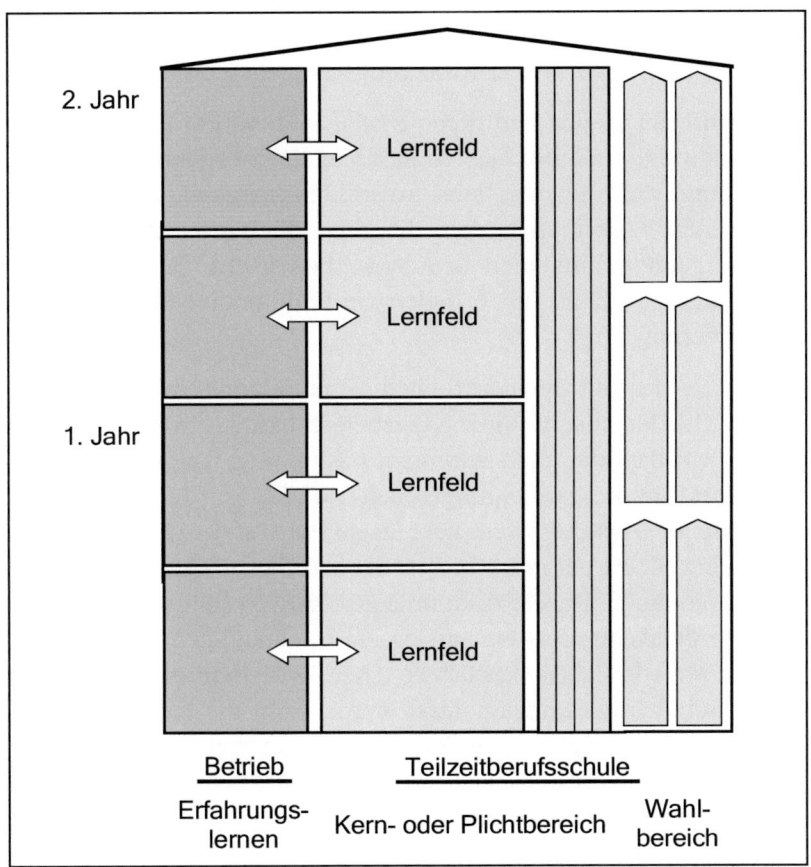

Neben dem Bereich Lernfeld bietet die Berufsschule – in der Mitte der Darstellung gezeigt – Unterrichtsfächer mit chronologischem Vorgehen, die also vom Beginn bis zum Ende des zweiten Jahres verfolgt werden, wie z. B Religion, Sport, Wirtschafts- und Sozialkunde sowie Deutsch und auch Fachgebiete der betreffenden Berufsgruppe, die jeweils nur in systematischer Form erarbeitet werden können. Die einzubeziehenden Fächer sind entweder an den Verfassungsauftrag oder an die Prüfung zu Ende der Ausbildung gebunden. **Fächer für den chronologischen Aufbau**

In die zweijährige Ausbildung sind Angebote aus dem Pflichtbereich der Ausbildung in Betrieb und Berufsschule einschließlich der allgemein bildenden Fächer einbezogen. Darüber hinaus ist ein System von Wahlmodulen vorzusehen, und zwar mit Blick auf die Studierfähigkeit und als Förderunterricht für Schulschwache sowie auch Sondergebiete im beruflichen Sektor. **Pflicht- und Wahlbereich**

Ziel muss sein, dass jeder Schüler Angebote zum weiteren Aufstieg im Beruf, für ein mögliches Umsteigen in Nachbargebiete oder auch zum Erwerb der Hochschulreife wählen kann und auf der anderen Seite Förderunterricht in Fächern erhält, die etwa zum bislang nicht erreichten Hauptschulabschluss führen.[216]

Auch der berufsbezogene Anteil sieht in begrenztem Umfang Wahlmöglichkeiten zur Vertiefung bestimmter Spezialgebiete vor. Im Übrigen bleibt die Fachbreite der zweijährigen Grundqualifizierung als Einheit erhalten.

**Eingangs-**
**qualifikation**

Als Eingangsniveau in eine berufliche Erstausbildung gilt formal der Abschluss der Sekundarstufe I; auch die hier vorgeschlagene zweijährige Grundqualifizierung baut darauf auf. Als paralleles Ausbildungsangebot zu einer dualen betriebsgebundenen Ausbildung treten die Jugendlichen ebenfalls mit verschiedenartigen allgemein bildenden Schulabschlüssen ein. Bei einer solchen Zusammensetzung der Schülerschaft bieten die Wahlmodule Gelegenheit zur individuellen Förderung.

**Organisation**
**des Schulbesuchs**

Die Schweiz, in der mit der beruflichen Grundbildung gekoppelt mit der Berufsmaturität die Fachhochschulzugangsberechtigung erworben werden kann, löst das Problem dadurch, dass an einem bestimmten Tag als zweitem Berufsschultag speziell auf dieses Ziel hingearbeitet wird.

Das hier empfohlene Modulsystem geht insgesamt von der gewählten Berufsgruppe aus, d. h. dem Block, der mit dem Ziel der beruflichen Qualifizierung in Einheiten, in denen verwandte Berufe zusammengeschlossen sind, zu absolvieren ist.

Im bisherigen deutschen System mit ca. 350 anerkannten Ausbildungsberufen muss für den erforderlichen berufsbezogenen Unterricht ein erheblicher Anteil in zentralen Schulen zusammengefasst werden, um die Fachklassenbildung zu ermöglichen. Allein mehr als hundert Ausbildungsberufe weisen auf Bundesebene unter hundert Lehrlinge aus; wegen des demografischen Wandels wird sich diese Situation noch verschärfen.

Bei dem Konzept der Grundbildungsstufe ergibt sich die Möglichkeit, dass eine große Zahl von Auszubildenden wohnortnah die Berufsschule besuchen kann. Erst in der spezialisierenden Fachausbildung wird eine Zusammenführung an zentralen Standorten erforderlich.[217]

**Ausbildungs-**
**abschluss**

Nach der EU-Empfehlung von 1979 ist der Ausbildungsabschluss gemeinsam von Schule und Betrieb durchzuführen. Im Abschlusszeugnis werden alle Module, die absolviert wurden, auch die Wahlmodule, aufgeführt. Das Zeugnis der

---

[216] Gemäß einer KMK-Vereinbarung können berufliche Schulen schon heute auf freiwilliger Basis – unabhängig von einer Benotung im Zeugnis – eine Prüfung anbieten, die zu einer Zertifizierung der Fremdsprachenkenntnisse der Schüler führt. Es gibt vier Niveaus, jeweils zumindest nach Berufsbereichen differenziert, die sich an einem Referenzrahmen des Europarates orientieren. Vgl. „Rahmenvereinbarung über die Zertifizierung von Fremdsprachenkenntnissen in der beruflichen Bildung", KMK-Beschluss vom 20.11.1998 i. d. F. vom 27.06.2008.

[217] Vgl. Dörflinger, Rolf: Unterricht in der Berufsschule unter strukturellem und regionalem Aspekt. In: G. Rothe 2008, a.a.O., S. 509–513

Grundbildungsstufe weist damit detailliert die Kompetenzen aus, über die die Absolventen am Ende der Ausbildung insgesamt verfügen.

Im Prüfungssystem sind jeweils Zuständigkeiten für folgende Komponenten enthalten:

Prüfungswesen

– für die Abschnitte des Erfahrungslernens der Betrieb und
– für die systematische Erarbeitung des Lehrstoffs die Berufsschule.

Beide verstehen sich als gleichberechtigt und haben in der Prüfung das gleiche Gewicht. Die Vertretung der Wirtschaft in der Prüfung ist begrenzt auf diejenigen, die im Erfahrungslernen kompetent sind. Die Mitglieder im Prüfungsausschuss für die systematische Ausbildung sind die eingebundenen Berufsschullehrer, weil im Prüfungssystem des dual-alternierenden Ausbildungsgangs die Verantwortlichen für die verschiedenen Lehrbereiche kooperieren müssen.

## 4.2 Aufbauende modular strukturierte Qualifizierung nach dem EQR-Modell

Die in Kapitel 4.1 beschriebene zweijährige Grundqualifizierung auf Ebene Berufsgruppe bildet die Voraussetzung für den Übergang ins Beschäftigungssystem und ist gleichzeitig die Basis für den Aufstieg auf die nächsthöhere Qualifikationsstufe Facharbeiter/Fachangestellter.[218]

Erhöhte Anforderungen

In der heutigen Situation, in der in stärkerem Maße Mobilität und Flexibilität gefordert werden und die Qualifikationen hinsichtlich rascher technologischer und wirtschaftlicher Veränderungen anzupassen sind, reicht das überkommene Modell „vom Hauptschulabschluss zum Facharbeiter" nicht mehr aus. Sicherzustellen ist ferner, dass es einem größeren Anteil der Fachkräfte gelingt, beruflich aufzusteigen, um eine höhere Qualifikationsstufe zu erreichen (vgl. Abbildung 1).

Beide Zielsetzungen verlangen eine grundlegende Umorientierung anlässlich der Erarbeitung von beruflichen Ordnungsmitteln. Anzustreben ist zunächst eine breit angelegte Grundqualifizierung und darauf aufbauend Bildungsmöglichkeiten für die Höherqualifizierung über Teilqualifikationen und auch Module/Bausteine.

Seit in Deutschland im Jahre 1900 die Zuständigkeit für die berufliche Bildung den Handwerkskammern und 1936 den Industrie- und Handelskammern übertragen wurde, also insgesamt in die Kompetenz der Wirtschaft überging, blieb es bei der Ausrichtung auf das Bildungsmodell der Zünfte im Sinne der Beibehaltung eng eingegrenzter Ausbildungsrichtungen, die damals mit der Berechtigung zur Berufsausübung gekoppelt waren. Mit zunehmender wirtschaftlicher Verflechtung über die Landesgrenzen hinweg ist diese Bildungskonzeption längst überholt.

Ausbildungsmodell der Zunftzeit überholt

---

[218] Im folgenden Text und in der Abbildung 19 wird Facharbeiter/Fachangestellter als Oberbegriff für alle Positionen der Arbeiter und Angestellten verwendet, die im Berufsleben auf einer abgeschlossenen dualen Berufsausbildung aufbauen.

Bereits im Jahre 1952 wies ein im Auftrag des Hochkommissars der USA erstelltes Gutachten von G. Ware auf die in Deutschland angetroffene negative Sonderentwicklung hin; er sprach sich entschieden gegen eng eingegrenzte dreijährige Ausbildungsgänge aus. Ebenso nahm im Jahre 1993 das Pariser Institut CIRAC Stellung gegen die dominierende Handwerksorientierung des deutschen Systems (vgl. Kap. 2.2 g).

Beide Voten blieben unbeachtet; vielmehr entwickelte sich das enge Berufsprinzip als Dogma für die Gestaltung der beruflichen Bildung und speziell für die Erarbeitung von Ausbildungsordnungen (vgl. Kap. 3.3). Diese Fehlentwicklung lässt sich am Beispiel notwendig werdender beruflicher Umorientierung bei individuellem Verlust der Arbeitsmöglichkeit im erlernten Beruf sowie an den Schwierigkeiten beim Aufstieg veranschaulichen:

– Der Betreffende hat sich umzuorientieren, indem er in einer etwas kürzeren Zeit als drei Jahren einen neuen Beruf erlernt, zumeist im Vollzeitsystem.

– Der berufliche Aufstieg z. B. zum Techniker erfolgt ebenfalls in Vollzeitform, verbunden mit der Schwierigkeit, nach der zweijährigen Ausbildungszeit wieder in die Arbeitswelt eingegliedert zu werden.

Im Vergleich mit anderen Industriestaaten kann dieses Modell bereits seit Jahrzehnten nicht mehr als Vorbild beruflicher Aus- und Weiterbildung gelten.

Hinsichtlich der Anwendung des Berufsprinzips hat sich in jüngster Zeit nichts geändert, obwohl von Seiten der EU mit Lissabon 2000 das Grundprinzip des *lebenslangen Lernens* empfohlen wird, womit eine gänzlich andere Sichtweise verbunden ist. Der Ausdruck selbst kann missverstanden werden; *lebensbegleitendes Lernen* erscheint zweifelsfrei verständlicher. Der neue Grundsatz des lebenslangen Lernens bezieht sich auf die Gesamtheit der im Beschäftigungssystem eingegliederten Personen.

Bereits die *berufliche Grundbildung* gemäß Kap. 4.1 bezieht Wahlmodule als eine erste eigenverantwortliche Ausrichtung des Betreffenden auf eine zum Teil auch berufliche Schwerpunktbildung ein, auf der später aufgebaut werden kann. Dafür ist es erforderlich, die Gesamtheit der Lehr-/Lerngegenstände im Bereich der Weiterbildung nach kleineren Einheiten wie Bausteinen oder Modulen zu konzipieren. Erreicht werden soll auch, dass der Grundsatz Lernen parallel zur Arbeit erfolgreich realisiert werden kann:

> Lebenslanges Lernen schließt die bei der beruflichen Tätigkeit erworbenen neuen Kenntnisse und Erfahrungen ein und erreicht Fortschritte, die testiert oder geprüft werden können.

In diesem Zusammenhang sind die Unternehmungen gehalten, die individuelle Weiterbildung ihrer Fachkräfte zu fördern. Betriebe sind also nicht nur Ausbildungsbetriebe im Sinne der Erstausbildung, sondern fördern als Weiterbildungsbetriebe die Qualifikation der Beschäftigten mit Ziel Erwerb von Teilqualifikationen oder Modulen, wobei sich der Schwerpunkt von der Erstausbildung zur Weiterbildung verschiebt.

Unabhängig davon kann der sich ins Beschäftigungssystem Eingegliederte auch informell, also ganz auf sich gestellt weiterbilden, wenn anzustrebende Teilqualifikationen definiert und bekannt sind, damit sie über eigene Initiativen bewältigt werden können. **Module als Basis für das lebenslange Lernen**

Lebenslanges Lernen bedeutet Weiterlernen ohne aus dem Beschäftigungssystem auszuscheiden. Burkart Sellin vom CEDEFOP formuliert lebenslangen Lernen in Verbindung mit dem Modulsystem wie folgt:

> „Module sind besonders geeignet, um das lebenslange Lernen, sowohl formal als auch nicht-formal, zu fördern. Eine Modularisierung ist insbesondere für die Strategie des lebenslangen Lernens nach Ende der Schulpflicht sehr sinnvoll."[219]

Jedes Modul ist einer bestimmen Berufsbildungsstufe zugeordnet. Aus dem Nebeneinander von absolvierten Modulen der gleichen Ebene kann der berufliche Aufstieg erreicht werden. Bei diesen Prozessen hat neben den Betrieben auch die Teilzeitschule mitzuwirken, indem sie entsprechende Angebote bereitstellt und Anreize zu ihrer Wahrnehmung gibt.

Im Sektor Weiterbildung lassen sich – ohne dass die Berufstätigkeit unterbrochen zu werden braucht – über die kleinste Einheit beruflicher Qualifizierung als Modul die erworbenen beruflichen Kompetenzen zügig aktualisieren und weiter ausbauen, um auch in anderen Fachgebieten tätig sein zu können oder auf die nächsthöhere Qualifikationsstufe überzuwechseln. **Modularisierung des Sektors Weiterbildung**

Mit dem vollen Ausbau der Weiterbildungsmöglichkeiten in modularer Struktur wird ersichtlich, welche Vielfalt das Modulsystem bietet, wenn beispielsweise individuell die seitherigen Arbeitsmöglichkeiten wegfallen und es gilt, möglichst bald wieder beruflich Fuß zu fassen.

Die Vielzahl von Angeboten in einem auf nationaler Ebene neu zu erarbeitenden Modulsystem lässt erkennen, welche Qualifikationen sich individuell anbieten. Schon diese Möglichkeiten rechtfertigen den erheblichen Aufwand der Umstellung von Weiterbildungsprogrammen im Sinne der Strukturierung nach Modulen. Dabei sind der fachliche Umfang der einzelnen Module und auch die zu erreichende Qualifikationsstufe exakt festzulegen.

Der curriculare Aufwand der Vorbereitung und Erarbeitung verschiedenartiger Module im Bereich der Weiterbildung – beginnend mit der Stufe Facharbeiter sowie den darauf aufbauenden Ebenen im Gesamtsystem – ist allerdings wesentlich höher als bei der Erstausbildung. Während im Bereich der Erstausbildung

---

[219] Dokumentation zum 15. Europäischen Aus- und Weiterbildungskongress: „Werte wandeln und Kompetenzen entwickeln – Berufsausbildung im Spannungsfeld von Familien-, Arbeitsmarkt- und Sozialpolitik". Veranstalter: Westdeutscher Handwerkskammertag u. Zentralverband des Deutschen Handwerks. Köln, 25.11.2006, S. 47

länderübergreifend detaillierte Ordnungsmittel zur Verfügung stehen, auf die zurückgegriffen werden kann, liegen für den Bereich Weiterbildung meist nur wesentlich knapper gefasste schriftliche Unterlagen vor.

**Ausbildungsgänge ohne klare Einstiegs- voraussetzungen** Beim traditionellen Einstieg in die Ausbildung im deutschen Dualsystem wird formal immer vom Hauptschulabschluss ausgegangen, was sich bereits als unzutreffend erwiesen hat. Die Einstiegsvoraussetzungen in Ausbildungsgänge weichen nämlich ebenso wie die Definition erreichter Abschlüsse im System der deutschen anerkannten Ausbildungsberufe zwischen den einzelnen Kategorien erheblich ab.

**Lebenslanges Lernen** Das lebenslange Lernen schließt eine Vielfalt von Möglichkeiten ein. Als Voraussetzung für die Realisierung dieses Prinzips gilt allerdings die Modularisierung beim Kompetenzerwerb, das heißt aller im Gesamtbereich des Beschäftigungssystems gewünschten und geforderten beruflichen Teilqualifikationen. Anzubieten sind hier Module, die sich zu bestimmten Teilqualifikationen addieren und auch solche, die in ihrer Gesamtheit die nächsthöhere Stufe des EQR-/DQR-Systems erreichen.

Die bestehenden Schwierigkeiten liegen darin, dass sich bisher die Gesamtheit der dualen Ausbildungsgänge allein auf die Stufe Facharbeiter bezieht. Projiziert man die deutschen anerkannten Ausbildungsberufe auf die acht Stufen des EQR, dann müssen diese zwangläufig je nach Anforderungsniveau unterschiedlichen Stufen zugeordnet werden.

Für diesen Unterschied können als Beispiel die beiden Ausbildungsberufe Maler/Lackierer und Mechatroniker genannt werden. Von den Anforderungen her stehen sie keineswegs auf gleicher Stufe, auch wenn sie im derzeitigen System formal auf den Hauptschulabschluss aufbauen und übereinstimmend die Stufe Facharbeiter erreichen.

**Beispiel Mechatroniker** Für den Vergleich lassen sich die hohen Anforderungen beim Mechatroniker anhand von Auszügen aus dem Ausbildungsberufsbild bzw. einzelnen Lernfeldern heranziehen:

– Im Lernfeld 9, in dem das Untersuchen des Informationsflusses in komplexen mechatronischen Systemen zu vermitteln ist, lautet eine Zielformulierung: „Sie beherrschen die messtechnischen Verfahren zur Untersuchung der Informationsflüsse und sind in der Lage, Signale zu analysieren. ... Sie modifizieren Unterlagen auch in englischer Sprache."

– Im Lernfeld 11 – Inbetriebnahme, Fehlersuche und Instandsetzung – lautet eine Zielformulierung: „Die Schülerinnen und Schüler erläutern die Verfahren zur Inbetriebnahme von mechatronischen Systemen und legen die Vorgehensweise für die Inbetriebnahme eines Gesamtsystems fest. ... Sie justieren Sensoren und Aktoren, überprüfen Systemparameter und stellen sie ein. Ergebnisse werden in Unterlagen dokumentiert. Sie grenzen Fehler systematisch ein und beseitigen Störungen. Sie können sich auch in englischer Sprache verständigen."

Die Auszüge zeigen, in welchem Umfang das traditionelle duale System mit seinen ca. 350 Berufen, darunter viele traditionelle Handwerksberufe, unterschiedlichen Qualifikationsebenen zuzuordnen ist. Die Ausbildungsordnung für Maler lässt deutlich erkennen, dass derartige Inhalte wie z. B. Fremdsprachenkenntnisse nicht verlangt werden.

Beide Beispiele zeigen darüber hinaus, dass bestimmte Lehr-/Lerneinheiten in der Berufsschule kaum im Klassenverband erarbeitet werden können, wie z. B. in Fremdsprachen. Nur über den Grundsatz der Modularisierung lässt sich die Fortführung von Fachgebieten dieser Art realisieren.

*Grenzen der Ausbildung im Klassenverband*

Die Modularisierung bietet sich auch an, wenn es gilt, entsprechend befähigte Jugendliche zum Aufstieg auf darauf aufbauende Stufen bis hin zum Übergang in den tertiären Bereich zu fördern. Letzteres ist derzeit der steigenden Anforderungen nach höher qualifizierten Fachkräften wegen dringend gefordert.

*Aufstieg im gestuften Qualifikationssystem*

Der heutige und künftige Bedarf an Hochqualifizierten ist nämlich nicht allein über den so genannten Königsweg – Abitur und Hochschule – abzudecken, sondern zum größeren Teil über den Aufstieg aufbauend auf einer qualifizierten Berufsausbildung; wird doch von einem immer größeren Anteil der ins Beschäftigungssystem einzugliedernden Nachwuchskräfte – wie in Abbildung 1 gezeigt – eine Qualifikation auf höherer Ebene erwartet. Die Stufe Facharbeiter versteht sich demzufolge nicht mehr als Abschluss der beruflichen Bildung, sondern nur als Basis für darauf aufbauende weitere Aufstiegsmöglichkeiten nach dem Modell „lebenslanges Lernen".

Die Übersicht 3 zeigt die zum Erreichen der einzelnen Stufen des EQR erforderlichen Lernergebnisse, aufgegliedert nach *Kenntnissen*, *Fertigkeiten* und *Kompetenzen*. Für diese Begriffe gelten beim EQR folgende Definitionen[220]:

*Acht Stufen des EQR*

- *Kenntnisse* sind als „Theorie- und/oder Faktenwissen" ausgewiesen.
- *Fertigkeiten* werden beschrieben als „kognitive Fertigkeiten (unter Einsatz logischen, intuitiven und kreativen Denkens)" sowie „praktische Fertigkeiten (Geschicklichkeit und Verwendung von Methoden, Materialien, Werkzeugen und Instrumenten)".
- *Kompetenzen* sind „im Sinne der Übernahme von Verantwortung und Selbstständigkeit" dargestellt.

Zum nationalen Qualifikationsrahmen liegt seit Februar 2009 ein Entwurf vor, den ein „Arbeitskreis Deutscher Qualifikationsrahmen (AK DQR)" erarbeitet hat.[221] Er sieht ebenfalls acht Niveaustufen vor. Zur Beschreibung der Anforderungsstruktur werden vier Indikatoren vorgeschlagen:

*Deutscher Qualifikationsrahmen (DQR)*

---

[220] Europäische Kommission: Der Europäische Qualifikationsrahmen für lebenslanges Lernen (EQR). Luxemburg 2008, S. 12f.

[221] Vgl. Diskussionsvorschlag eines Deutschen Qualifikationsrahmens für lebenslanges Lernen. Erarbeitet vom „Arbeitskreis Deutscher Qualifikationsrahmen".

# Übersicht 3: Beschreibung der Niveaus des Europäischen Qualifikationsrahmens (EQR)

| Niveau | Kenntnisse | Fertigkeiten | Kompetenz |
|---|---|---|---|
| 1 | Grundlegendes Allgemein-wissen | Grundlegende Fertigkeiten, die zur Ausführung einfacher Aufgaben erforderlich sind | Arbeiten oder Lernen unter direkter Anleitung in einem vorstrukturierten Kontext |
| 2 | Grundlegendes Faktenwis-sen in einem Arbeits- oder Lernbereich | Grundlegende kognitive und praktische Fertigkeiten, die zur Nutzung relevanter Informationen erforderlich sind, um Aufgaben auszuführen und Routine-probleme unter Verwendung einfacher Regeln und Werkzeuge zu lösen | Arbeiten oder Lernen unter Anleitung mit einem gewissen Maß an Selbst-ständigkeit |
| 3 | Kenntnisse von Fakten, Grundsätzen, Verfahren und allgemeinen Begriffen in einem Arbeits- oder Lernbe-reich | Eine Reihe kognitiver und praktischer Fertigkeiten zur Erledigung von Auf-gaben und zur Lösung von Problemen, wobei grundlegende Methoden, Werk-zeuge, Materialien und Informationen ausgewählt und angewandt werden | Verantwortung für die Erledigung von Arbeits- oder Lernaufgaben übernehmen Bei der Lösung von Problemen das eigene Verhalten an die jeweiligen Umstände anpassen |
| 4 | Breites Spektrum an Theo-rie- und Faktenwissen in einem Arbeits- oder Lernbe-reich | Eine Reihe kognitiver und praktischer Fertigkeiten, die erforderlich sind, um Lösungen für spezielle Probleme in einem Arbeits- oder Lernbereich zu finden | Selbstständiges Tätigwerden innerhalb der Handlungsparameter von Arbeits- oder Lernkontexten, die in der Regel bekannt sind, sich jedoch ändern kön-nen Beaufsichtigung der Routinearbeit anderer Personen, wobei eine gewisse Verantwortung für die Bewertung und Verbesserung der Arbeits- oder Lernaktivitäten übernommen wird |
| 5 | Umfassendes, spezialisiertes Theorie- und Faktenwissen in einem Arbeits- oder Lernbereich sowie Bewusst-sein für die Grenzen dieser Kenntnisse | Umfassende kognitive und praktische Fertigkeiten die erforderlich sind, um kreative Lösungen für abstrakte Prob-leme zu erarbeiten | Leiten und Beaufsichtigen in Arbeits- oder Lernkontexten, in denen nicht vorhersehbare Änderungen auftreten Überprüfung und Entwicklung der eigenen Leistung und der Leistung anderer Personen |
| 6 | Fortgeschrittene Kenntnisse in einem Arbeits- oder Lernbereich unter Einsatz eines kritischen Verständ-nisses von Theorien und Grundsätzen | Fortgeschrittene Fertigkeiten, die die Beherrschung des Faches sowie Inno-vationsfähigkeit erkennen lassen, und zur Lösung komplexer und nicht vor-hersehbarer Probleme in einem spezia-lisierten Arbeits- oder Lernbereich nötig sind. | Leitung komplexer fachlicher oder beruflicher Tätigkeiten oder Projekte und Übernahme von Entscheidungs-verantwortung in nicht vorhersehba-ren Arbeits- oder Lernkontexten Übernahme der Verantwortung für die berufliche Entwicklung von Einzelpersonen und Gruppen |
| 7 | Hoch spezialisiertes Wissen, das zum Teil an neueste Er-kenntnisse in einem Arbeits-oder Lernbereich anknüpft, als Grundlage für innovative Denkansätze und/oder For-schung; Kritisches Bewusstsein für Wissensfragen in einem Be-reich und an der Schnittstelle zwischen verschiedenen Be-reichen | Spezialisierte Problemlösungsfertigkei-ten im Bereich Forschung und/oder Innovation, um neue Kenntnisse zu gewinnen und neue Verfahren zu entwickeln sowie um Wissen aus verschiedenen Bereichen zu integrieren | Leitung und Gestaltung komplexer, unvorhersehbarer Arbeits- oder Lern-kontexte, die neue strategische Ansät-ze erfordern Übernahme von Verantwortung für Beiträge zum Fachwissen und zur Berufspraxis und/oder für die Überprü-fung der strategischen Leistung von Teams |
| 8 | Spitzenkenntnisse in einem Arbeits- oder Lernbereich und an der Schnittstelle zwischen verschiedenen Bereichen | Weitest fortgeschrittene und speziali-sierte Fertigkeiten und Methoden, einschließlich Synthese und Evalue-rung, zur Lösung zentraler Fragestel-lungen in den Bereichen Forschung und/oder Innovation und zur Erweite-rung und Neudefinition vorhandener Kenntnisse oder beruflicher Praxis | Fachliche Autorität, Innovationsfähig-keit, Selbstständigkeit, wissenschaftli-che und berufliche Integrität und nachhaltiges Engagement bei der Entwicklung neuer Ideen oder Verfah-ren in führenden Arbeits- oder Lern-kontexten, einschließlich der For-schung |

Quelle: Europäische Kommission: Der Europäische Qualifikationsrahmen für lebenslanges Lernen (EQR). Luxemburg 2008, S. 12f.

Bei der „Fachkompetenz" die Indikatoren „Wissen" und „Fertigkeiten" und bei der „personalen Kompetenz" die Indikatoren „Sozialkompetenz" und „Selbstkompetenz".

In den DQR sollen „alle formalen Qualifikationen des deutschen Bildungssystems der allgemeinen, der Hochschulbildung und der beruflichen Bildung" einbezogen werden und ebenso Ergebnisse des informellen Lernens. Eine gemeinsame „Bund-Länder-Koordinierungsgruppe Deutscher Qualifikationsrahmen (B-L-KG DQR)" soll den weiteren Prozess steuern, an dem „eine Vielzahl von Akteuren aus der allgemeinen, der Hochschulbildung und der beruflichen Bildung, die Sozialpartner und andere Expert/innen aus Wissenschaft und Praxis" beteiligt sind.[222] Festgehalten wird seitens des AK DRK und der B-L-KG DQR vorab ausdrücklich, „dass die Zuordnung der Qualifikationen des deutschen Bildungswesens zu den Niveaustufen des DQR das bestehende System der Zugangsberechtigungen nicht ersetzen soll".[223]

Derzeit fehlen noch Erfahrungen, welche Ziele im lebenslangen Lernen verfolgt werden können und inwieweit zu realisierende Module dabei den Anreiz bieten, sich beruflich zu verändern oder aufzusteigen.

**Zielsetzungen für das lebenslange Lernen**

Die Stärkung der wirtschaftlichen Prosperität erfordert in hohem Maße die berufliche Weiterbildung. Den geeigneten Weg dafür bietet der Grundsatz des lebenslangen Lernens auf der Basis modularer Strukturen.

Derzeit sind nur ca. 25 % der Erwerbstätigen in der Weiterbildung initiativ, womit Deutschland im Ländervergleich im unteren Mittelfeld liegt.[224] Es erscheint daher vordringlich, den im Beschäftigungssystem tätigen Fachkräften Anreize für den Ausbau ihrer Qualifikation sowie für das Umsteigen in benachbarte Fachgebiete und für den Aufstieg im Arbeitsleben zu bieten.

Immer noch versteht sich Deutschland als Land der Erstausbildung. Dessen ungeachtet wurde bisher das Prinzip der Modularisierung auch von verantwortlichen Stellen entschieden abgelehnt, obwohl das lebenslange Lernen und die Modularisierung der Inhalte im Wesentlichen als Realisierung des Komplexes Weiterbildung zu verstehen sind und damit helfen, die in Deutschland bestehende Lücke zu schließen. Bedauerlicherweise gilt in der berufspädagogischen Diskussion seit Jahrzehnten Modul als Unwort.

**Bisher bestehende „Module"**

Jeder Vorschlag, über zertifizierte Bausteine, also Module, die Qualifikation auszubauen, dürfte daher zunächst erhebliche Schwierigkeiten bereiten. Andererseits ist – auch wenn nicht mit dem Wort Modul bezeichnet – die Qualifizierung über kleinere Einheiten schon längst üblich.

---

[222] Ebd., S. 2
[223] Ebd., S. 5
[224] Vgl. Friedrich-Ebert-Stiftung (Hrsg.): Bildung macht reich. Mehr Praxisorientierung in Bildung und Weiterbildung. Bonn 2009, S. 25

Außerhalb des offiziellen Bildungssystems gibt es heute in vielen Bereichen Qualifikationen, die auch von offiziellen Stellen geprüft und bestätigt werden, was durchaus dem Modell der Modularisierung entspricht. Beispiel hierfür ist der Führerschein für LKW, der de facto auch einen beruflichen Befähigungsnachweis darstellt. Neben dem LKW- oder Omnibus-Führerschein gibt es noch weitere Teilbereiche, die ebenfalls als Module oder Teile des Gesamtsystems anzusehen sind, so u. a. die Qualifikationen in der Schweißtechnik. Unschwer lässt sich auf ähnliche Teilqualifikationen in anderen Wirtschaftszweigen verweisen.

**Anforderungen des Beschäftigungssystems**

Die Erarbeitung von Modulen für Teilqualifikationen unterscheidet sich von der Konzeption aufbauend auf bereits existierenden Weiterbildungsplänen darin, dass sich neue Module direkt auf die zu stellenden beruflichen Anforderungen, also auf die Praxis des Beschäftigungssystems – *vor Ort* – auszurichten haben. Die Erarbeitung derartiger Module ist also nicht ohne Fachkräfte möglich, die in diesem Teilbereich über entsprechende Erfahrungen verfügen. So wird in diesem Zusammenhang oft Neuland betreten.

Dem damit verbundenen hohen Arbeitsaufwand steht der Vorteil gegenüber, dass der über neue Module gekennzeichnete Ausbildungsstand mit der beruflichtechnischen Entwicklung in der Arbeitswelt verzahnt ist.

Dieses Vorgehen versteht sich demzufolge als die Schnittstelle, die dafür verantwortlich ist, dass berufliche Bildung und wirtschaftliche Prosperität miteinander eng verbunden sind. Ausbildungsordnungen sollten dessen ungeachtet exakt dem Acht-Stufen-Modell zugeordnet werden, so dass das Qualifikationssystem detailliert in entsprechender Struktur zu modularisieren ist.

**Aufbau auf zweijähriger Grundqualifikation**

Die Abbildung 19 veranschaulicht, in welcher Weise im neu zu installierenden Qualifikationsrahmen, dem EQR-System entsprechend, unter dem Aspekt lebenslanges Lernen vorgegangen werden kann.

Aufgebaut wird auf einer zweijährigen Grundqualifikation mit Basis Berufsgruppe, die hier als Auffangmöglichkeit für die sonst ins Übergangssystem einzugliedernden Jugendlichen verstanden wird. Die Struktur dieser Grundqualifikationen ist in Abbildung 18 in Kapitel 4.1 modellhaft dargestellt und gilt für die nächsten Schritte der beruflichen Qualifizierung beim derzeitigen Fehlen anderer Ausbildungsmöglichkeiten als Ersatz für die vielen Einweisungen in das Übergangssystem.

Darauf aufbauend sind beispielsweise drei verwandte Ausbildungsgänge mit ihren speziellen Anforderungen im zeitlichen Ablauf in der Grafik von links nach rechts aufgezeigt:

– Die im Modell links einbezogene Gruppe Jugendlicher tritt nach Abschluss der Grundausbildung zunächst in ein Arbeitsverhältnis ein und wählt den Weg des informellen Lernens mit Einbeziehung von Modulen und dem Ziel Facharbeiterabschluss. Die Prüfung wird danach extern vor einer entsprechenden

**Abb. 19: Modellhafte Darstellung der Aufstiegswege aufbauend auf der beruflichen Grundqualifizierung**

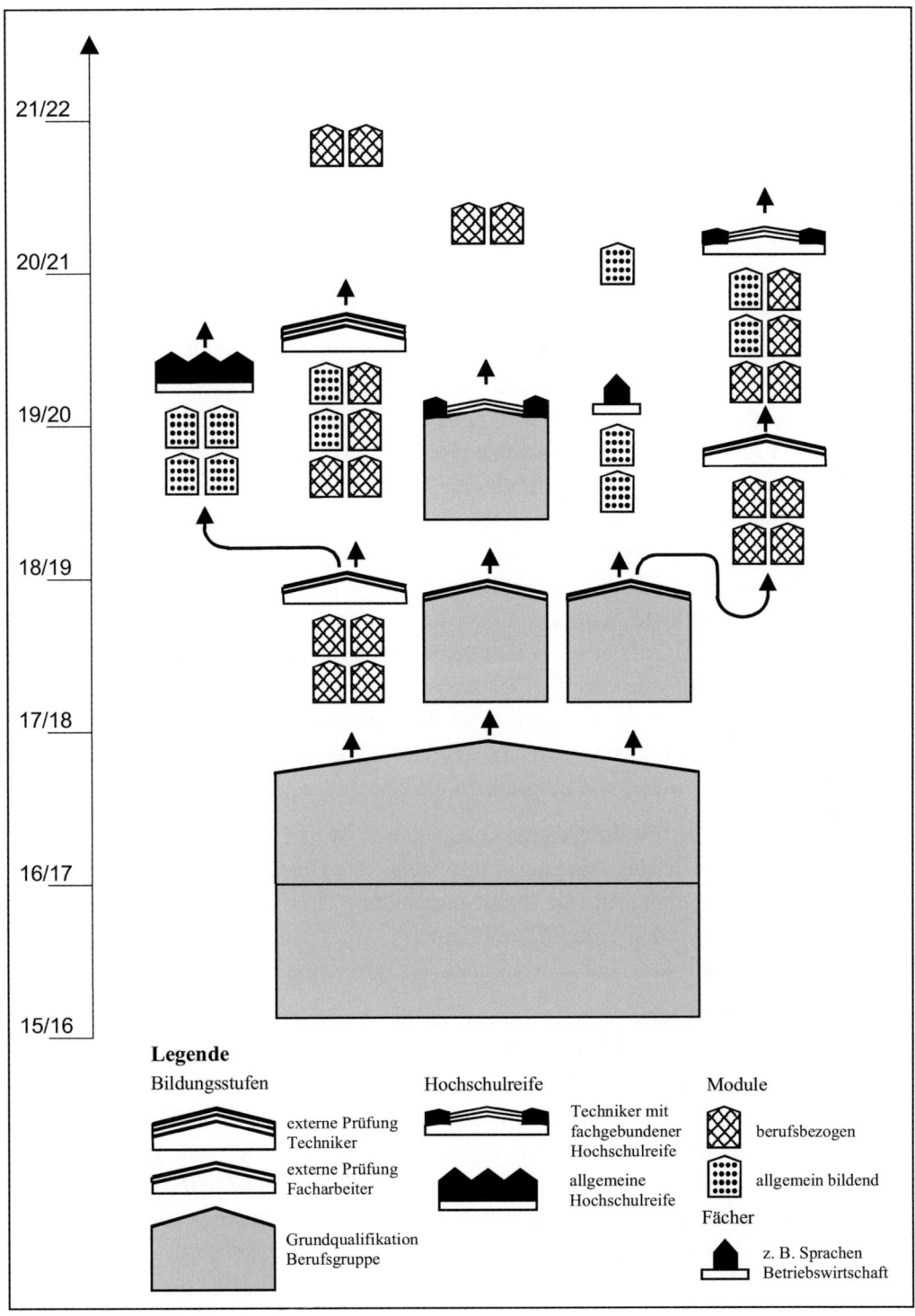

Prüfungskommission abgelegt. Darauf aufbauend bietet sich einmal der Weg zum Abitur an, wobei die Voraussetzungen dafür über die Absolvierung von speziell erarbeiteten Modulen erworben werden.

Alternativ kann ebenfalls im modularen System die Aufbaustufe Techniker erreicht werden.

– Die an zweiter Stelle platzierten Jugendlichen treten unmittelbar in einen einjährigen dual-alternierenden Bildungsgang mit Ziel Facharbeiterabschluss ein.

Darauf aufbauend kann ebenfalls in dual-alternierender Ausbildung die Stufe des Technikers erreicht werden. Unter Einbeziehung entsprechender Wahlmodule in den zuvor absolvierten Bildungsgängen ist dann mit dem Technikerzertifikat die fachgebundene Hochschulreife verbunden.

– Die dritte Ausbildungsmöglichkeit zeigt zunächst den Übergang in einen einjährigen dual-alternierenden Ausbildungsgang mit Ziel Facharbeiter. Im Sinne des Grundsatzes lebenslangen Lernen wird – wie eingezeichnet – auf eine Fachprüfung, beispielsweise eine Fremdsprache, vorbereitet.

Eine weitere Möglichkeit durch den informellen Ausbildungsweg mit Einbeziehung von Modulen ist das Ziel, einen anderen Facharbeiterabschluss in der Gruppe der verwandten Berufe zu erreichen. Im Aufbau darauf gelingt es ferner, die Qualifikationsstufe Techniker informell zu erreichen.

Der veranschaulichte Aufstieg über absolvierte Module erfolgt in der nicht unterbrochenen Berufstätigkeit und setzt eine einvernehmliche Kooperation mit den Unternehmungen voraus. Der wesentliche Vorteil von Möglichkeiten des informellen Lernens liegt darin, dass die Erwerbstätigkeit nicht unterbrochen wird und die nach dem Grundsatz *learning by doing* gewonnenen Fertigkeiten und Kenntnisse soweit wie möglich zu Teilabschlüssen führen.

**Aufbau im Acht-Stufen-System** Die im Aufbau zu absolvierenden Qualifikationsstufen sind:

– Grundqualifizierung zweijährig mit Fachbreite Berufsgruppe.
– Facharbeiter einjährig mit enger Ausrichtung der Fachbreite nach den traditionellen Facharbeiterqualifikationen.
– Höhere Qualifikation, hier als Techniker bezeichnet.

**Begrenzte Auswahl** Mit dem Begriff lebenslanges Lernen ist die Vielfalt von Qualifikationsformen einbezogen. In der Abbildung 19 sind verschiedene Modelle des Aufstiegs und des Umsteigens dargestellt. Diese Abbildung darf jedoch nicht so gewertet werden, dass hier die Gesamtheit der Möglichkeiten aufgezeigt wurde.

Die dargestellten Möglichkeiten sollen im Nebeneinander von systematischer und informeller Aus- und Weiterbildung parallel zur Erwerbstätigkeit unter Einschluss vom Modulen, bei denen ebenfalls Betrieb und Schule zusammenwirken können, realisiert werden.

## 4.3 Spezielle Ausbildungsgänge für ausbildungsschwache Schulentlassene

Die Förderung von Jugendlichen, die den Pflichtschulabschluss nicht erreichten oder auch sonst als Benachteiligte gelten, stellt in den europäischen Staaten zunehmend ein besonders wichtiges Aufgabenfeld dar. In Deutschland werden von den Ländern im so genannten Übergangssystem höchst unterschiedliche Wege angeboten. Dabei setzen die Länder in teilweise erheblichem Umfang auf berufsvorbereitende Maßnahmen der Bundesagentur für Arbeit. Bezogen auf die Schulabgänger (jeweils 100 %) wurden in Deutschland Ende 2007 rund 130.000 Jugendliche oder 14 % von der Bundesagentur für Arbeit gefördert; überdurchschnittlich viele in Schleswig-Holstein und Brandenburg (je 21 %), Mecklenburg-Vorpommern (19 %) sowie Nordrhein-Westfalen und Sachsen (je 15 %).[225]

*Heterogene Förderangebote*

Die Maßnahmen der Berufsvorbereitung an beruflichen Schulen der Länder und bei freien Trägern, die von der BA finanziert werden, besuchen Jugendliche mit ganz verschiedenen Schwächen und Lerndefiziten. Das Berufsvorbereitungsjahr und das Berufsgrundbildungsjahr wie auch die berufsvorbereitenden Maßnahmen der BA sind vornehmlich auf den Übergang ins duale System ausgerichtet. Gemeinsam ist ihnen, den Teilnehmern in praktischen Lernphasen eine Erprobung in verschiedenen Berufsfeldern oder vertieft in einem einzelnen zu vermitteln sowie darüber hinaus die Möglichkeit zu bieten, einen zuvor nicht erreichten Hauptschulabschluss nachzuholen. Lerngruppen dieser Art sind in sich also heterogen.

*Unterschiedliche Schwächen und Defizite*

Jugendliche Migranten, die an fehlenden Deutschkenntnissen scheiterten, und Hauptschulabsolventen mit Defiziten z. B. in Mathematik befinden sich zumeist in der gleicher Klasse mit denen, die ohne Schulabschluss geblieben sind. Hinzu kommt, dass die Berufsvorbereitung und -grundbildung bei einem gelungenen Übergang in ein Ausbildungsverhältnis nicht anerkannt wird, so dass die im Übergangssystem absolvierte Zeit für den Einzelnen am Ende doch als Warteschleife gilt.

Die genannten Zweige des Übergangssektors stimmen darin überein, dass jeweils im geschlossenen Klassenunterricht vorgegangen wird, was bei den in der Regel heterogen strukturierten Klassen die Möglichkeiten, auf den Einzelnen und seine Handikaps einzugehen, auf ein Minimum reduziert. In Lerngruppen von Schulentlassenen mit höchst unterschiedlichen Defiziten bis hin zu Verhaltensauffälligkeiten ist es unabdingbar, in weit stärkerem Maße auf die spezifischen Schwächen und Probleme der Einzelnen einzugehen.

*Neues Regelangebot notwendig*

Dies kann nur gelingen, wenn über alle Bundesländer hinweg ein neues Regelangebot entwickelt und durch eine Rahmenvereinbarung der KMK in seinen Grundzügen strukturiert wird. Dabei ist das Prinzip der Modularisierung anzuwenden, damit dem Einzelnen – auch zusammen mit der eigentlich zum Stan-

---

[225] Daten aus BIBB, Bonn (Hrsg.): Datenreport zum Berufsbildungsbericht 2009, S. 98

dard zu rechnenden sozialpädagogischen Begleitung – die Förderung zuteil wird, die den Zugang zur beruflichen Qualifizierung ermöglicht. Dies wird dadurch erleichtert, dass in den meisten Berufsschulzentren mehrere Klassen für lernschwache Schüler einzurichten sind.

**Länder-übergreifendes Problem**

Wie der Blick über die Grenzen zeigt, erweisen sich Berufsvorbereitungsmaßnahmen in allen Staaten als erforderlich. Deren Verschiedenartigkeit soll hier anhand von zwei extremen Beispielen veranschaulicht werden:

- Bei dem in Österreich eingerichteten System wird über Maßnahmen der Arbeitsverwaltung von vornherein eine qualifizierte Ausbildung sichergestellt.
- Bei dem in Deutschland ausgebauten System mit ein- und zweijährigen Maßnahmen ist eine Anrechung auf spätere Ausbildungsgänge nicht möglich.

**Überbetriebliche Ausbildung Modell Österreich**

Für österreichische Jugendliche, die keine Lehrstelle finden konnten, wird bereits seit Mitte der 1990er Jahre die *überbetriebliche Berufsausbildung* ausgebaut. Seit Juni 2008 erhalten Jugendliche bis 18 Jahre sogar eine gewisse Ausbildungsgarantie. Die Arbeitsmarktverwaltung beauftragt geeignete Ausbildungseinrichtungen mit der überbetrieblichen Lehrlingsausbildung. Sie wird von einer größeren Zahl freier Träger durchgeführt, wie z. B. in Wien durch die Organisation „Jugend am Werk". Die Finanzierung liegt bei der Arbeitsmarktverwaltung. Die Jugendlichen erhalten eine Ausbildungsvergütung, die etwas unterhalb der Lehrlingsvergütung liegt.

Mit dem aktuellen Reformprozess wird die überbetriebliche Berufsausbildung als gleichwertig mit dem betrieblichen Lehrstellenangebot gesehen und damit als Bestandteil der dualen Berufsausbildung verstanden. Die früheren, in der Regel 10-monatigen Lehrgänge nach dem Jugendausbildungssicherungsgesetz (JASG) sind ausgelaufen, so dass nun ein einheitlicher Typus der überbetrieblichen Lehre eingeführt ist, der die gesamte Ausbildung bis zum Lehrabschluss ermöglicht. Im Ausbildungsjahr 2007/08 erhielten ca. 10.000 Jugendliche eine derartige Ausbildung, was rund 10 % des Jahrgangs der 16-Jährigen entspricht. Die oben beschriebene Regelung in Österreich sollte von der deutschen Arbeitsverwaltung als Modell geprüft werden.

**Schulisches Modell**

Das hier entworfene schulische Modell für Schulentlassene mit Defiziten in der Ausbildungsfähigkeit zielt nach Abschluss auf verschiedene Übergänge: Einmal auf den Übergang in die Erwerbstätigkeit als Jungarbeiter und Jungarbeiterin und zum anderen auf den Eintritt in das zweite Jahr des bereits in Kap. 4.1 beschriebenen Grundstufenmodells. Es sichert also den so genannten Spätentwicklern, wenn auch mit Verzögerung, den Übergang ins allgemeine Berufsbildungssystem. Ebenso ist danach der Eintritt in eine betriebsgebundene Ausbildung gemäß BBiG möglich, und zwar – wenn bereits entsprechende Fachmodule absolviert wurden – mit Eintritt in das zweite Ausbildungsjahr.

Der wesentliche Unterschied gegenüber dem Eintritt ins Übergangssystem besteht darin, dass die Jugendlichen, die z. B. wegen mangelnder Ausbildungsfähigkeit von den Betrieben nicht angenommen wurden, ohne Zeitverlust in die gemäß Kap. 4.1 beschriebenen Grundbildungsgänge integriert werden können. Die vorliegenden Statistiken der letzten Jahre zeigen, dass sogar Absolventen mit abgeschlossener Realschule ins Übergangssystem einbezogen sind. Bei den Personen, auf die das hier erläuterte System der Berufsvorbereitung ausgerichtet ist, handelt es sich ohne Ausnahme um schwach begabte Jugendliche, für die auch neue didaktische Methoden zur Motivation zu entwickeln sind.

**Zielsetzung der speziellen Grundbildung**

Abbildung 20 verweist als Modell auf die Zielsetzungen der Ausbildungsgänge für Schulentlassene mit Defiziten in der Ausbildungsfähigkeit, und zwar einmal den nach einem Jahr schon möglichen Übergang in die Berufs- und Arbeitswelt als Jungarbeiter oder Jungangestellter und nach dem zweiten Jahr die Möglichkeit des Übertritts in die Grundqualifizierung (vgl. Kap. 4.1) ebenso wie in ein Ausbildungsverhältnis gemäß BBiG, bei dem nach absolvierten einschlägigen Modulen auch der Übergang ins zweite Ausbildungsjahr möglich sein kann.

**Abb. 20: Ausbildung für Schulentlassene mit Defiziten in der Ausbildungsfähigkeit**

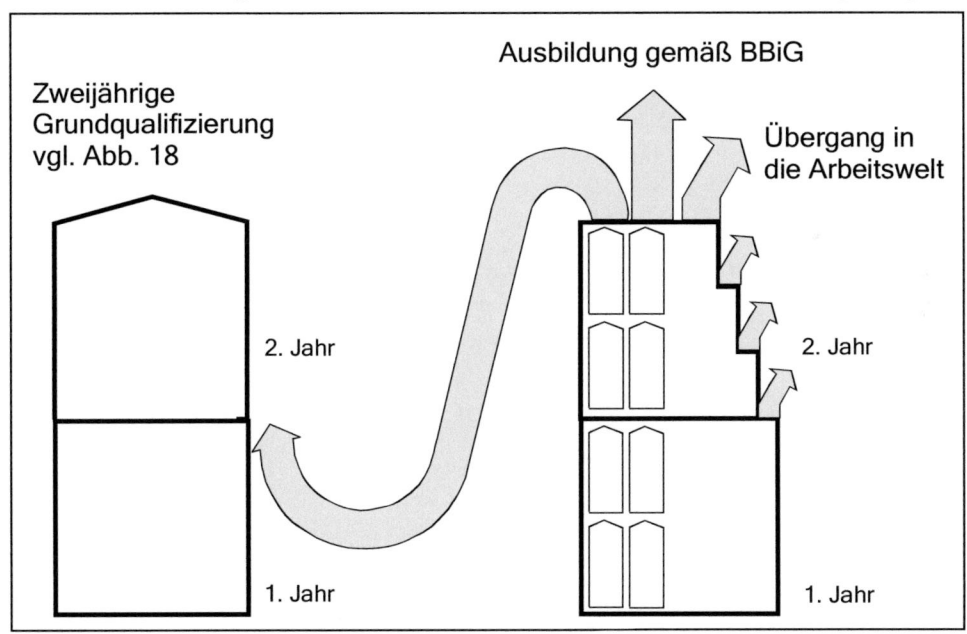

**Zertifizierung der Grundstufe**

Bisher hat sich ganz offensichtlich der Staat davor gescheut, für benachteiligte und schulschwache Jugendliche eigene Ausbildungsgänge mit einem Zertifikat einzurichten, das den Übergang in die Arbeitswelt, wenn auch auf niederem Niveau, sicherstellt. Die bestehenden Ansätze der Berufsvorbereitung scheitern nicht zuletzt am Fehlen von Abschlusszertifikaten, die die erreichten Teilergebnisse dokumentieren. Der Aufbau des hier vorgeschlagenen zweijährigen Ausbildungsmodells ähnelt im ersten Jahr weitgehend dem bisherigen Modell des Berufsvorbereitungsjahres, allerdings angereichert durch in modularer Form zu erarbeitende Fertigkeiten und Kenntnisse, die speziell die Defizite der Eintretenden betreffen. Das zweite Jahr lehnt sich teilweise an das Berufsgrundbildungsjahr an und qualifiziert die Jugendlichen berufsbezogen einschließlich berufspraktischer Ausbildung, verbunden mit entsprechendem Unterricht, zur Fortsetzung der Ausbildung in der zweijährigen Grundqualifizierung.

Für den erfolgreichen Einstieg in das Beschäftigungssystem ist entscheidend, dass der Jugendliche nicht nur mit einer einheitlichen, ihn überfordernden Stufe konfrontiert ist, wie z. B. Facharbeiter, sondern der Übergang gestuft erfolgt und der Ausgebildete schon bald in der betrieblichen Praxis eingesetzt werden kann.

Dessen ungeachtet darf der Weg zu Aufstiegsmöglichkeiten nicht versperrt sein, so dass das zweijährige Grundprogramm eine Anrechnung für den nächsten Aufbau in sich birgt, der das erste Jahr des zweijährigen Qualifikationssystems ersetzt.

## 5. Vorschläge für die Beseitigung erkannter Defizite im Qualifikationssystem

Die seit wenigen Jahren in Deutschland gestiegenen Quoten von Eintritten in die betriebliche Ausbildung werden von amtlichen Stellen als Überwindung des Ausbildungsplatzmangels verstanden (vgl. Kap. 2.4). **Bereitschaft für Reformen eingeschränkt**

Der weitaus größere Teil der z. B. 624.000 Lehranfänger des Jahres 2007 trat allerdings im Erwachsenenalter ein und nur etwa ein Drittel nach der Schulentlassung. Nach wie vor wird weit mehr als die Hälfte der Schulentlassenen in das so genannte Übergangssystem einbezogen, also in ein- oder zweijährige Schulzweige der Berufsvorbereitung, oft als Warteschleifen bezeichnet. Die sich schon seit den 1980er Jahren bis heute kontinuierlich verschlechternde Situation anlässlich des Übergangs von der Schule in die Berufsausbildung besteht also unverändert fort (vgl. Kap. 2.3).

In den Medien erscheinen nur selten Beiträge zu dieser prekären Situation. Hinweise und Vorschläge, in welcher Weise das deutsche Berufsbildungssystem weiterentwickelt werden sollte, fehlen gänzlich. Parallel dazu zeigt sich eine stark eingeschränkte Bereitschaft, von der EU vorgeschlagene und teilweise bereits beschlossene Reformen umzusetzen, wie z. B. die Realisierung des lebenslangen Lernens und die Stufung des Bildungssystems gemäß EQR.

Die Öffentlichkeit ist sich nicht bewusst, dass das schon viele Jahre lang immer weiter ansteigende Übertrittsalter in eine Ausbildung den bereits erkennbaren Fachkräftemangel verstärkt und sich damit die von der EU herausgestellte Wechselwirkung *Berufsbildung – wirtschaftliche Prosperität* verschlechtert. Bereits im Zeitraum von 1995 bis 2005 belegte Deutschland als bevölkerungsstärkstes Land der EU bezogen auf das Wachstum des Bruttoinlandsprodukts den vorletzten Platz (vgl. Abbildung 2 in Kap. 1.1). Damit betreffen die anhaltenden Defizite nicht nur die wirtschaftliche Prosperität, sondern stellen ein relevantes gesellschaftspolitisches wie auch soziales Problem dar. **Wirtschaftliche Prosperität beeinträchtigt**

Diese Situation erklärt sich zu einem wesentlichen Anteil daraus, dass es in Deutschland keine Institution gibt, die sich intensiv und eigenverantwortlich mit den Wechselbeziehungen zwischen wirtschaftlicher Entwicklung und Bildungssystem, hier speziell der Berufsausbildung, beschäftigt (vgl. Kap. 2.5). **Keine Gesamtzuständigkeit im Bildungswesen**

Für die Abdeckung des Fachkräftebedarfs sowie die Sicherung wirtschaftlicher Prosperität ist dies von erheblicher Bedeutung. Die Beseitigung erkannter Defizite im Berufsbildungssystem verlangt zweifelsfrei die Einschaltung einer staatlichen Stelle, die für beide Bereiche – Wirtschaft und Schule – Verantwortung trägt. Als oberste Instanz wäre dies die Bundesregierung, die ihre Aktivitäten mit den für Bildung zuständigen Ländern abzustimmen hätte.

Die Notwendigkeit einer staatlichen Koordinierungsstelle begründete anlässlich des Berufsschultages in Bamberg am 13.11.2009 der Vorsitzende des Bundesverbandes der Lehrerinnen und Lehrer an beruflichen Schulen damit, dass die **Staatliche Koordinierungsstelle gefordert** bildungspolitischen Vorstellungen der Sozialpartner, der Kammern, der Bundesländer und auch der Lehrerverbände „zum Ausgleich gebracht und verbindlich für alle Bundesländer geregelt werden".

Der Bundesverband setzte sich gleichzeitig für die Weiterentwicklung der beruflichen Bildung in bestimmten Bereichen ein, wie z. B.:

– Vermeidung von Warteschleifen und Doppelungen von Bildungsgängen.
– Weiterer Ausbau von Zusatz- und Doppelqualifikationen in der beruflichen wie in der allgemeinen Bildung.
– Eigenständige Beteiligung der Berufsschulen im Prüfungswesen. Das Prüfungsmonopol der Kammern soll abgeschafft werden.

**Keine alleinige Zuständigkeit der Wirtschaft**

Die Problematik der Zuständigkeiten im deutschen Berufsbildungswesen wird durch die Mitteilung des Bundesministeriums für Bildung und Forschung an die EU 2005 zur Kompetenzverteilung im Bildungsbereich veranschaulicht und darauf verwiesen, dass es in der Bundesrepublik Deutschland keine verfassungsrechtliche Kompetenz gibt, die eine Koordinierung im Bildungsbereich erzwingen könnte.[226]

Die Reformvorschläge müssen also hier ansetzen, da der Staat die Qualifizierung der nachwachsenden Generation nicht allein der Wirtschaft überlassen kann und darf. Erschwerend ist hervorzuheben, dass – wie in dieser Studie mehrfach festgestellt – die in Deutschland unkritisch immer wieder positiv geprägte Selbsteinschätzung notwendigen Reformschritten im Wege steht.

**Erkannte Schwächen im System**

In den vorangegangenen Kapiteln wurden die Ursachen für bestehende Defizite herausgestellt. Sie sind in der Bestandsaufnahme in Teil 2 und in der Auseinandersetzung mit den dogmenhaft vertretenen Prinzipien in Teil 3 dargelegt. In den folgenden Abschnitten des Schlusskapitels wird aufgezeigt, in welchen Teilbereichen Reformbedarf besteht.

**Vernachlässigung internationaler Vergleiche**

Die hohe Meinung vom eigenen Berufsbildungssystem hat in Deutschland dazu geführt, dass die Bedeutung internationaler Vergleiche von Berufsbildungssystemen nicht erkannt wurde und daher echte komparative Untersuchungen gänzlich ausblieben; dies hatte zweifelsfrei Abschottungstendenzen zur Folge. Auf der berufsbildungspolitischen Ebene ist kaum die Bereitschaft erkennbar, sich mit anderen Systemen und Berufsbildungskulturen zu befassen, geschweige denn von ihnen zu lernen. Die Einbeziehung in den europäischen Bildungsraum wird dadurch ernstlich behindert.

**Einführung modularer Strukturen**

Notwendig ist die konsequente Einführung modularer Strukturen sowohl in der Weiterbildung als auch in der Erstausbildung, um umfangreiche Ausbildungsabschnitte zu strukturieren und mittels fortlaufender Lernerfolgskontrollen getrennt zu zertifizieren, statt Zwischen- und Abschlussprüfungen nur darauf aus-

---

[226] Vgl. Europäische Kommission (Hrsg.): Umsetzung des Arbeitsprogramms „Allgemeine und berufliche Bildung 2010". Fortschrittsbericht 2005 Deutschland. Brüssel 2005, S. 4

zurichten, den Erwerb der beruflichen Handlungsfähigkeit zu bestätigen (§ 38 BBiG).

Die Weiterbildung sollte sowohl die Erweiterung der Qualifikation im erlernten Beruf als auch das Umsteigen auf benachbarte Berufe sowie den Aufstieg auf eine höhere Stufe im nationalen Berufsbildungssystem ermöglichen.

Die in Teil 4 entworfenen Berufsausbildungsgänge sind unter dem Gesichtspunkt einer modularisierten Struktur in eine eigenständige zweijährige breite Grundqualifizierung auf der Basis von Berufsgruppen und darauf aufbauende ebenfalls eigenständige Fachstufen gegliedert.

**Arbeitsteilung Betrieb – Schule**

Um einen qualifizierten Fachkräftenachwuchs zu sichern, bedarf es im Dualsystem einer engen Kooperation von Betrieb und Schule. Für eine den heutigen Anforderungen entsprechende Ausbildung sind vielfältige pädagogische Kompetenzen notwendig, um die individuellen Potenziale der Lernenden freizulegen und zu fördern. Für den Ausbildungserfolg im Dualsystem gilt das Zusammenwirken von Erfahrungslernen und Lernen in systematischer Form als Grundvoraussetzung.

**Anpassung an wirtschaftliche Dynamik**

Die Berufsausbildung in Deutschland vernachlässigt die Förderung von Motivationsfaktoren und Handlungskompetenzen, die im globalen Wettbewerb Voraussetzung dafür sind, hochwertige Arbeitsplätze sicherzustellen. Die Zielsetzung einer engen Bindung der Berufsausbildung an den bestehenden Bedarf der Wirtschaft bzw. der Betriebe führt dazu, Problemlösungen und Verfahrensweisen zu reproduzieren; zu fördern sind zusätzlich auch kreative und innovative Potenziale. Ungeachtet der Forderung nach größerer beruflicher Mobilität ist die derzeitige Ausbildung immer noch auf den auf der erreichten Qualifikation aufbauenden geradlinigen Berufsverlauf ausgerichtet; Möglichkeiten, nach Berufsabschluss in modularer Form anzuknüpfen, sind bisher kaum ausgebaut. Die hohe Quote der Berufswechsler sowie der niedrige Anteil von Absolventen einer dualen Ausbildung, die ihr Wissen und Können außerhalb ihres Lehrberufs anwenden, verweist auf eine Inflexibilität des Berufsbildungssystems, die der hohen Dynamik der Arbeitswelt keineswegs entspricht.

**Vordringliche Reformschritte**

Die nachfolgenden Kapitel zeigen Lösungsansätze für Sachverhalte auf, in denen dringender Handlungsbedarf besteht, um die berufliche Aus- und Weiterbildung in Deutschland effizienter zu gestalten:
— Differenzierung der Ausbildung nach Sekundarbereich II und postsekundär (5.1)
— Erhöhung der Quoten des Dualsystems durch Ausbildungsverbund (5.2)
— Reduzierung der durch das Übergangssystem entstehenden hohen Kosten (5.3)
— Beseitigung des in Deutschland zweigeteilten Berechtigungswesens (5.4)
— Einbindung der beruflichen Ausbildung ins Bildungsgesamtsystem (5.5)
— Annäherung an Empfehlungen und Beschlüsse auf europäischer Ebene (5.6)

### 5.1 Differenzierung der Ausbildung nach Sekundarbereich II und postsekundär

Ansteigen des Alters bei Lehreintritt

In jüngerer Zeit ergaben sich im Bereich des Übergangs von der Schule in die Ausbildung wesentliche Veränderungen. Traten noch im Jahre 1975 die Schulentlassenen im durchschnittlichen Alter von etwa 16 Jahren in die betriebliche Berufsausbildung ein, so schob sich in der Zeit danach der Lehrantritt immer weiter hinaus. Die Abbildung 21 zeigt, in welchem Ausmaß sich der Eintritt über die Jahre hinweg verzögerte. Seit dem Jahre 1987 erfolgt der durchschnittliche Ausbildungsbeginn mit 18 Jahren und darüber. Nach dem Stand des Jahres 2009 hat sich der Eintritt noch weiter hinausgeschoben; er erfolgt nun erst zwischen 19 und 20 Jahren. Das höhere Alter bei Lehreintritt hat zweifelsfrei verschiedene Gründe; dazu gehören:

- Unzureichendes Ausbildungsplatzangebot
- Defizite in der Ausbildungsreife der Jugendlichen
- Höhere Anforderungen nach den neuen und aktualisierten Ausbildungsordnungen
- Besuch weiterführender allgemein bildender Schulen zum Erwerb höherer Abschlüsse

So orientieren sich derzeit Ausbildungsbetriebe auf ältere Bewerber, womit offensichtlich der Ausbildungserfolg leichter sichergestellt werden kann. Teilweise wird sogar der abgeleistete Wehrdienst als Einstiegsvoraussetzung gewünscht. Aus dem mit der dualen Ausbildung traditionell verbundenen Erziehungsauftrag verabschieden sich die Betriebe mit der zunehmenden Einstellung Erwachsener weitgehend.

Schulentlassung nicht mehr Ausbildungsbeginn

Das Berufsbildungsgesetz von 1969 wurde vor dem Hintergrund erlassen, dass die Jugendlichen nach der Schulentlassung aus der Haupt- oder Realschule (Sekundarstufe I) in ein betriebliches Ausbildungsverhältnis übergehen. Wenn heute zwei Drittel und mehr der Neueintretenden bereits über 18 Jahre alt sind, wird die Berufsausbildung zur Erwachsenenqualifizierung, die zu höherem Anteil einem vorausgehenden Besuch von Schulformen der Sekundarstufe II folgt, gleich ob es sich um Gymnasien oder Maßnahmen des Übergangssystems handelt. International gesehen zählen derartige auf der Sekundarstufe II aufbauende Qualifizierungsformen zum postsekundären Bildungsbereich; in der ISCED, der Internationalen Standardklassifikation des Bildungswesens, sind sie der Stufe 4 unterhalb des Tertiärbereichs zugeordnet.

Es ist unverständlich, dass diesen grundlegenden Veränderungen im Lehreintritt im Rahmen der deutschen Berufsbildungsforschung noch nicht über Untersuchungen nachgegangen wurde, um daraus angemessene Konsequenzen ziehen zu können.

Das Berufsbildungsgesetz weist damit nur noch einem kleineren Teil der Schulabgänger den Weg des Übergangs in eine betriebliche Berufsausbildung; der größere Teil wird durch dieses auf die Schulentlassenen bezogene Gesetz nicht mehr angesprochen.

**Abb. 21: Mittleres Eintrittsalter in die betriebliche Lehre**

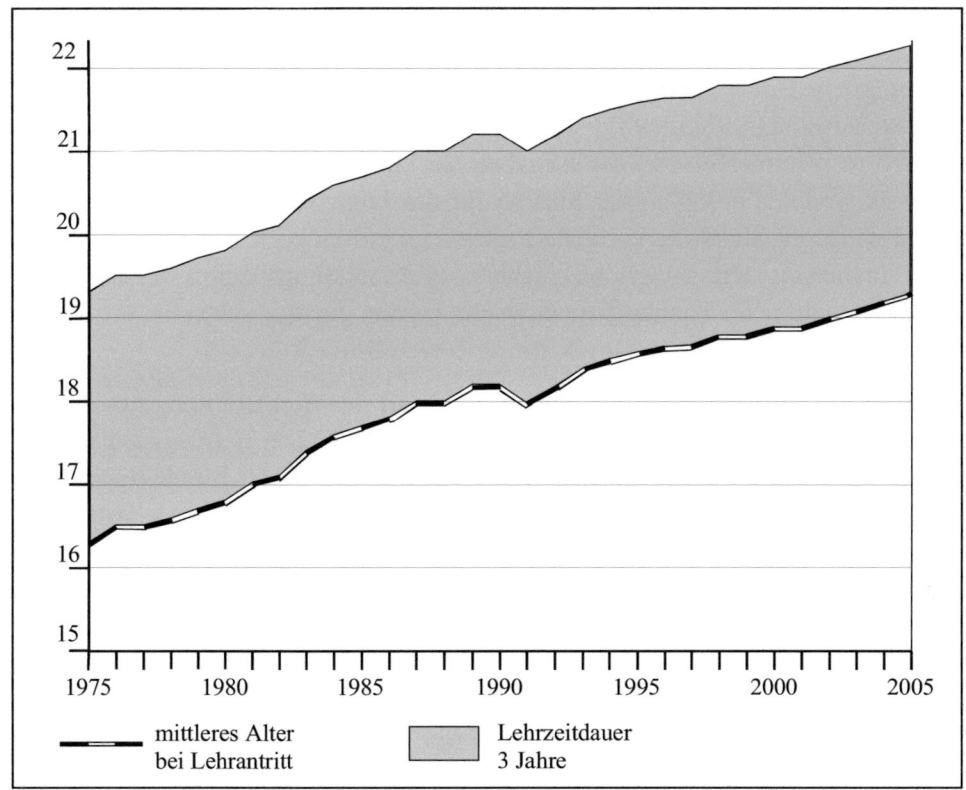

Quellen: Jahre 1975 bis 1990: aus Tabellen des IAB Nürnberg zur Bildungsgesamtrechnung.
Ab 1995: BIBB: Datenreport zum Berufsbildungsbericht 2009. Bonn 2009, S. 157

Zu beachten sind demzufolge die Ziele der Berufsbildungsplanung, wie sie § 85 Abs. 2 BBiG festlegt:

**Berufsbildungs-planung gefordert**

„Die Berufsbildungsplanung hat insbesondere dazu beizutragen, dass die Ausbildungsstätten nach Art, Größe und Standort ein qualitativ und quantitativ ausreichendes Angebot an beruflichen Ausbildungsplätzen gewährleisten und dass sie unter Berücksichtigung der voraussehbaren Nachfrage und des langfristig zu erwartenden Bedarfs an Ausbildungsplätzen möglichst günstig genutzt werden."

Dies bedeutet, dass bei entsprechenden Defiziten der Bund einzugreifen hat. Das BMBF ist gemäß § 86 Abs. 1 BBiG gehalten, dazu im jährlichen Berufsbildungsbericht Stellung zu nehmen:

„Erscheint die Sicherung eines regional und sektoral ausgewogenen Angebots an Ausbildungsplätzen als gefährdet, sollen in den Bericht Vorschläge für die Behebung aufgenommen werden."

Das „ausgewogene Angebot an Ausbildungsplätzen" ist seit den 1980er Jahren nicht mehr gewährleistet, denn seit dieser Zeit erfolgt der Lehrantritt im durchschnittlichen Alter von 18 Jahren und darüber. Der um mehrere Jahre verspätete

**Kein ausgewogenes Angebot an Ausbildungsplätzen**

Ausbildungsbeginn wirkt sich im Vergleich mit anderen Staaten äußerst negativ aus. Hinzu kommt, dass in Deutschland bei der Verlängerung der Pflichtschulzeit das neunte Schuljahr der Hauptschule zugeordnet wurde und seitdem der frühest mögliche Eintritt in die Ausbildung regulär mit 15 oder 16 Jahren erfolgt.

Im Beschäftigungssystem wirkt sich der Fachkräftemangel zweifelsfrei ebenfalls negativ aus. Betrachtet man die Angaben der OECD zur Entwicklung des Bruttoinlandsprodukts europäischer Staaten für die Jahre 1995 bis 2005, stellt man fest, dass Deutschland die vorletzte Position einnimmt (vgl. Kap. 1.1). Es bleibt offen, inwieweit sich des erhöhten Alters bei Ausbildungsbeginn wegen die defizitäre Situation im Fachkräftenachwuchs bereits auf das schlechte Abschneiden ausgewirkt hat.

**Neue Begrifflichkeit im BBiG** — Das BBiG vom Jahre 2005 erweitert den Begriff der Berufsbildung um die Berufsausbildungsvorbereitung (vgl. Quellenauszug 3). Neben Berufsgrundbildung, Berufsvorbereitung und berufsvorbereitende Maßnahmen der Bundesagentur für Arbeit – also die Kernbereiche des bisherigen Übergangssystems – tritt damit ein neues, eng eingegrenztes Vorgehen, nach dem, wie es im § 68 BBiG heißt, „lernbeeinträchtigte oder sozial benachteiligte Personen" gezielt auf die Aufnahme einer Berufsausbildung im dualen System vorbereitet werden sollen.

Dazu ergeben sich u. a. aus den Rahmenvorgaben des BBiG insgesamt und den §§ 68 – 70 folgende Vorgaben:

– Die Regelung bezieht sich nicht auf die von den Ländern an beruflichen Schulen angebotenen Formen des Berufsvorbereitungsjahres (BVJ) und des Berufsgrundbildungsjahres (BGJ).

– Das Ausbildungspersonal in der Berufsausbildungsvorbereitung muss – außerhalb der Maßnahmen der Bundesagentur für Arbeit – die Voraussetzungen der persönlichen und fachlichen Eignung nach den §§ 27 – 33 des BBiG erfüllen.

– Berufsausbildungsvorbereitung, wie sie die §§ 68 – 70 BBiG eingrenzen, fällt damit in den Verantwortungsbereich der zuständigen Stellen der Wirtschaft, den Kammern. Ihnen sind die angebotenen Maßnahmen anzuzeigen; sie haben Qualifizierungsbausteine anzuerkennen und zu zertifizieren.

– Eine bundeseinheitliche Regelung, etwa im Sinne der Ermächtigung zum Erlass einer Rechtsverordnung durch das zuständige Bundesministerium, ist nicht vorgesehen. Den Kammern obliegt es also, die Inhalte der Berufsausbildungsvorbereitung vorzugeben, die Qualifizierungsbausteine zu strukturieren und den Teilnehmern die erfolgreiche Absolvierung der Maßnahmen zu bescheinigen.

In welchem Umfang bislang Unternehmen und andere Organisationen wie beispielsweise freie Träger von den Möglichkeiten Gebrauch gemacht haben, ist den Berufsbildungsberichten der letzten Jahre nicht zu entnehmen. Auch gibt es keine statistischen Daten über Teilnehmer und Absolventen sowie deren Übergang in reguläre Berufsausbildungsverhältnisse.

**Quellenauszug 3: Berufsausbildungsvorbereitung gemäß BBiG 2005**

**Ziele und Begriffe der Berufsbildung (§ 1)**

(1) Berufsbildung im Sinne dieses Gesetzes sind die Berufsausbildungsvorbereitung, die Berufsausbildung, die berufliche Fortbildung und die berufliche Umschulung.

(2) Die Berufsausbildungsvorbereitung dient dem Ziel, durch die Vermittlung von Grundlagen für den Erwerb beruflicher Handlungsfähigkeit an eine Berufsausbildung in einem anerkannten Ausbildungsberuf heranzuführen.

**Personenkreis und Anforderungen (§ 68)**

(1) Die Berufsausbildungsvorbereitung richtet sich an lernbeeinträchtigte oder sozial benachteiligte Personen, deren Entwicklungsstand eine erfolgreiche Ausbildung in einem anerkannten Ausbildungsberuf noch nicht erwarten lässt. Sie muss ... durch umfassende sozialpädagogische Betreuung und Unterstützung begleitet werden.

(2) Für die Berufsausbildungsvorbereitung, die nicht im Rahmen des Dritten Buches Sozialgesetzbuch oder anderer vergleichbarer, öffentlich geförderter Maßnahmen durchgeführt wird, gelten die §§ 27 bis 33 entsprechend.

**Qualifizierungsbausteine, Bescheinigung (§ 69)**

(1) Die Vermittlung von Grundlagen für den Erwerb beruflicher Handlungsfähigkeit (§ 1 Abs. 2) kann insbesondere durch inhaltlich und zeitlich abgegrenzte Lerneinheiten erfolgen, die aus den Inhalten anerkannter Ausbildungsberufe entwickelt werden (Qualifizierungsbausteine).

(2) Über vermittelte Grundlagen für den Erwerb beruflicher Handlungsfähigkeit stellt der Anbieter der Berufsausbildungsvorbereitung eine Bescheinigung aus. Das Nähere regelt das Bundesministerium für Bildung und Forschung im Einvernehmen mit den für den Erlass von Ausbildungsordnungen zuständigen Fachministerien nach Anhörung des Hauptausschusses des Bundesinstituts für Berufsbildung durch Rechtsverordnung, die nicht der Zustimmung des Bundesrates bedarf.

**Überwachung, Beratung (§ 70)**

(1) Die nach Landesrecht zuständige Behörde hat die Berufsausbildungsvorbereitung zu untersagen, wenn die Voraussetzungen des § 68 Abs. 1 nicht vorliegen.

(2) Der Anbieter hat die Durchführung von Maßnahmen der Berufsausbildungsvorbereitung vor Beginn der Maßnahme der zuständigen Stelle schriftlich anzuzeigen. Die Anzeigepflicht erstreckt sich auf den wesentlichen Inhalt des Qualifizierungsvertrages sowie die nach § 88 Abs. 1 Nr. 5 erforderlichen Angaben.

(3) Die Absätze 1 und 2 sowie § 76 finden keine Anwendung, soweit die Berufsausbildungsvorbereitung im Rahmen des Dritten Buches Sozialgesetzbuch oder anderer vergleichbarer, öffentlich geförderter Maßnahmen durchgeführt wird. Dies gilt nicht, sofern der Anbieter der Berufsausbildungsvorbereitung nach § 421m des Dritten Buches Sozialgesetzbuch gefördert wird.

Zweifelsohne wäre eine Mitwirkung der Betriebe in der Berufsausbildungsvorbereitung in der gegenwärtigen Situation eine höchst wünschenswerte Änderung, würde doch damit dieser Sektor ins Dualsystem integriert. Allerdings zeigt sich auch hier, dass – wie schon beim BBiG 1969 – völlig offen bleibt, in welcher Weise der Partner Berufsschule in die Maßnahmen eingebunden werden soll. Bezogen auf die Qualifizierungsbausteine fehlt also die Mitwirkung der Länder, die nach der Verfassung für Bildung und Berufsbildung zuständig sind. Ebenso liegen keine Publikationen vor, wonach die Länder ihrerseits aktiv geworden wären, um ihre Maßnahmen der Berufsvorbereitung und Berufsgrundbildung auf das Konzept der Qualifizierungsbausteine hin zu ergänzen oder die

*Sinnvolle Ergänzung des Dualsystems*

von ihnen nach Abschluss des BVJ, des BGJ oder der zweijährigen Berufsfachschulen erteilten Zertifikate daran auszurichten. Gleiches gilt für die berufsvorbereitenden Maßnahmen der BA, die nach § 70 Abs. 3 BBiG nicht nach dem
Konzept der Qualifizierungsbausteine strukturiert sein müssen.

**Fehlen von Ausbildungsangeboten**

Gegenüber der ursprünglichen Zielsetzung des BBiG von 1969 hat sich in der
Realität eine grundlegend andersartige Situation ergeben, in der das Gesetz nicht
mehr greift:

- Einmal fehlt eine Regelung für die Berufsausbildung des unversorgt bleiben-
  den Anteils von mehr als der Hälfte der Entlassjahrgänge.
- Zum anderen ist es erforderlich, den Komplex der beruflichen Erwachsenenbildung detailliert zu regeln.

Das BBiG erweist sich demzufolge als nicht mehr situationsgerecht; eine Neufassung ist also erforderlich. Dabei wären auch konsequent die Ziele der Berufsbildungsplanung sicherzustellen, die § 85 Abs. 2 BBiG festlegt.

**Komplex Weiterbildung vernachlässigt**

Das BBiG und die Handwerksordnung erwähnen die berufliche Fortbildung und
Umschulung, ohne jedoch das erreichte Abschlussniveau detailliert zu benen-
nen. Den Kammern wird lediglich neben bundesrechtlich geregelten Wegen der
Fortbildung wie der Meisterprüfung des Handwerks und der Fachwirte die
Strukturierung der einschlägigen Weiterbildungsabschlüsse übertragen. Das vom
BIBB herausgegebene „Verzeichnis der anerkannten Ausbildungsberufe" führt
weit über 500 Fortbildungsregelungen auf. Für einzelne Abschlüsse wie bei-
spielsweise „Handelsfachwirt/Handelsfachwirtin" haben über 75 Industrie- und
Handelskammern Einzelregelungen erlassen.[227] Im Zuge des Umbaus im
Hochschulwesen ist die Attraktivität insbesondere der Aufstiegsfortbildung
immer mehr gesunken, so dass die Absolventenzahlen heute deutlich unter dem
Niveau der Jahre 1990 bis 2000 liegen.

**Konsequenzen**

In einem neuen vom Bund unter Mitwirkung der Länder bald möglichst zu ver-
abschiedenden Berufsbildungsgesetz sind sowohl das überkommene Dualsystem
zu verankern als auch Ausbildungsgänge des so genannten schulischen Systems,
in die gemäß EU-Vorschlag auch Betriebspraktika einzubeziehen sind. Ein neues Berufsbildungsgesetz hat also alle Zweige der beruflichen Bildung unterhalb
des tertiären Bereichs einzuschließen und auch die Übergangsmöglichkeiten in
den Hochschulsektor zu regeln.

Dieser umfassende Geltungsbereich ist in anderen Ländern bereits realisiert
worden, so z. B. in Frankreich, wo grundsätzlich für Dualsystem und Vollzeitschulen die gleichen Ordnungsmittel verbindlich sind.

Als Kernpunkte für Reformen sind anzuführen:

---

[227] Vgl. Rothe, G.: Berufliche Bildung in Deutschland. Karlsruhe (www.uvka.de) 2008,
S. 278

- Das neue Gesetz hat Regelungen für Grundqualifizierungen und Aufbaustufen insgesamt zu beinhalten, also die Gesamtheit von Aus- und Weiterbildung zu umfassen.
- Erforderlich ist die Differenzierung von Ausbildungsgängen im Anschluss an die Sekundarstufe I sowie im Erwachsenenalter, jeweils mit Definition der Eingangsvoraussetzungen für beide Altersgruppen.
- Einzubeziehen sind gleichzeitig auch die Voraussetzungen für die Realisierung des Grundsatzes lebenslanges Lernen.
- Zu berücksichtigen ist die Forderung nach Modularisierung in der Aus- und Weiterbildung zur Sicherung der Beschäftigungsfähigkeit der Fachkräfte und Förderung des lebenslangen Lernens.

## 5.2 Erhöhung der Quoten des Dualsystems durch Ausbildungsverbund

Ausbildungsverbünde im Bereich der Berufsausbildung gab es in unterschiedlichen Formen auch bisher schon. So ordnen beispielsweise Industriebetriebe ihre Lehrlinge für das erste Ausbildungsjahr an größere Unternehmen ab und treffen dafür entsprechende Vereinbarungen. Ein weiteres Beispiel ergibt sich dann, wenn Betriebe ihre Auszubildenden zu ihrer Entlastung für einzelne Ausbildungsabschnitte freien Trägern überantworten. *(Verschiedene Möglichkeiten)*

Hinzu kommt schließlich auch das Zusammenwirken von Ausbildungsbetrieb und Berufsschule. Die einjährigen Berufsfachschulen Baden-Württembergs führen beispielsweise in bestimmten Handwerksberufen das erste Ausbildungsjahr mit hohem Anteil Werkstattunterricht durch.

Die Initiative, über Ausbildungsverbünde eine größere Zahl von Ausbildungsmöglichkeiten zu schaffen, versteht sich als erfolgversprechender Weg. Er hilft Engpässe zu überwinden, die durch das Ansteigen spezialisierter betrieblicher Fertigungsstrukturen verursacht werden, indem über den Verbund die vorgegebene Ausbildungsordnung in ihrer Gesamtheit umgesetzt wird. Auf diesen Weg weist das Berufsbildungsgesetz mit § 27 Abs. 2 hin. *(Vorteile des Ausbildungsverbunds)*

Über Ausbildungsverbünde gelingt es Betrieben, die angesichts eingeschränkter Arbeits- und Geschäftsprozesse keine volle berufliche Handlungsfähigkeit im Sinne der Ausbildungsordnungen vermitteln können, in Kooperation mit Partnerbetrieben erfolgreich auszubilden. Vorteile von Ausbildungsverbünden sind: Den Jugendlichen werden mehr Ausbildungsplätze angeboten; zugleich lässt sich der Nachwuchs auch in Gewerbszweigen sicherstellen, in denen es immer weniger Betriebe gibt, die, wie die Handwerksordnung formuliert, „ein Gewerbe vollständig umfassen" (HwO § 1 Abs. 2).

Die Verbundausbildung setzt voraus: *(Voraussetzungen)*
- Eine sachliche und zeitliche Gliederung innerhalb der Ausbildungsordnung, nach der im Ausbildungsrahmenplan die Vermittlung der beruflichen Fertig-

keiten, Kenntnisse und Fähigkeiten auf die Ausbildungszeit aufzuteilen ist.[228] Dies hilft für das Zusammenwirken mit dem anderen Betrieb die betreffenden Kenntnis- und Fertigkeitsgebiete eindeutig einzugrenzen und die dafür nötigen Zeitabschnitte zu bestimmen.

– Bei Anwendung des Ausbildungsverbunds sind auch die Aufgaben der Berufsschule abschnittsweise verbindlich festzulegen.

Nach den derzeit geltenden Ausbildungsordnungen liegt die Gesamtverantwortung bei den Betrieben. Unter diesen Voraussetzungen lässt sich eine Aufteilung auf verschiedene Partnerbetriebe nicht ohne weiteres durchführen.

**Ausbildungs-ordnungen als Hemmnis** Die Art der Formulierung der amtlichen Ausbildungsordnungen für die anerkannten Ausbildungsberufe stellt ein Hemmnis bei der Realisierung von Ausbildungsverbünden dar. Die Schwierigkeit, derzeitige Ausbildungsordnungen etwa im Umfang von ca. 70 Seiten umzusetzen, stellte z. B. DIHK-Präsident Braun heraus und betonte, dass derart umfangreiche Vorgaben die Ausbildungsarbeit der Betriebe belasten.[229]

**Ausbildung im Verbund mit der Berufsschule** Ausbildungsordnungen dürfen demnach nicht auf den Ausbildungsbetrieb allein ausgerichtet sein in dem Sinne, dass nur er für die berufliche Handlungsfähigkeit verantwortlich ist. Vielmehr müssen Ausbildungsrichtlinien künftig als umfassendes, aber strukturiertes Ganzes angelegt sein. Dem Betrieb sind im Dualsystem grundsätzlich die Gebiete zu übertragen, die im Wesentlichen durch Erfahrungslernen – also durch Mitarbeit der Auszubildenden in der betrieblichen Praxis – zu vermitteln sind. Die Schule ist für die in systematischer Form zu erarbeitenden Inhalte zuständig.

Sichergestellt sein muss, dass der Betrieb auch im Ausbildungsverbund die zu übernehmenden Teilgebiete im Fertigungsablauf vorausschauend planen kann. Auf der anderen Seite hat sich das Vorgehen in der Berufsschule gezielt auf die Ausbildung im Betrieb oder im Verbund von Betrieben zu konzentrieren. Die sachliche und zeitliche Abfolge erfordert also eine stärkere Abstimmung zwischen den Partnern im Dualsystem.

**Konsequenzen** Zusammenfassend ist hervorzuheben, dass beim Ausbildungsverbund das Miteinander der Ausbildungsbetriebe mit dem Ziel der jeweils durchzuführenden Aufgaben sichergestellt ist und parallel dazu die Berufsschule voll einbezogen wird. Für die Realisierung von Ausbildungsverbünden sind hinsichtlich der Ordnungsmittel folgende Punkte zu beachten:

---

[228] BBiG § 5 Abs. 1 Ziffer 5

[229] „Viele Betriebe können Anforderungen manch stark überfrachteter Ausbildungsordnungen kaum noch bewältigen. Die Modernisierung von Berufsbildern sei offensichtlich aus dem Ruder gelaufen, wenn sich beispielsweise ein Betrieb, der zum Anlagenmechaniker ausbildet, mit 72 Seiten Ausbildungsverordnung auseinandersetzen muss." Statement von DIHK-Präsident Ludwig Georg Braun zur Zukunft der betrieblichen Ausbildung am 22. Januar 2007 in Berlin.

- Das Ausbildungsberufsbild als Ganzes gilt verbindlich für beide Partner: Betrieb und Schule.
- Ausbildungsrahmenpläne für die Aufgaben des Betriebs und Rahmenlehrpläne für die Berufsschule haben jeweils auf beide Lernorte bezogene Verantwortungsbereiche zu präzisieren. Damit liegt die Gesamtverantwortung nicht mehr allein beim Betrieb, sondern gemäß EU-Vorschlag von 1979 auf beiden Seiten.
- Die Aufgaben des Betriebs beziehen sich vornehmlich auf die Mitwirkung der Auszubildenden in der betrieblichen Praxis im Sinne von *learning by doing*. Dazu gehört auch, dass der Ausbilder die an den Arbeitsprozess gebundenen Fachkenntnisse vertieft und sich dabei soweit wie möglich auf die systematisch erarbeiteten Lerninhalte der Berufsschule bezieht.
- Der Lehrplan für die Berufsschule hat in seinen strukturierten Lernfeldern auf die Fortschritte in der betrieblichen Ausbildung einzugehen und den Unterricht in sachlichem und zeitlichem Verbund mit dem Betrieb zu realisieren.
- Mit dem Grundsatz Lernortverbund erwächst die Notwendigkeit, bei der Abstimmung von Betrieb und Schule beiderseits klar definierte Teilbereiche auszuweisen. Dies setzt voraus, dass bei Planung und Erstellung von Ausbildungsordnungen erfahrene betriebliche Ausbilder und Lehrer an beruflichen Schulen von Anfang an in gemeinsamer Verantwortung mitwirken.

### 5.3 Reduzierung der durch das Übergangssystem entstehenden hohen Kosten

Die Auffassung, dass die betriebsgebundene Ausbildung gegenüber den berufsqualifizierenden Vollzeitschulen dem Staat geringere Kosten verursacht, wird allgemein vertreten.

*Betriebliche Ausbildung kostengünstig*

Noch bis in die Zeit vor 1980 ergab sich mit dem Übergang von der Schulentlassung in die Lehre für nahezu alle Jugendlichen nicht nur der unmittelbare Eintritt in die Berufsausbildung, sondern durch die Ausbildungsvergütung auch eine teilweise Sicherung des Lebensunterhalts. Dieses Zusammenspiel trug in Deutschland zur positiven Einstellung zum dualen Berufsbildungssystem wie auch zur Geringschätzung vollschulischer Ausbildung bei.

Mit dem Rückgang der Eintritte in das Dualsystem unmittelbar nach der Schulentlassung auf ein Drittel der Zugänge insgesamt, ohne dass alternativ qualifizierende Bildungsgänge angeboten werden, entstand für den größeren Teil der Schulentlassenen eine prekäre Situation hinsichtlich des immer weiter hinausgeschobenen Ausbildungsbeginns.

Die oben angesprochenen für die öffentliche Hand niedrigen Kosten des Dualsystems beziehen sich nur auf den Anteil der Jugendlichen, die direkt in die Ausbildung eintreten, nicht aber auf diejenigen, die jahrelang ins Übergangssystem bzw. in Warteschleifen eingebunden sind.

*Übergangssystem verursacht hohe Kosten*

Die große Zahl der Betroffenen lässt erkennen, dass das Übergangssystem mehrere Jahrgänge umfasst (vgl. Kap. 2.3 und 2.4), und zwar in verschiedenartigen Formen oder Maßnahmen. Daraus entsteht ein erheblicher finanzieller Aufwand für die öffentliche Hand, der weit höher liegt als die Einsparung durch die günstige Kostensituation der betrieblichen Ausbildung insgesamt. Das reduzierte Dualsystem erweist sich also als extrem kostenintensiv.

Pressestimmen In den Medien wurde auf die Problematik der Lücke im Lehrstellenangebot und der Warteschleifen vereinzelt kritisch eingegangen. So stellte die Zeitschrift *STERN* fest[230]:

> „Tatsächlich ist die geschlossene Lehrstellenlücke in erster Linie statistischen Tricks zu verdanken. ... Von den „Lehrstellensuchenden des vergangenen Berichtsjahres wurde nur knapp jedem zweiten eine Lehrstelle vermittelt. Der Rest wurde mit ... anderen ‚Maßnahmen' versorgt."

Über die Ergebnisse einer im Auftrag der Stadt Stuttgart vom Deutschen Jugendinstitut durchgeführten stichprobenartigen Befragung zum Verbleib von Haupt- und Förderschülern im Zeitraum von drei Jahren nach der Schulentlassung wurde berichtet[231]:

> „Fast ein Drittel aus dem Berufsvorbereitungsjahr (BVJ) oder dem Berufseinstiegsjahr (BEJ) blieb ein weiteres Jahr in dieser Warteschleife, 13 Prozent nahmen Jobs an oder fielen aus dem Bildungs- und Ausbildungssystem heraus. Nur 22 Prozent haben eine Lehrstelle bekommen. ... Zählt man die Hauptschüler, die erneut ins BVJ oder BEJ gingen, hinzu, haben 41 Prozent der Schüler keine zufriedenstellende Anschlussmöglichkeit."

Der Beitrag von Uwe Jean Heuser in der ZEIT geht auf verschiedene Zusammenhänge ein[232]:

– „Die EU setzt Deutschland bei den Berufschancen der Geringqualifizierten auf den drittletzten Rang. Schon vor der Krise waren mehr als 17 Prozent der Erwerbspersonen mit einfachem Bildungsniveau arbeitslos und nicht einmal vier Prozent der gut Ausgebildeten."

– „Jährlich fallen rund 150.000 Jugendliche ganz aus dem Fahrstuhl heraus, weil sie gar keine Ausbildung beginnen. Dieses Drama wurde in Deutschland anders als in den meisten Industrieländern zuletzt auch noch größer. Es ist schädlich, weil es unfair ist. Und es ist schädlich, weil die Volkswirtschaft mehr qualifizierte Arbeitnehmer braucht und weniger Transferempfänger."

– „Und nach der Schulzeit sollte es mehr Angebote zur beruflichen Qualifizierung geben. Mindestens fünf Milliarden Euro müssten jährlich investiert werden, um den Kindern der Einwanderer gleichwertige Bildungschancen zu schaffen, rechnen die Berater vor. Dann kommt es: Hielte man dieses Pro-

---

[230] Heft 3/2009

[231] „Viele Jugendlichen finden keinen Anschluss." Schwarzwälder Bote Nr. 253 vom 02.11.09

[232] „Wo bleibt die Gerechtigkeit?" DIE ZEIT Nr. 46, 05.11.09, S. 23f.

gramm bis 2030 durch, würde der Staat sechsmal so viel Geld durch zusätzliche Einnahmen und den Wegfall von sozialen Hilfen gewinnen, wie er investieren müsste."

Von der
öffentlichen Hand
zu tragende Kosten

Die Kosten für die öffentliche Hand erhöhen sich auch dadurch, dass Jugendliche aufgrund der geringen Aussicht auf einen Ausbildungsplatz allgemein bildende Schulen länger besuchen. Ein bestimmter Anteil erreicht damit die Hochschulzugangsberechtigung, ohne studieren zu wollen, und versucht eine Berufsausbildung zu beginnen oder eine Beschäftigung zu finden. Der Anteil der Studienberechtigten, die aus Gymnasien, Fachoberschulen usf. in Lehrverhältnisse übertreten, liegt derzeit bei etwa 30 %.

Der Aufwand an öffentlichen Mitteln, der Bund, Ländern und Kommunen jährlich entsteht, ist bisher in seiner Gesamtheit noch nicht dargestellt worden. Nach Berechnungen der Bertelsmann-Stiftung betrugen im Jahre 2006 die staatlichen Aufwendungen für knapp eine halbe Million junger Erwachsener in Warteschleifen 5,6 Mrd. €.[233] Hinzu kommen die Aufwendungen der Bundesagentur für Arbeit für die berufliche Ausbildung von Benachteiligten und Behinderten, die sich im Jahre 2008 auf rund 3 Mrd. € beliefen.[234]

Erhöhte
Aufwendungen
im Sozialsystem

Der Aufwand für das Übergangssystem bezieht sich jedoch nicht allein auf die besuchten Bildungsgänge; hinzu zu rechnen wäre auch der Beitragsausfall im sozialen Sicherungssystem, der aufgrund des späten Erwerbsbeginns entsteht, bis hin zur reduzierten Höhe der Altersrenten aufgrund fehlender Beitragsjahre. Nicht beziffern lassen sich die individuellen Belastungen, die aus der Verzögerung einer selbstbestimmten Lebensgestaltung erwachsen.

Gesamtkosten
höher als bei
Vollzeitschulen

Berechnungen dieser Art sind bisher noch nicht offiziell publiziert worden; gleichwohl kann als Fazit festgehalten werden, dass die finanziellen Lasten, die auf den Staat durch das Fehlen von Ausbildungsplätzen für Schulentlassene zukommen, in jedem Fall deutlich höher sind als der Aufwand, der ihm für eine Gesamtausbildung in berufsqualifizierenden Vollzeitschulen entstehen würde. Jeder Versuch, das Übergangssystem zu reduzieren, versteht sich demnach zugleich als Initiative, um die Kosten, die gesamtgesellschaftlich für die nötigen Umwege vor Ausbildungsbeginn Jahr für Jahr anfallen, abzubauen.

Gesamtfiskalische
Sicht
notwendig

Dadurch, dass Bund und Länder bisher noch keine Absprache getroffen haben, um entsprechende vollschulische berufsqualifizierende Ausbildungsangebote einzurichten, liegen die der Gesellschaft entstehenden Kosten weit höher als die Aufwendungen für neu zu schaffende Ausbildungsgänge. Diese sollten nach der EU-Empfehlung von 1979 dual-alternierend strukturiert sein.

Selbst wenn man berücksichtigt, dass bei einem solchen Modell auch Betriebspraktika einzuplanen und – nach dem Beispiel Österreichs – dem Betrieb dafür

---

[233] ZDF-Magazin *Frontal21* vom 24.3.09
[234] BIBB: Datenreport zum Berufsbildungsbericht 2009. Bonn 2009, S. 229

anteilige Kosten zu erstatten sind, ist die Lösung nach diesem Modell ein Weg, der den Staat insgesamt gesehen gegenüber dem Aufwand für das Übergangssystem entlastet und zugleich die kostenmäßig nicht abzuschätzenden Nachteile für die betroffenen Jugendlichen vermeidet.

Es ist erstaunlich, dass die Öffentlichkeit und auch die Ämter für Rechnungsprüfung die Mehrkosten, die jährlich durch das Fehlen von Ausbildungsmöglichkeiten anfallen, noch nicht beanstandet haben. Da sich der Aufwand auf den Bund, die Länder und die Gemeinden verteilt, wurde offensichtlich noch nicht erkannt, dass ergänzende berufsqualifizierende schulische Berufsbildungsgänge gesamtfiskalisch betrachtet sowohl die Ausgaben für das Übergangssystem als auch die langfristigen Folgekosten ersparen würden.

**Konsequenzen**  Auf längere Sicht geht es darum, die Kosten für das heterogene Übergangssystem, das sich als nicht effizient erweist, einzusparen und die frei werdenden Mittel gemäß den Zielen des EU-Reformpakets Lissabon 2000 für die Berufsausbildung der bislang Ausgegrenzten einzusetzen.

Bei der Lösung der prekären Lage stehen Bund und Länder in der Pflicht, und zwar eigentlich schon seit den Jahren, als nach 1980 das mittlere Eintrittsalter in die duale Berufsausbildung das 18. Lebensjahr überschritten hat (vgl. Kap. 5.1).

Zuständig für Bildung und Berufsbildung sind nach dem Grundgesetz zunächst die Länder und weniger die Betriebe. Denn in einem vom BMBF in Auftrag gegebenen Gutachten stellte F. Ossenbühl fest, nach Auffassung des Bundesverfassungsgerichts könne man lediglich von einer sozialethischen, nicht jedoch von einer verfassungsrechtlich verankerten Ausbildungspflicht der Wirtschaft ausgehen.[235]

Andererseits könnte die Ausbildung den Betrieben dadurch erleichtert werden, dass man ihnen nicht die Verantwortung für die Gesamtausbildung aufbürdet, sondern eine Arbeitsteilung mit den Berufsschulen praktiziert, so wie es die Vorschläge der EU vom Jahre 1979 ausführen. Die Berufsschule darf nicht mehr als „Anhängsel oder Juniorpartner" der Ausbildungsbetriebe gelten.[236]

Die Konsequenz liegt also darin, dass auf Initiative von Bund und Ländern neue Bildungswege geschaffen werden:

– Mit der Einrichtung von neuen in Regie der Kultusverwaltungen organisierten berufsqualifizierenden Ausbildungsgängen entstehen gesamtfiskalisch gesehen keine zusätzlichen Aufwendungen, vielmehr werden finanzielle Mittel eingespart.

---

[235] Vgl. Ossenbühl, Fritz: Zur verfassungsrechtlichen Pflicht der Arbeitgeber, betriebliche Ausbildungsplätze bereitzustellen. Rechtsgutachten erstellt im Auftrag des Bundesministers für Bildung und Wissenschaft. In: BMBW, Bonn, Studien zu Bildung u. Wissenschaft, Bd. 10, Bad Honnef 1985, S. 37f.

[236] Der Vorsitzende des Bundesverbandes der Lehrerinnen und Lehrer an beruflichen Schulen in der Presseerklärung anlässlich des 23. Berufsschultages in Bamberg, November 2009.

– Das bisherige Fehlen dieser Bildungsgänge führt zu den heutigen hohen Kosten im Übergangssystem samt Folgekosten.
– Die Jugendlichen können früher ins Beschäftigungssystem eingegliedert und damit ebenfalls im Vergleich zur bisherigen Situation Kosten für die Gesellschaft eingespart werden.
– Gleichzeitig wird mit gezielt neu eingerichteten Bildungsgängen das Umsteigen im Zuge der veränderten Anforderungen in der Arbeitswelt leichter realisierbar.

## 5.4 Beseitigung des in Deutschland zweigeteilten Berechtigungswesens

In Deutschland sind die im Bildungswesen erteilten Zertifikate, insbesondere jene beruflicher Vollzeitschulen der Sekundarstufe II, und die parallel von der Wirtschaft gemäß BBiG erteilten zumeist nicht gleichgestellt. Außerdem gilt, dass die Zeugnisse der Kammern nur auf die Wirtschaft bezogen sind; Berechtigungen im Bildungssystem können daraus in der Regel nicht abgeleitet werden. Die deutsche Sicht der Trennung von allgemeiner und beruflicher Bildung wirkt sich also bis in die Zeugniserteilung und die mit den Abschlüssen verbundenen Berechtigungen aus. Das deutsche Prüfungs- und Berechtigungswesen ist demnach zweigeteilt. *(Randnotiz: Zweigeteilte Erstellung von Zertifikaten)*

In anderen Staaten, in denen das Dualsystem ebenfalls eine zentrale Bedeutung für die Rekrutierung des beruflichen Nachwuchses hat, werden die Abschlussprüfungen unter staatlicher Oberaufsicht abgenommen; die erteilten Zertifikate sind dort ins Gesamtsystem der Bildungswege integriert und werden auch jenseits der Grenzen anerkannt.

Der aktuelle Entwurf zum Deutschen Qualifikationsrahmen DQR klammert die rechtlichen Aspekte noch weitgehend aus und hält fest, *(Randnotiz: Beibehaltung überkommener Strukturen)*

> „dass die Zuordnung der Qualifikationen des deutschen Bildungswesens zu den Niveaustufen des DQR das bestehende System der Zugangsberechtigungen nicht ersetzen soll. Sie erfolgt mit der Maßgabe, dass jedes Qualifikationsniveau grundsätzlich auf verschiedenen Bildungswegen erreichbar sein kann. Das Erreichen einer bestimmten Niveaustufe des DQR berechtigt nicht automatisch zum Zugang zur nächsten Stufe. ... Rechtliche Aspekte werden im Kontext des nächsten Erarbeitungsschrittes geprüft."[237]

Hieraus ist ersichtlich, dass die Zuordnung der Ausbildungswege zu einem aus heutiger Sicht dringend erforderlichen Gesamtsystem auf Schwierigkeiten stößt und dass in Deutschland offensichtlich das gespaltene Berechtigungswesen bestehen bleiben soll. Abschlüsse, die im allgemeinen und beruflichen Schulwesen der Länder erworben worden sind, sollen offenbar in der Wirtschaft nicht den Kammerzertifikaten gleichgestellt werden und umgekehrt. Eine wechselseitige Anerkennung im Sinne einer Verschränkung der beiden Zertifizierungssysteme

---

[237] A.a.O., S. 3

des Bildungswesens und der beruflichen Bildung soll es demnach nicht geben. Die vorhandenen Strukturen, mit denen Deutschland in der EU in eine Sonderrolle geraten ist, dürften also unangetastet bleiben.

**Ungleichgewichte nicht überwunden** Die Ungleichheit der Chancen des Zugangs zu höheren Stufen des Bildungswesens wird somit für Absolventen der dualen Ausbildung bestehen bleiben, solange der Graben zwischen beruflichem Lernen im Betrieb und Anerkennung des Besuchs der Teilzeitberufsschule als eigenständige, weiterführende Bildungsstufe nicht überbrückt wird.

Ebenso unberührt bleibt danach der im Berufsbildungsgesetz 2005 festgeschriebene Vorrang der Kammern, denen mit den §§ 7 und 43 BBiG – wie in den vorangehenden Abschnitten erläutert – bei der Anerkennung der schulischen Berufsausbildung eine Art Qualitätskontrolle über die beruflichen Schulen der Länder zugestanden worden ist.

Das neue BBiG bestimmt, dass die Aufstockung des Ausbildungsangebots seitens der Länder über berufliche Vollzeitschulen zum einen von der Zustimmung des Landesausschusses für Berufsbildung abhängig ist, zum anderen die Anrechnung auf die Ausbildungszeit an rigide Vorgaben gebunden wird. In § 43 BBiG ist bis ins Detail festgelegt, unter welchen Voraussetzungen ein schulischer Ausbildungsgang den Anforderungen der dualen Ausbildung entspricht und somit die Teilnehmer zur Kammerprüfung zugelassen werden können.

**Lebenslanges Lernen als Problemfeld** Mit der Bezeichnung „Europäischer Qualifikationsrahmen für lebenslanges Lernen" verbindet die EU – wie bereits mehrfach veranschaulicht – eine neue Gewichtung der Qualifizierung für die Arbeitswelt sowie die Transparenz und Niveaubestimmung der im Arbeitsalltag über die Zeit hinweg erworbenen beruflichen Kompetenz. Erstausbildung wird in diesem Kontext – wie in der Schweiz bereits vollzogen – zur beruflichen Grundbildung, die den Einstieg sichert. Von da aus soll der Einzelne durch Zuordnung des informell erworbenen Wissens zu einer Niveaustufe um- oder aufsteigen können.

Andere Staaten – u. a. Frankreich – treffen schon seit Jahren gesetzliche Regelungen, die Verfahren definieren, nach denen die im Arbeitsleben erworbenen Kompetenzen zertifiziert werden, und zwar in Form einer Gleichstellung mit den Diplomen, wie sie über formalisierte Wege im Bildungs- und Ausbildungssystem erteilt werden. In Deutschland fehlt offensichtlich noch eine Übereinkunft zwischen Bund und Ländern. Mit der zerklüfteten Weiterbildungs- und Fortbildungslandschaft besteht innerhalb der EU ein erheblicher Nachholbedarf. Der Grundsatz, dass alle Prüfungen im Bildungswesen auf Antrag Externen offenstehen, ändert daran wenig, wie die minimalen Teilnehmerquoten zeigen.

**Dringender Handlungsbedarf** Die Zweiteilung des deutschen Berechtigungswesens wirkt, je länger sie fortdauert, EU-intern immer mehr als ein Anachronismus, begründet in der im 19. Jahrhundert entwickelten neuhumanistischen Denkweise, Bildung in Schulen und Hochschulen sei zweckfreie Menschenbildung im Aufgabenbereich des

Staates, Ausbildung für die einzelnen Gewerbe (Stände) hingegen Sache der Wirtschaft und ihrer Organisationen.

Diese Trennung wurde dadurch festgeschrieben, dass die Prüfungshoheit der Kammern als Standesorganisationen früh verankert und mit den Berufsbildungsgesetzen von 1969 und 2005 erweitert wurde, u. a. bis hinein in die Fortbildung. Eine derartige Aufspaltung des Prüfungs- und Berechtigungswesens kennen andere europäische Staaten nicht – auch nicht diejenigen mit einem breit gefächerten dualen Ausbildungssystem wie Österreich und die Schweiz.

Die Nachteile aus der getrennten Vergabe von Berechtigungen im Bildungswesen und in der Berufsbildung tragen primär die niederen sozialen Schichten. Die überdehnten Bildungs- und Ausbildungszeiten, die über die Berufsausbildung zu höheren Abschlüssen und zur Studienberechtigung führen, stellen für die Betroffenen eine Barriere dar, die nur partiell bei hoher Motivation über Jahre hinweg überwunden werden kann. Der Aufwand an Milliarden Euro öffentlicher Mittel ist die eine Seite, die notleidende Fachkräfteversorgung der Wirtschaft auf der Ebene Facharbeiter/Fachangestellte die andere. Deutschland wird auf diese Weise die niedrigen Quoten an Hochschulzugangsberechtigten und an Hochschulabsolventen nicht ausgleichen können.

**Berufsbildung als Stiefkind**

Mit der Ausarbeitung des Deutschen Qualifikationsrahmens (DQR) kann – wie sich zeigt – die Spaltung im Berechtigungswesen noch nicht überwunden werden. Gleichwohl wird dabei erstmals offenbar, welche Zertifikate des Bildungswesens derselben Niveaustufe zugehören.

**Stufenmodell als Ausweg**

In der beruflichen Fortbildung, die primär in Bausteinform (modular) angeboten werden müsste, wäre es längst an der Zeit, die Kammerregelungen mit den Curricula der Fachhochschulen abzugleichen und daraus abzuleiten, welche Bausteine die Absolventen von Meister-, Betriebs- und Fachwirteprüfungen usf. der Kammern sowie von Fachschulen für Technik, Gestaltung und Wirtschaft ergänzend absolvieren müssen, um den Bachelor- oder auch den Masterabschluss zu erreichen. Schließlich wird Deutschland nicht umhin können, rechtliche Normen zu erarbeiten, sei es auf Länder- oder Bundesseite, nach denen die im informellen Lernen erworbenen Kompetenzen – über die einschlägige Niveaustufe des EQR/DQR hinaus – in einem Zertifikat mit allen Rechten und Pflichten den Diplomen des Tertiärbereichs gleichgestellt werden. Nur so wird es – wie am Schluss des Entwurfs zum DQR formuliert – „dem Prinzip näher kommen: wichtig ist, was jemand kann, und nicht, wo er es gelernt hat".

Zur Beseitigung des getrennten Berechtigungswesens sind erforderlich:

**Konsequenzen**

– Neu zu regeln ist die Zuständigkeit für das Berufsbildungssystem, und zwar ganz im Sinne der Forderung des Bundesverbandes der Lehrerinnen und Lehrer an beruflichen Schulen vom 13.11.09, wonach eine „staatliche Koordinierungsstelle für berufliche Bildung" einzurichten ist.[238]

---

[238] http://www.blbs.de/ (Abruf 16.11.09)

- Im Gesamtsystem sind im Nebeneinander Abschlüsse der dualen Ausbildung sowie Abschlüsse von berufsqualifizierenden Vollzeitschulen gleichzustellen und den Stufen nach dem Modell des Europäischen Qualifikationsrahmens zuzuordnen.
- Die Prüfungshoheit hat beim Staat zu liegen. Im Detail wirken einerseits die Wirtschaft in der entsprechenden Fachrichtung, zum anderen auch die Schule, vertreten gemäß einer auf Länderebene festzulegenden Regelung, mit.

### 5.5 Einbindung der beruflichen Ausbildung ins Bildungsgesamtsystem

**Zwei Zuständigkeiten** Das Berufsbildungsgesetz des Jahres 1969 kam nur dadurch zustande, dass die Rechtssphäre des Schulwesens der Länder nicht angetastet wurde. Dabei blieb es auch mit der Novellierung des BBiG im Jahre 2005. Seit jeher gilt die Berufsausbildung in Deutschland als Angelegenheit der Wirtschaft und ihrer Standesorganisationen. Sie war, wie das Bundesverfassungsgericht am 10.12.1980 festhielt, „also nie in einem engeren Sinne der staatlichen Sphäre überantwortet".[239] Der Bund hat mit dem BBiG gemäß dem mit dem Grundgesetz gegebenen Rahmen (GG Art. 74, Ziff. 11/12) in diesem Sinne Rechtsnormen für die Berufsausbildung im Betrieb abgesteckt.

Die nach Länderrecht zu besuchende (Teilzeit-)Berufsschule verbleibt auch weiterhin in einer Randposition. Zum Teil sehen die Betriebe die derzeit zwölf Unterrichtsstunden pro Woche als zeitlich zu umfangreich an. Die Berufsschulen sind nur partiell aktiv ins Ausbildungsgeschehen einbezogen. Es gibt keine klar definierte Arbeitsteilung mit dem Partner Betrieb derart, dass die Berufsschule bestimmte Teilbereiche der Berufsausbildung verantwortlich übernimmt und auch prüft. Selbst auf Seiten der Länder erteilt sie keinen SEK II-Abschluss, der hinsichtlich des Zugangs zu aufbauenden Stufen anzuerkennen wäre. Hinsichtlich der Fachhochschulreife und des Zugangs zur Hochschule gibt es eine Vereinbarung der KMK vom 06.03.2009. Dafür wird allerdings eine dreijährige Berufstätigkeit verlangt, die von den Betroffenen als störend verstanden wird. Die Ausgebildeten, die Ziele dieser Art anstreben, sind arbeitsmarktabhängig ins Beschäftigungssystem einbezogen und können nicht beliebig wählen.

**Drei-Zertifikate-System** Das deutsche System der Berufsausbildung wird von Berufspädagogen als ein Drei-Zertifikate-System bezeichnet, das durch das Prüfungszeugnis der Kammer, das Abschlusszeugnis der Berufsschule und das (Lehr-)Zeugnis des Ausbildungsbetriebs bestimmt wird.[240]

Das Berufsschulzeugnis hat – außer der Bestätigung, der gesetzlichen Pflicht zum Besuch der Teilzeit-Berufsschule sei Genüge getan – im Bildungswesen

---

[239] BVG-Urteil 2BvF3/77, zitiert nach Kittner, M.: Berufliche Qualifikation in der Rechtsordnung. Bd. 94 Schriftenreihe der IG Metall, Frankfurt am Main 1982, S. 67

[240] Vgl. Kaiser, Franz-Josef; Pätzold, Günter (Hrsg.): Wörterbuch Berufs- und Wirtschaftspädagogik. Bad Heilbrunn, Hamburg 1999, S. 332

keinen eigenen Stellenwert; es ist also nicht im staatlichen Berechtigungssystem der Länder verankert. Vielmehr ist allein die Kammerprüfung Ausweis des erworbenen Fachkräftestatus. Nach § 38 BBiG bestätigt sie die berufliche Handlungsfähigkeit samt dem Erwerb der geforderten beruflichen Fertigkeiten, Kenntnisse und Fähigkeiten. Darauf ist in der Regel die Beschreibung der Tarifstufen der Facharbeiter oder der (Fach-)Angestellten, also die Eingruppierung im Betrieb, abgestellt.

Der Prüfungsverlauf selbst wird seit Jahren immer stärker in das Betriebsgeschehen integriert. Beispielsweise ist in den neu geordneten IT-Berufen aus dem Jahre 1997 im Rahmen der Abschlussprüfung eine 35-stündige Projektarbeit vorgesehen, die dann in 30 Minuten zu präsentieren ist; hinzu kommen zwei 90-minütige ganzheitliche Arbeiten aus dem erlernten Arbeitsgebiet. Ein direkter Bezug zum Berufsschulcurriculum ist allenfalls im Fach Wirtschafts- und Sozialkunde erkennbar.[241]

Die Vorgabe des § 16 BBiG, der Ausbildende habe am Ende des Berufsausbildungsverhältnisses ein schriftliches (Lehr-)Zeugnis auszustellen, leitet sich direkt von arbeitsrechtlichen Gepflogenheiten her. Es gehört zu den Unterlagen, die bei Bewerbungen um Arbeitsstellen vorzulegen sind. Aufgrund derartiger Beurteilungen wird in der Regel die Auswahl unter den Bewerbern getroffen.

**Beispiel Schweiz**

Wie in den vorangegangenen Teilen beschrieben, werden in Frankreich, in Österreich und in der Schweiz am Ende der dualen Berufsausbildung die Abschlussprüfungen von staatlichen Stellen abgenommen; die erteilten Zertifikate sind fest im Stufenaufbau des Gesamtsystems verankert. Beispielsweise gilt in der Schweiz das von den Kantonen erteilte „Eidgenössische Fähigkeitszeugnis" als ein regulärer SEK II-Abschluss. Auf ihm baut die höhere Berufsbildung auf, die als Tertiärstufe B verstanden wird. Das heißt, das Abschlusszeugnis des Dualsystems eröffnet den direkten Zugang zu den schweizerischen höheren Fachschulen und zu den eidgenössischen Berufs- und höheren Fachprüfungen. Im Verbund mit der Berufsmaturität, die während der Lehrzeit fakultativ erworben werden kann, besteht ein Direktzugang in den Tertiärbereich, zu dem die Fachhochschulen, Universitäten und Eidgenössischen Technischen Hochschulen zählen.

**Sonderstellung Deutschlands**

Das deutsche Berufsbildungssystem wird offiziell und international nur als das Lehrlingssystem verstanden. Alle anderen Wege erscheinen quasi als bloße Anhängsel. Es fehlt ein System allgemeiner und beruflicher Bildung, das als ein Ganzes den Vorgaben der EU gerecht würde und das dadurch zukunftsfähig wäre, dass es beide Seiten miteinander verschränkt und auch die Realisierung des lebenslangen Lernens ermöglicht.

Die Länder haben sich in der beruflichen Bildung mit dem Primat der betriebsgebundenen Ausbildung und der Prüfungshoheit der Kammern abgefun-

---

[241] Vgl. Berufs-Chancen-Check „IT-System-Elektroniker/in". Nürnberg (BW Verlag), o. J., S. 82f.

den. Nur im schmalen Segment, in dem sie selbst für den nötigen Fachkräfte-nachwuchs Verantwortung tragen – im Sozial- und Erziehungswesen – bieten sie Berufsbildung an und erteilen staatliche Zertifikate, allerdings ohne diese ins Bildungssystem zu integrieren und den Absolventen den Direktzugang zum Hochschulstudium zuzuerkennen. Gleiches gilt für Staatsprüfungen in para-medizinischen Berufen, die die Länder nach den vom Bund erlassenen Geset-zen durchführen.

**Staatliche Verantwortung unverzichtbar** Die Heterogenität der Zertifizierungsformen und -instanzen, die fehlende Ein-ordnung der Abschlüsse in Stufen des Gesamtsystems und die dadurch – jenseits des gymnasialen Wegs zur Hochschule – entstandenen Barrieren des Aufstiegs führen zu überdehnten Schul- und Ausbildungsphasen, die das heterogene deut-sche Berechtigungswesen denen aufbürdet, die nach der Sekundarstufe I auf den Zugang zur Berufsbildung angewiesen sind. Unter anderem wird dies daran deutlich, dass selbst die von Kammerorganisationen ausgestellten Zertifikate der beruflichen Fortbildung (Meister-, Fachwirte-, Betriebswirteprüfungen etc.) im staatlichen Bildungswesen und im öffentlichen Dienst nur bedingt anerkannt werden. Entgegen der schweizerischen Regelung, nach der den Absolventen der Berufslehre der Direktzugang zu einer eigenständigen Tertiärstufe B offen steht, bleibt Deutschland beim ungeordneten Nebeneinander der Wege.

**Konsequenzen** Die Reformbestrebungen der EU zur allgemeinen und beruflichen Bildung sind darauf ausgerichtet, alle vergebenen Zertifikate in einem Stufensystem aufstei-gend zu verankern und wechselseitige Übergänge zu gewährleisten. Schulische Bildung, Berufsausbildung und weithin auch das Studium werden zu einer Art Grundstufe, die den Einstieg ins Erwerbssystem erschließt. Die Anerkennung und Zertifizierung der im lebenslangen Lernen erworbenen Fertigkeiten, Kenntnisse und Fähigkeiten bestimmt dann sowohl die Anpassung der Qualifikationen im raschen Wandel der Arbeitswelt als auch die Höherqualifizierung im Berufsleben selbst ebenso wie in der Hierarchie der Qualifikationsstufen. Darauf ist der Euro-päische Qualifikationsrahmen für das lebenslange Lernen (EQR) ausgerichtet.

Mit dem Ziel, die Berufsausbildung voll ins Bildungsgesamtsystem einzubezie-hen, sind die folgenden Grundsätze zu beachten:

- Aus- und Weiterbildung gehören als erste Grundforderung in letzter Konse-quenz in staatliche Verantwortung. Der Staat kann zwar anderen Stellen Teil-bereiche übertragen; die Gesamtverantwortung trägt er aber dennoch.
- Aus- und Weiterbildung bilden eine Einheit unter staatlicher Oberhoheit, so dass die Zertifizierungen in diesen Bereichen für alle Bildungszweige dem zu installierenden nationalen Qualifikationsrahmen zugeordnet werden müssen.
- Das lebenslange Lernen darf nicht Floskel bleiben; vielmehr ist seine Reali-sierung daran zu messen, dass der künftige Deutsche Qualifikationsrahmen (DQR) Zuordnungen im Stufenaufbau bestimmt und das Bildungsgesamtsys-

tem modular strukturiert ist, damit die vom Einzelnen im Erwerbsleben erworbenen Kompetenzen zertifiziert werden können.

– Ohne eine zentrale staatliche Instanz, die die in Schule, Studium, Berufsbildung und Weiterbildung vergebenen Zertifikate nach den acht Stufen des aus dem EQR abgeleiteten DQR zuordnet, bliebe Deutschland dauerhaft in einer Außenseiterrolle und Rückständigkeit gefangen.

### 5.6 Annäherung an Empfehlungen und Beschlüsse auf europäischer Ebene

**Übergang Schule – Ausbildung**

Der Zusammenschluss zur Europäischen Wirtschaftsgemeinschaft (EWG) im Jahre 1957 versteht sich als Grundstein für den europäischen Einigungsprozess. Im Vordergrund standen zunächst ökonomische Zielsetzungen und Aufgabenfelder. Andere Gebiete, wie z. B. die Bildungssysteme, waren in der Frühphase expressis verbis nicht angesprochen. Schon bald aufgegriffen wurden jedoch Fragen der beruflichen Bildung.

Die erste Initiative in diesem Zusammenhang geht zurück auf den EWG-Beschluss vom 02.04.1963 über die „Aufstellung allgemeiner Grundsätze zur Durchführung einer gemeinsamen Politik der Berufsausbildung".[242] Aufgeführt wurden u. a. Erwägungsgründe wie:

Die Wirtschaftspolitik solle „einen anhaltend hohen Beschäftigungsstand gewährleisten". Daher „müssen Maßnahmen zur Anpassung der beruflichen Fähigkeiten der Arbeitskräfte an die wirtschaftliche und technische Entwicklung ergriffen werden". Im Einzelnen stellte die EWG damals heraus: „Vermeidung jeder nachteiligen Unterbrechung zwischen dem Abschluss der allgemeinen Schulbildung und dem Beginn der Berufsausbildung sowie während der Berufsausbildung."

**EWG-Programm für die Berufsbildung**

Als Endziel des Programms für die berufliche Bildung formulierte die EWG am 26.07.1971:

Eine „wirklich gemeinsame Politik der Berufsausbildung" solle „im Rahmen einer auf Gemeinschaftsebene immer tatkräftiger gestalteten Beschäftigungspolitik ... durchgeführt werden und dabei gleichzeitig den Erfordernissen der allgemeinen Ausbildung und des sozialen Aufstiegs der Arbeitnehmer gerecht werden" sowie „eine schrittweise Annäherung des Ausbildungsniveaus der Gemeinschaft zum Ziel haben".[243]

**Vorschläge nicht beachtet**

Die EU-Vorschläge zur Entwicklung der beruflichen Bildung fanden in Deutschland bereits in diesem Zeitabschnitt nur geringe Beachtung. In den Jahren danach schob sich vielmehr das Eintrittsalter in eine betriebliche Berufsaus-

---

[242] Beschluss 63/266/EWG des Rates, ABl. 63 vom 20.4.1963

[243] Vgl. Strohmeier, Rudolf: Die bildungs- und berufsbildungspolitischen Zielsetzungen und Zuständigkeiten der EU sowie ihre Entscheidungsprozesse. In G. Rothe: Die Systeme beruflicher Qualifizierung Deutschlands, Österreichs und der Schweiz im Vergleich. Luzern, Villingen-Schwenningen, Wien 2001, S. 84

bildung immer weiter hinaus, so dass nach den ursprünglichen Eintritten mit 16 Jahren schon in den 1980er Jahren die Hälfte der Lehranfänger erst mit 18 Jahren und darüber in eine Berufsausbildung überwechselte; bei noch steigender Tendenz derzeit zwischen 19 und 20 Jahren (vgl. Abbildung 21 in Kap. 5.1).

**Bericht einer Expertenkommission** Das mit dem Bericht „Bildung in Deutschland" im Jahre 2004 vom Bundesministerium für Bildung und Forschung und der Kultusministerkonferenz beauftragte Konsortium legte 2006 seine Ergebnisse in einem ersten gemeinsamen Bund-Länder-Bildungsbericht vor. Einem dem Konsortium beigestellten Beirat gegenüber interpretierte Bundespräsident Rau die anstehende Aufgabe wie folgt:

„Bund und Länder sollten die notwendige Reform des Bildungswesens in Wahrnehmung ihrer unterschiedlichen Aufgaben gemeinsam in Angriff nehmen. Unser Bildungssystem muss allen jungen Menschen die Chance geben, ihre Fähigkeiten zu entfalten und an unserer Gesellschaft aktiv mitzuwirken."[244]

In ihrem Bericht 2006 listete die Expertenkommission auch die des Lehrstellenmangels und des immer weiter ansteigenden Eintrittsalters in eine Ausbildung wegen eingerichteten berufsvorbereitenden Schularten sowie die Initiativen der Arbeitsverwaltung auf und bezeichnete die Gesamtheit dieser Maßnahmen als *Übergangssystem*. Der neu eingeführte Begriff erweist sich hinsichtlich des Teilbegriffs „System" als unrichtig und inhaltlich als irreführend. Für den immens hohen Anteil einbezogener Jugendlicher legitimierte er die insgesamt als Notbehelf eingerichteten verschiedenartigen Maßnahmen – vom Aufnahmevolumen ca. eine halbe Million, nämlich gleich stark wie alle Lehreintritte (Jugendliche und Erwachsene zusammen) – gleichsam als Zwischenstation. Die von den Experten bis ins Detail erfasste Situation fand allerdings keine Berücksichtigung in der Formulierung der von ihnen dem Kapitel *berufliche Ausbildung* vorangestellten Einleitung, in der dessen ungeachtet ausgeführt wird:

„Die deutsche Berufsausbildung unterhalb der Hochschulebene gilt bis heute in der internationalen Diskussion als vorbildlich. Ihren Ruf verdankt sie insbesondere dem dualen System aus betrieblicher und schulischer Ausbildung. Die duale Berufsausbildung schuf und schafft nicht nur ein großes Reservoir gut ausgebildeter Fachkräfte, das als wichtige Voraussetzung für den wirtschaftlichen Erfolg und als komparativer Vorteil der deutschen Wirtschaft im internationalen Wettbewerb angesehen wird."[245]

Die Empfehlung der EWG aus dem Jahre 1963 wurde demnach von deutscher Seite über Jahrzehnte hinweg nicht beachtet, und auch das neue Berufsbildungs-

---

[244] BMBF: Pressemitteilung 129/2004 vom 16.06.2004: Bund und Länder starten gemeinsame Bildungsberichterstattung. *http://www.bmbf.de/press/1180.php* (Abruf 08.10.09)

[245] Bildung in Deutschland. Ein indikatorengestützter Bericht mit einer Analyse zu Bildung und Migration. Hrsg.: Konsortium Bildungsberichterstattung im Auftrag der KMK und des BMBF. Bielefeld 2006, S. 79

gesetz vom Jahre 2005 hielt es nicht für erforderlich, dieser defizitären Entwicklung entgegenzusteuern.

Die Empfehlung der Europäischen Gemeinschaft vom Jahre 1979 zum Zusammenwirken von Ausbildungsbetrieb und Teilzeitberufsschule unter der Bezeichnung *Alternanz* – dem französischen Begriff für duale Ausbildung – wurde in Deutschland ebenfalls kaum beachtet.

**EU-Empfehlung zum Dualsystem**

Im Rahmen der von der EU erwarteten Rückmeldung betonte die offizielle deutsche Stellungnahme, dass Neuerungen nicht erforderlich seien, da das empfohlene Vorgehen bereits „ganz überwiegend ... die Praxis der Berufsausbildung in der Bundesrepublik Deutschland" darstelle.[246]

Tatsächlich enthält der EU-Vorschlag eine Erweiterung des überkommenen Dualsystems mit dreijährigen Ausbildungsgängen und alleiniger Zielsetzung Facharbeiterebene. Er betrifft speziell das Zusammenwirken von Betrieb und Schule und regelt die Aufgaben beider Seiten ganz im Sinne der im Gutachten vom Jahre 1964 des Deutschen Ausschusses für das Erziehungs- und Bildungswesen, Leitung Prof. Wilhelm Hahn, und des vom ersten deutschen Ordinarius für Berufspädagogik, Heinrich Abel, als Ausschussmitglied geprägten Begriffs *Dualsystem*.

**Ausweitung dualer Ausbildungsgänge**

Die EU-Empfehlung vom Jahre 1979 zielt darauf, die Zeitdauer für das Erfahrungslernen im Betrieb und den Besuch der Teilzeitberufsschule je nach Art der Ausbildungsordnung und den damit gestellten Anforderungen festzulegen (vgl. Abb. 16 in Kap. 3.2).

Bei genauer Prüfung bezieht sich die EU-Empfehlung also auf alle Bildungswege und nicht – wie in Deutschland vorrangig betrachtet – nur auf die duale berufliche Erstausbildung. Dazu gehören nämlich auch kürzere Ausbildungsgänge als drei Jahre ebenso wie solche für höhere Qualifizierungen, Wege für das Umsteigen in andere Fachgebiete und spezielle Angebote für benachteiligte Jugendliche mit entsprechendem Abschluss. Ferner überwindet die EU-Empfehlung die Trennung zwischen Dualsystem und berufsqualifizierenden Vollzeitschulen, indem auch in letzteren entsprechende Betriebspraktika einzubeziehen sind.

**Betriebspraktika auch für Vollzeitschulen**

Beim eingehenden Studium der Vorschläge ist aus deutscher Sicht festzustellen, dass gerade diese EU-Initiative den Kern der heute in Deutschland bestehenden Probleme trifft, also als Richtschnur für Reformen gelten könnte. Dabei käme es auch darauf an, alle am Bildungsprozess beteiligten Organisationen in die Verantwortung zu nehmen, so z. B. auch beim Zusammenwirken von Betrieb und Berufsschule, wogegen bereits laut Berufsbildungsgesetz von 1969 die alleinige Verantwortung beim Betrieb liegt.

---

[246] Länderberichte über den Stand der Durchführung der Entschließung des Rates der Europäischen Gemeinschaft vom 18.12.1979 über die alternierende Ausbildung von Jugendlichen. Brüssel 1982

**Fehlende gesetzliche Grundlagen** | Im Bereich der dualen Berufsausbildung werden von Seiten der Ausbilder im Betrieb als auch der Lehrer der Berufsschule bisher zweifelsfrei gute Voraussetzungen mitgebracht. So ist festzustellen, dass es Ausbildern und Lehrern oft gelingt, bei Erfüllung ihrer wahrgenommenen Aufgaben zusammenzuwirken und sich gegenseitig zu ergänzen, womit eine echte duale Kooperation erreicht wird. Ohne eine gesetzliche Neuordnung, die die Aufgaben auf beiden Seiten verpflichtend definiert und die im Betrieb und in der Berufsschule erbrachten Leistungen in die Abschlussprüfungen gleichrangig einbezieht, kann allerdings keine grundlegende Verbesserung eintreten.

**Lissabon 2000** | Das Reformpaket Lissabon 2000 zielt darauf, die EU zu einem wettbewerbsstarken Wirtschaftsraum zu entwickeln und insbesondere die Wechselbeziehungen zwischen Berufsbildungssystem und wirtschaftlicher Prosperität zu intensivieren. Als bahnbrechender Reformansatz wird die Realisierung des Grundsatzes lebenslanges Lernen gefordert. Insgesamt wird mit Lissabon 2000 von der EU die bisher umfangsreichste Reforminitiative in der beruflichen Bildung eingeleitet.

**Deutschland: Land der Erstausbildung** | Im Zentrum dieser Initiativen steht die Stärkung der wirtschaftlichen Entwicklung sowie die volle Ausschöpfung des Fachkräftepotenzials. Damit angesprochen ist vor allem die berufliche Bildung und vorrangig der Sektor Weiterbildung, der derzeit im deutschen System als unterentwickelt gilt, denn Deutschland versteht sich immer noch als Land der Erstausbildung.

Der EU-Vorschlag folgt der sich in den letzten Jahrzehnten länderübergreifend abzeichnenden Verschiebung des Schwerpunkts von der Erstausbildung zur Weiterbildung. Damit steht dieses Bestreben der gegenwärtigen Aufgabenstellung der beruflichen Bildung in Deutschland diametral entgegen. Eine Umorientierung des deutschen Systems erscheint somit zwingend erforderlich.

Verfolgt man die Entwicklung in den letzten Jahren, ist festzustellen, dass in Deutschland bisher hinsichtlich dieser Zielsetzung weder Veränderungen diskutiert noch herbeigeführt wurden. Andererseits mehren sich zeitgleich positive Stellungnahmen zur Qualität des deutschen Berufsbildungssystems mit dem Ergebnis, dass keine Reformen nötig sind, wie es etwa im hier als Beispiel angeführten Bericht der Bundesregierung an die EU vom Jahre 2005 zum Ausdruck kommt:

„Deutschland bringt in die europäische Entwicklung ein wirksames und bewährtes, weil an der beruflichen Praxis orientiertes Berufsbildungssystem ein."[247]

**Stärkung der wirtschaftlichen Prosperität** | Die Förderung der wirtschaftlichen Prosperität im Kontext einer Informations- und Wissensgesellschaft stellt länderübergreifend neue Anforderungen an die berufliche Aus- und Weiterbildung. Beide Bereiche sind eng miteinander zu

---

[247] Europäische Kommission (Hrsg.): Umsetzung des Arbeitsprogramms „Allgemeine und berufliche Bildung 2010". Fortschrittsbericht 2005 Deutschland. Brüssel 2005, S. 21

verzahnen und modular zu strukturieren, wodurch sich eine rasche Anpassung der Arbeitskräfte an neue Qualifikationserfordernisse wie auch ihre Beschäftigungsfähigkeit dauerhaft sicherstellen lässt. Während sich die überkommene Ausbildung im Dualsystem allein auf die Facharbeiterebene konzentriert, sind im Gegensatz dazu flexible Wege zur Höherqualifizierung sowie zur beruflichen Umorientierung auszubauen.

Wie in Kapitel 1.1 dargestellt, blieb Deutschland als bevölkerungsreichstes EU-Mitglied auf das Wirtschaftswachstum bezogen über Jahre hinweg erheblich hinter den anderen europäischen Staaten zurück. Die gegenwärtige verschärfte wirtschaftliche Krise betrifft insbesondere den industriellen Sektor und die Exportwirtschaft; schon der Rückwirkungen auf das deutsche Dualsystem wegen sind dringend Reformen in der beruflichen Bildung nötig. Es ist daher unverständlich, dass diese Problematik in derzeitigen Reformdiskussionen kaum Beachtung findet.

Allen Jugendlichen arbeitsmarktrelevante und ausbaufähige Möglichkeiten der beruflichen Qualifizierung zu bieten, stellt die Grundvoraussetzung für die Sicherung des Fachkräftebedarfs und damit die wirtschaftliche Prosperität dar. Deutschland kann nicht weiter hinnehmen, dass Jahr für Jahr ein hoher Anteil Jugendlicher von beruflicher Qualifizierung abgedrängt und nach Jahren in Warteschleifen ihrem Schicksal als Ungelernte überlassen bleibt. Im Sinne der vorgelegten Überlegungen rasch zu handeln, würde die wirtschaftliche Prosperität langfristig fördern. Ein Verharren in eingefahrenen Gleisen hieße die Neujustierung des Bildungswesens auf die lange Bank zu schieben bis der Handlungsbedarf derart offenbar wird, dass selbst starke Interessengruppen den Umbau des deutschen Systems nicht mehr zu blockieren vermögen. Weiteres Zögern erscheint hochriskant, schmerzhaft und kostenintensiv. Mit der Zielsetzung, die Zukunftsfähigkeit von Bildung und Berufsbildung herzustellen, sind zweifelsfrei Staat und Gesellschaft angesprochen.

**Berufliche Qualifizierung als Grundvoraussetzung**

Die vorangegangenen Abschnitte dieser Untersuchung veranschaulichen, dass Deutschland Gefahr läuft, noch stärker in eine Außenseiterrolle zu geraten. Seit langem driften Bildung und Ausbildung auseinander. Insbesondere mit Blick auf die volle Integration der beruflichen Bildung ins Bildungsgesamtsystem geht der Anschluss an die internationale Entwicklung verloren. Dieser Fehlentwicklung versuchten schon in früherer Zeit deutsche Pädagogen entgegenzuwirken. Es ist hier nicht möglich, auf die große Zahl namhafter Pädagogen, die sich für die berufliche Bildung einsetzten, ausführlich einzugehen. Als Beispiele sei auf Georg Kerschensteiner verwiesen, der sich dagegen aussprach, dass „die beruflich gerichteten Schulen gegenüber den allgemein gerichteten als an sich minderwertige Schulen" angesehen werden (1926), und ferner auf Eduard Spranger, der herausstellte: „Der Weg zur höheren Allgemeinbildung führt über den Beruf und nur über den Beruf" (1918).

**Deutschland in einer Außenseiterrolle**

**Konsequenzen** Der Ausbau der beruflichen Bildung nach den aktuellen Erfordernissen beansprucht kaum zusätzliche finanzielle Mittel, wenn es gelingt, die im Vorfeld beruflicher Bildung pro anno aufgebrachten Milliardenbeträge zur Finanzierung von Warteschleifen einzusparen und für Formen beruflicher Bildung nach EU-Standards zu verwenden (vgl. Kap. 4.1 bis 4.3). Damit eröffneten sich den bisher benachteiligten Jugendlichen und Heranwachsenden berufliche Perspektiven; zugleich würde dem Beschäftigungssystem ein ausreichendes Potenzial von Fachkräften zur Verfügung stehen.

Als Fazit der vorliegenden Untersuchung mit Zielsetzung Beseitigung erkannter Defizite im deutschen Qualifikationssystem werden in knapper Zusammenfassung folgende Reformvorschläge herausgestellt:

– Verabschiedung eines neuen umfassenden Berufsbildungsgesetzes: Das derzeitige spricht seit Jahren nur noch 30 % des Schulentlassjahrgangs an.

– Erarbeitung neuer Ausbildungsordnungen unter Einbeziehung von Praktikern aus Betrieb und Schule: Die derzeitigen Ordnungsmittel für die anerkannten Ausbildungsberufe entsprechen, wie nachgewiesen, nicht in ausreichendem Maße dem Charakter der dualen Ausbildung.

– Einrichtung berufsqualifizierender Ausbildungsgänge anstatt Einweisungen der Schulentlassenen ins Übergangssystem: Das heißt Ablösung aller nicht anschlussfähigen Maßnahmen, die bisher als Positivum allein die Quote der gemeldeten Arbeitslosen senken, während für die Jugendlichen hinsichtlich der Eingliederung in die Berufs- und Arbeitswelt keine Perspektiven erkennbar sind.

– Veränderung des Prüfungswesens: Notwendig ist eine die ganze Breite der beruflichen Bildung umfassende staatliche Prüfungshoheit, wobei auch über den Weg des lebenslangen Lernens informell erworbene Qualifikationen anzuerkennen sind.

– Einbeziehung der beruflichen Bildung ins Bildungsgesamtsystem: Überwindung der in Deutschland immer noch dominierenden neuhumanistischen Sichtweise, die bereits seit dem 19. Jahrhundert die berufliche Bildung aus dem Bildungssystem ausgrenzt.

– Beachtung der von der Europäischen Union im Benehmen mit den Mitgliedsländern erarbeiteten Reformgrundsätze: Bisher verhindern oftmals wiederholte unrichtige Einschätzungen des deutschen Qualifikationssystems die Realisierung dringend erforderlicher Initiativen der Weiterentwicklung.

**Anhang**

# Mitwirkende

**Barmettler, Hugo,** Dr. phil., Studium der Philosophie, Volkswirtschaft und Geschichte. Vizedirektor des eidgenössischen Bundesamts für Berufsbildung und Technologie (BBT) und Leiter des Leistungsbereichs Berufsbildung. Langjährige Tätigkeit als politischer Inlandkorrespondent, seit 1992 in der Berufsbildungsverwaltung tätig.

**Barr, George,** Dr., mehrjährige Forschungstätigkeit an der Brunel University im Bereich Untersuchung von Lernschwierigkeiten von Schülern im Fach Mathematik. Langjährige Tätigkeit im City & Guilds of London Institute; u. a. in der Entwicklung kompetenzbasierter Bewertungsmodelle für berufliche Abschlüsse. Ab 1994 National Quality Standard Manager für die externe Verifizierung von Qualifikationen, ab 1999 Group Policy Manager. Leitung von Forschungsprojekten. Derzeit als unabhängiger Berater für berufliche Bildung tätig für City & Guilds, Institute of Legal Executives (ILEX), Chartered Institute of Public Relations (CIPR) sowie UK Skills.

**Brater Michael,** Prof. Dr. phil., MA, Soziologe, nach langjähriger Forschungstätigkeit an der Universität München 1980 Mitbegründer der Gesellschaft für Ausbildungsforschung und Berufsentwicklung. Arbeitsschwerpunkte Berufliche Aus- und Weiterbildung, Organisationsentwicklung. Professur für Bildungsforschung, Berufspädagogik und Kulturpädagogik an der Alanus-Hochschule für Kunst und Gesellschaft, Alfter.

**Dörflinger, Rolf,** Dipl.-Gewerbelehrer, Oberstudiendirektor a. D., früherer Schulleiter der Balthasar-Neumann-Schule I Bruchsal (1993 bis 2004), 1993 bis 2004 Vorsitzender des BLBS-BW, Mitglied verschiedener Beratergremien, Fachbuchautor.

**Knutti, Peter,** Studium der Erziehungswissenschaften (Bildungssysteme und -Planung) an der Universität Genf. Projektleiter zahlreicher Berufsbildungsprojekte und -innovationen und Autor u.a. des „Lexikons der Berufsbildung", der „Dokumentationen Berufsbildung" und des „Handbuchs betriebliche Grundbildung". Leiter des Medienbereichs Berufsbildung am Schweiz. Dienstleistungszentrum Berufsbildung / Berufs-, Studien- und Laufbahnberatung SDBB in Bern.

**Maus, Ulrike,** Diplom-Übersetzerin; bis 1989 wissenschaftliche Angestellte am Institut für Berufspädagogik der Universität Karlsruhe (TH), seither freie Mitarbeiterin der Projektgruppe Vergleichende Berufspädagogik.

**Schlögl, Peter,** Mag. phil., Studium der Biologie und Philosophie. Seit 1998 am Österreichischen Institut für Berufsbildungsforschung und seit 1999 dessen Geschäftsführender Institutsleiter. Aktuelle Forschungsschwerpunkte sind: Bildungsentscheidungen, professionelle Beratungsdienste im Bildungswesen sowie lebenslanges Lernen.

**Sitzmann, Rolf,** Dipl.-Handelslehrer, Lehrer an Kaufmännischen Schulen, Referent für Kaufmännische Schulen beim Oberschulamt Karlsruhe, von 1971 bis 1996 Direktor des Staatlichen Seminars für Didaktik und Lehrerbildung (berufliche Schulen) Karlsruhe. Während der Laufzeit des deutsch-französischen Modellversuchs „Contrôle continu" (1974 bis 1980) Leiter der vom federführenden Ministerium für Kultus und Sport Baden-Württemberg am Karlsruher Seminar eingerichteten Geschäftsstelle für die Durchführung und für die wissenschaftliche Begleitung des Vorhabens.

**Stooß, Friedemann**, Sozialpädagoge, Leiter des Bereichs Berufs- und Qualifikationsforschung im Forschungsinstitut der Bundesanstalt für Arbeit (IAB), Nürnberg, bis 1993. Wirtschaftsabitur, Lehre und Tätigkeit als Industriekaufmann, Studium in Dortmund, 1960 bis 1967 Berufsberater, danach Wechsel zum IAB. Arbeitsschwerpunkte: Wandel der Berufs- und Qualifikationsstruktur, Nutzung neuer Technologien, Raster zu Tätigkeitsmerkmalen, zum Arbeitsmitteleinsatz und zur systematischen Erfassung von Berufen.

**Waterkamp, Dietmar**, Prof. Dr. phil., Professor für Vergleichende Erziehungswissenschaft an der Technischen Universität Dresden. Von 2002 bis 2005 Vorsitzender der Sektion International und Interkulturell Vergleichende Erziehungswissenschaft der Deutschen Gesellschaft für Erziehungswissenschaft. Arbeitsschwerpunkte: Organisatorische Verfahren im Bildungswesen, Schulen in freier Trägerschaft.

**Zettelmeier, Werner,** Politikwissenschaftler, seit 1988 wiss. Mitarbeiter am Centre d'Information et de Recherche sur l'Allemagne Contemporaine (CIRAC), Frankreich, sowie seit 1999 Professeur associé an der Universität Cergy-Pontoise, Frankreich. Arbeitsschwerpunkte: Vergleich des deutschen und französischen Bildungssystems (Berufsbildung, Hochschulorganisation, Qualifizierung von Führungskräften in beiden Systemen).

# Abkürzungen

| | |
|---|---|
| **A** | Österreich |
| **ABB** | **D:** Arbeitsstelle für Betriebliche Berufsausbildung |
| **ABl** | Amtsblatt |
| **AHR** | **D:** Allgemeine Hochschulreife |
| **AHS** | **A:** Allgemeinbildende höhere Schulen |
| **APLFG** | **D:** Ausbildungsplatzförderungsgesetz |
| **BA** | **D:** Bundesagentur für Arbeit |
| **BAG** | **A:** Berufsausbildungsgesetz |
| **BBF** | **D:** Bundesinstitut für Berufsbildungsforschung (heute Bundesinstitut für Berufsbildung) |
| **BBiG** | **D:** Berufsbildungsgesetz |
| **BBT** | **CH:** Bundesamt für Berufsbildung und Technologie |
| **BDA** | **D:** Bundesvereinigung der Deutschen Arbeitgeberverbände |
| **BDI** | **D:** Bundesverband der Deutschen Industrie |
| **BerBiFG** | **D:** Berufsbildungsförderungsgesetz |
| **BGJ** | **D:** Berufsgrundbildungsjahr |
| **BHS** | **A:** Berufsbildende höhere Schulen |
| **BIBB** | **D:** Bundesinstitut für Berufsbildung, früher Bundesinstitut für Berufsbildungsforschung |
| **BLBS** | **D:** Bundesverband der Lehrerinnen und Lehrer an beruflichen Schulen |
| **BLK** | **D:** Bund-Länder-Kommission für Bildungsplanung und Forschungsförderung |
| **BMBF** | **D:** Bundesministerium für Bildung und Forschung |
| **BMS** | **A:** Berufsbildende mittlere Schulen |
| **BRP** | **A:** Berufsreifeprüfung |
| **BVerG** | **D:** Bundesverfassungsgericht |
| **BVJ** | **D:** Berufsvorbereitungsjahr |
| **CAP** | **F:** Certificat d'Aptitude Professionnelle, *Berufsbefähigungszeugnis* |
| **CEDEFOP** | Europäisches Zentrum für die Förderung der Berufsbildung |
| **CFA** | **F:** Centre de Formation d'Apprentis, *Lehrlingsausbildungszentrum; begleitende Teilzeitschule in der betrieblichen Ausbildung* |
| **CH** | Schweiz |
| **CIRAC** | **F:** Centre d'Information et de Recherche sur l'Allemagne Contemporaine, *Französisches Institut für Deutschlandforschung* |
| **D** | Deutschland |
| **DATSCH** | **D:** Deutscher Ausschuß für das Technische Schulwesen |
| **DGB** | **D:** Deutscher Gewerkschaftsbund |
| **DIHK** | **D:** Deutscher Industrie- und Handelkammerstag |
| **EBA** | **CH:** Eidgenössisches Berufsattest |
| **ECTS** | European Credit Transfer System *Europäisches System zur Anrechnung, Übertragung und Akkumulierung von Studienleistungen* |
| **ECVET** | European Credit Transfer System for Vocational Education and Training *Europäisches Leistungspunktesystem für die Berufsbildung* |
| **EFZ** | **CH:** Eidgenössisches Fähigkeitszeugnis |
| **EQF** | European Qualifications Framework *Europäischer Qualifikationsrahmen* |

| | |
|---|---|
| **EQJ** | **D:** Einstiegsqualifizierung für Jugendliche |
| **EQR** | Europäischer Qualifikationsrahmen |
| **ETH** | **CH:** Eidgenössische Technische Hochschule |
| **EU** | Europäische Union |
| **EUROSTAT** | Statistisches Amt der Europäischen Union |
| **EWG** | Europäische Wirtschaftsgemeinschaft |
| **FH** | **A/D:** Fachhochschule |
| **FHR** | **D:** Fachhochschulreife |
| **FHS** | **CH:** Fachhochschule |
| **GEW** | **D:** Gewerkschaft Erziehung und Wissenschaft |
| **GG** | **D:** Grundgesetz |
| **HwO** | **D:** Handwerksordnung |
| **IAB** | **D:** Institut für Arbeitsmarkt- und Berufsforschung (der Bundesagentur für Arbeit) |
| **IKBB** | **D:** Innovationskreis berufliche Bildung |
| **ISCED** | International Standard Classification of Education<br>*UNESCO-Klassifikation der Bildungsebenen* |
| **IHK** | **D:** Industrie- und Handelskammer |
| **JASG** | **A:** Jugendausbildungssicherungsgesetz |
| **KMK** | **D:** Kultusministerkonferenz |
| **KWB** | **D:** Kuratorium der deutschen Wirtschaft für Berufsbildung |
| **NVQ** | **VK:** National Vocational Qualification,<br>*Nationaler beruflicher Befähigungsnachweis* |
| **OECD** | Organization for Economic Cooperation and Development<br>*Organisation für wirtschaftliche Zusammenarbeit und Entwicklung* |
| **PISA** | Programme for International Student Assessment<br>*OECD-Projekt zur Bewertung von Schülerleistungen* |
| **SEK** | Sekundarstufe |
| **SGB** | **D:** Sozialgesetzbuch |
| **UN** | United Nations, *Vereinte Nationen* |
| **UNESCO** | United Nations Educational, Scientific and Cultural Organization<br>*Organisation der Vereinten Nationen für Erziehung, Wissenschaft und Kultur* |
| **VK** | Vereinigtes Königreich |
| **ZDH** | **D:** Zentralverband des Deutschen Handwerks |

# Literaturverzeichnis

Aktionsrat Bildung: Bildungsrisiken und -chancen im Globalisierungsprozess. Jahresgutachten 2008. Hrsg.: Vereinigung der Bayerischen Wirtschaft e. V. Wiesbaden 2008

Alex, Laszló/Stooß, Friedemann (Hrsg.): Berufsreport. Berlin 1996

Archan, Sabine: Modularisierung der Lehrlingsausbildung. Status quo Analyse und Expertenbefragung. ibw-Schriftenreihe Nr. 130. Institut für Bildungsforschung der Wirtschaft, Wien 2006

Aufstieg durch Bildung – Qualifizierungsinitiative der Bundesregierung. Januar 2008

Baetghe, M. u. a.: Berufsbildungs-PISA, Machbarkeitsstudie. Wiesbaden 2006

Baethge, M./Solga, H./Wieck, M.: Berufsbildung im Umbruch. Signale eines überfälligen Aufbruchs. Studie im Auftrag der Friedrich-Ebert-Stiftung. Berlin 2007

Barroso, José Manuel: Politische Leitlinien für die nächste Kommission. Brüssel, 3. September 2009

Beck, Ulrich/Brater, Michael/Daheim, Hansjürgen: Soziologie der Arbeit und der Berufe. Reinbek bei Hamburg 1980

Bertelsmann Stiftung (Hrsg.): Berufliche Bildung der Zukunft, Carl Bertelsmann Preis 1999. Bd. 1 Dokumentation zur internationalen Recherche. Gütersloh 1999

Bertelsmann Stiftung (Hrsg.:) Berufliche Bildung der Zukunft, Carl Bertelsmann Preis 1999. Bd. 2: Dokumentation zu Symposium und Festakt. Gütersloh 1999

Berufliche Bildung in Europa. Viertes bildungspolitisches Gespräch Dortmund, 18. und 19. November 1966. Hrsg.: Arbeitskreis für Europakunde. Bonn 1967

Beschluss 63/266/EWG des Rates über die Aufstellung allgemeiner Grundsätze für die Durchführung einer gemeinsamen Politik der Berufsausbildung. ABl. 63 vom 20.4.1963

Beschlussempfehlung und Bericht des Ausschusses für Bildung, Forschung und Technikfolgenabschätzung. Deutscher Bundestag, 15. Wahlperiode. Drucksache 15/4752

BIBB REPORT 2/ 2007: „Deutlich längere Dauer bis zum Ausbildungseinstieg – Schulabsolventen auf Lehrstellensuche"

BIBB: Datenreport zum Berufsbildungsbericht 2009. Bonn 2009

BIBB: Jahresbericht 2007/08, Bonn 2008

Bildung in Deutschland 2008. Ein indikatorengestützter Bericht mit einer Analyse zu Übergängen im Anschluss an den Sekundarbereich I. Hrsg.: Autorengruppe Bildungsberichterstattung. Bielefeld 2008

Bildung in Deutschland. Ein indikatorengestützter Bericht mit einer Analyse zu Bildung und Migration. Hrsg.: Konsortium Bildungsberichterstattung im Auftrag der KMK und des BMBF. Bielefeld 2006

Bildung macht reich. Mehr Praxisorientierung in Bildung und Weiterbildung. Thesenpapier der Arbeitsgruppe Bildungs-, Forschungs- und Innovationspolitik des Managerkreises der Friedrich-Ebert-Stiftung. Bonn 2009

Blankertz, Herwig/ Derbolav, Josef u. a. (Hrsg.): Enzyklopädie Erziehungswissenschaft Bd. 9, Teil 1: Sekundarstufe II: Jugendbildung zwischen Schule und Beruf. Stuttgart, Dresden 1995

Bonz, Bernard; Kochendörfer, Jürgen; Schanz, Heinrich (Hrsg.): Lernfeldorientierter Unterricht und allgemeinbildende Fächer. (Berufsbildung konkret Bd. 9) Schneider Verlag Hohengehren, Baltmannsweiler 2009

Brater, Michael; Bauer, Hans G. u. a.: Lern(prozess)begleitung in der Ausbildung. Wie man Lernende begleiten und Lernprozesse gestalten kann. Bielefeld 2006

Brater, Michael; Büchele, Ute u. a: Berufsbildung und Persönlichkeitsentwicklung, Stuttgart 1988

Bundesagentur für Arbeit, Nürnberg (Hrsg.): Beruf aktuell 2008/2009

Bundesinstitut für Berufsbildung (Hrsg.): Wie entstehen Ausbildungsberufe? Leitfaden zur Erarbeitung von Ausbildungsordnungen mit Glossar. Bonn 2003

Bundesministerium für Bildung und Forschung (Hrsg.): 10 Leitlinien zur Modernisierung der beruflichen Bildung – Ergebnisse des Innovationskreises berufliche Bildung. Bonn, Berlin 2007

Bundesministerium für Bildung und Forschung (Hrsg.): Auswirkungen von demographischen Entwicklungen auf die berufliche Ausbildung. Bonn/Berlin 2009

Bundesministerium für Bildung und Forschung (Hrsg.): Das europäische Haus der Bildung: Bildung und Wirtschaft – Eine neue Partnerschaft. Konferenz der europäischen Bildungsminister, Budapest 24.–26. Juni 1999. Bonn 1999

Bundesministerium für Bildung und Forschung, Bonn (Hrsg.): Berufsbildungsbericht 2008. Berlin, Bonn 2008

Bundesministerium für Bildung und Forschung, Bonn (Hrsg.): Berufsbildungsbericht 2009. Berlin, Bonn 2009

Cathiau, Thomas: Chronik der Gewerbeschule der grossh. bad. Landeshauptstadt Karlsruhe von ihrer Gründung bis zum Jahre 1902. Karlsruhe 1902: Macklot. (Beilage zum 52. Jahresbericht für das Schuljahr 1901/02)

Dehen, Peter: Die deutschen Industriewerkschulen in wohlfahrts-, wirtschafts- und bildungsgeschichtlicher Beleuchtung. München 1928

Deißinger, Thomas: Beruflichkeit als „organisierendes Prinzip" der deutschen Berufsausbildung. Markt Schwaben 1998

Der Bundesminister für Bildung und Wissenschaft: Grundsätze zur Neuordnung der Berufsbildung (Markierungspunkte). Vom Bundeskabinett am 15. November 1973 beschlossen.

Deutscher Bildungsrat: Empfehlungen der Bildungskommission 1967–1969, Stuttgart 1970

Deutscher Gewerkschaftsbund (DGB): Grundrecht auf Ausbildung. Materialien zur Initiative und Rechtslage. Berlin, Stand: April 2009

Die Koordinierung der Berufsausbildung in der Kultusministerkonferenz. Festschrift anlässlich der 250. Sitzung des Unterausschusses für Berufliche Bildung der Ständigen Konferenz der Kultusminister der Länder in der Bundesrepublik Deutschland (UABBi) am 16./17. Juni 2005 in Potsdam. Hg. von Klaus Illerhaus, Senatsrat im Sekretariat der Kultusministerkonferenz. Bonn 2005

Diskussionsvorschlag eines Deutschen Qualifikationsrahmens für lebenslanges Lernen. Erarbeitet vom „Arbeitskreis Deutscher Qualifikationsrahmen". Februar 2009

Empfehlungen und Gutachten des Deutschen Ausschusses für das Erziehungs- und Bildungswesen 1953 – 1965, Gesamtausgabe 1966

Entwurf des Gemeinsamen Fortschrittsberichts 2008 des Rates und der Kommission über die Umsetzung des Arbeitsprogramms „Allgemeine und berufliche Bildung 2010". „Wissen, Kreativität und Innovation durch lebenslanges Lernen." Rat der Europäischen Union. Brüssel, den 31. Januar 2008, (5723/08)

Euler, Dieter (Hrsg.): Handbuch der Lernortkooperation. Bd. 1: Theoretische Fundierungen; Bd. 2: Praktische Erfahrungen. Bielefeld 2003

Europäische Kommission (Hrsg.): Umsetzung des Arbeitsprogramms „Allgemeine und berufliche Bildung 2010". Fortschrittsbericht 2005 Deutschland. Brüssel 2005

Europäischer Rat Lissabon, 23. u. 24. März 2000. Schlussfolgerungen des Vorsitzes

Fenger, Herbert: Betriebsberufsschulen in der Bundesrepublik Deutschland. In: Jahrbuch für Wirtschafts- und Sozialpädagogik 1969. Hrsg.: Dr.-Kurt-Herberts-Stiftung zur Förderung von Forschung und Lehre der Wirtschafts- und Sozialpädagogik e.V. Köln

Gemeinsames Ergebnisprotokoll betreffend das Verfahren bei der Abstimmung von Ausbildungsordnungen und Rahmenlehrplänen im Bereich der Beruflichen Bildung zwischen der Bundesregierung und den Kultusministern(-senatoren) der Länder vom 30.05.1972

Greinert, Wolf-Dietrich: Realistische Bildung in Deutschland. Ihre Geschichte und aktuelle Bedeutung. Hohengehren 2003

Grüner, Gustav: Das duale System. In: Die berufsbildende Schule, 26. Jg., Heft 7/8 1974

Grüner, Gustav: Die Berufsschule im ausgehenden 20. Jahrhundert. Ein Beitrag zur Berufsbildungspolitik. Bielefeld 1984

Gutman, Emil: Die Gewerbeschule Badens 1834/1930. Bühl: Konkordia 1930

Hesse, Hans Albrecht: Berufe im Wandel. Stuttgart 1972

Hochschulzugang für beruflich qualifizierte Bewerber ohne schulische Hochschulzugangsberechtigung. Beschluss der KMK vom 06.03.2009

Humboldt; Wilhelm v.: Schriften zur Politik und zum Bildungswesen. Hrsg. A. Flitner und K. Giel, Darmstadt 2002

Innovationskreis berufliche Bildung: 10 Leitlinien zur Modernisierung und Strukturverbesserung der beruflichen Bildung. Empfehlungen und Umsetzungsvorschläge. Berlin 2007

Kaiser, Franz-Josef/Pätzold, Günter (Hrsg.): Wörterbuch der Berufs- und Wirtschaftspädagogik. Bad Heilbrunn/Hamburg 1999

Kerschensteiner, Georg: Beobachtungen und Vergleiche über Einrichtungen für gewerbliche Erziehung außerhalb Bayern. München 1901

Kittner, Michael: Berufliche Qualifikation in der Rechtsordnung. Bd. 94 Schriftenreihe der IG Metall, Frankfurt am Main 1982

Kommission der Europäischen Gemeinschaften: Alternierende Ausbildung für Jugendliche (Mitteilung der Kommission an den Rat. KOM(79) 578 vom 29.10.1979

Kommuniqué von Helsinki über die verstärkte europäische Zusammenarbeit in der Berufsbildung. Kommuniqué der für Berufsbildung zuständigen europäischen Minister, der europäischen Sozialpartner und der Europäischen Kommission – Überprüfung der Prioritäten und Strategien des Kopenhagen-Prozesses in Helsinki am 5. Dezember 2006

Krekel, Elisabeth M./Ulrich, Joachim Gerd (Bundesinstitut für Berufsbildung): Jugendliche ohne Berufsabschluss. Handlungsempfehlungen für die berufliche Bildung. Kurzgutachten. Copyright by Friedrich-Ebert-Stiftung, Berlin 2009

Landesgewerbeamt Baden-Württemberg Direktion Karlsruhe (Hrsg.): Dokumentation zum Kongress „Berufliche Bildung. Wandel der Arbeitswelt – Herausforderungen für die berufliche Bildung." vom 24. März 2004 in der Industrie- und Handelskammer Karlsruhe. Karlsruhe 2004

Landesregierung von Nordrhein-Westfalen: Weiterentwicklung der Beruflichen Bildung in Nordrhein-Westfalen. Grundlage für wirtschaftliche Innovation und gesellschaftliche Entwicklung. Düsseldorf 2008

Lasserre, René; Lattard, Alain: Berufliche Bildung in der Bundesrepublik Deutschland. Spezifika und Dynamik des dualen Systems aus französischer Sicht. Hrsg.: G. Rothe (Materialien zur Berufs- und Arbeitspädagogik Bd. 11), Villingen-Schwenningen 1994

Monsheimer, Otto: Drei Generationen Berufsschularbeit. Gewerbliche Berufsschulen. (Beiträge zur Geschichte und Systematik der Berufsschulpädagogik). Weinheim: Beltz o. J.

Nebenius, C. F.: Über technische Lehranstalten in ihrem Zusammenhange mit dem gesammten Unterrichtswesen und mit besonderer Rücksicht auf die Polytechnische Schule zu Karlsruhe. Erschienen in Karlsruhe, Verlag der Chr. Fr. Müller'schen Hofbuchhandlung.

Neß, Harry: Generation abgeschoben. Warteschleifen und Endlosschleifen zwischen Bildung und Beschäftigung. Daten und Argumente zum Übergangssystem. Hrsg.: Hauptvorstand der Gewerkschaft Erziehung und Wissenschaft (GEW). Bielefeld 2007

Ossenbühl, Fritz: Zur verfassungsrechtlichen Pflicht der Arbeitgeber, betriebliche Ausbildungsplätze bereitzustellen. Rechtsgutachten erstellt im Auftrag des Bundesministers für Bildung und Wissenschaft. In: BMBW, Bonn, Studien zu Bildung u. Wissenschaft, Bd. 10, Bad Honnef 1985

Rat der Europäischen Union: Detailliertes Arbeitsprogramm zur Umsetzung der Ziele der Systeme der allgemeinen und beruflichen Bildung in Europa. Dok. 6365/02. Amtsblatt der Europäischen Gemeinschaften C 142 vom 14.6.2002

Rauner, Felix (Hrsg.): Handbuch Berufsbildungsforschung. Bielefeld 2006

Rauner, Felix: Steuerungsmerkmale beruflicher Bildung im transnationalen Vergleich – Überblick und Handlungsfelder. Vortrag anlässlich des Expertengesprächs: „Steuerung und Gestaltung der beruflichen Bildung – wie weiter in Europa?" Bertelsmann Stiftung, Berlin, 11.02.2009 (http://www.ibb-2010.de/fileadmin/user/Vergleichende_Berufsbildungsforschung/ Bertelsmann_Expertengespraech11_02_2009V__2_.pdf)

Rechtsprobleme der Berufsausbildung. Rechtsgutachten im Auftrag der Max-Traeger-Stiftung. Erstattet v. Prof. Dr. Hermann Avenarius, Deutsches Institut f. Internationale Pädagogische Forschung, Frankfurt a. M., und Dr. Johannes Rux, Fernuniversität in Hagen. Frankfurt a.M./Hagen, August 2003; (http://www.gew.de/Binaries/Binary29149/Rechtsgutachten%20Avenarius.pdf)

Rothe, G.: Berufliche Bildung in Deutschland. Das EU-Reformprogramm „Lissabon 2000" als Herausforderung für den Ausbau neuer Wege beruflicher Qualifizierung im lebenslangen Lernen. Universitätsverlag Karlsruhe. Karlsruhe 2008

Rothe, G.: Lehrerbildung für gewerblich-technische Berufe im europäischen Vergleich. Vorschläge für eine Umstrukturierung der Studiengänge samt Konsequenzen für das nationale Berufsbildungssystem. Karlsruhe 2006

Rothe, G.: Alternanz – die EU-Konzeption für die Berufsausbildung. Erfahrungslernen Hand in Hand mit Abschnitten systematischer Ausbildung. Dargestellt unter Einbeziehung von Ergebnissen aus Ländervergleichen. Karlsruhe 2004

Rothe, G.: Die Systeme beruflicher Qualifizierung Deutschlands, Österreichs und der Schweiz im Vergleich. Kompendium zur Aus- und Weiterbildung unter Einschluss der Problematik Lebensbegleitendes Lernen. Wien/Luzern/Villingen-Schwenningen 2001

Rothe, G.: Berufliche Bildung in Stufen. Modellstudie zur Neuordnung der Berufsschulen in Baden-Württemberg, dargestellt am Raum Schwarzwald-Baar-Heuberg. Hrsg.: Kultusministerium Baden-Württemberg. (Bildung in neuer Sicht: Reihe A, Nr. 7), Villingen 1968

Rothe, G.: Die Entwicklung der Gesellenprüfung. Unter besonderer Berücksichtigung der Verhältnisse im ehemaligen Württemberg. In: Die Gewerbeschule. Zeitschrift für das gewerblich-fachliche Unterrichts- und Bildungswesen. 44. Jg., H. 1 u. 2/1953

Schanz, Heinrich: Institutionen der Berufsbildung. Vielfalt der Gestaltungsformen und Entwicklung. (Studientexte Basiscurriculum Berufs- und Wirtschaftspädagogik Bd. 2) Hrsg.: Bernhard Bonz, Reinhold Nickolaus und Heinrich Schanz. Schneider Verlag Hohengehren, Baltmannsweiler 2006

Stärkung von Innovation, Forschung und Bildung. Bulletin EU 3-2007. Schlussfolgerungen des Vorsitzes (5/11); http://europa.eu/bulletin/de/200703/i1006.htm

Statistisches Bundesamt (Hrsg.): Statistisches Jahrbuch 2007

Statistisches Bundesamt (Hrsg.): Klassifizierung der Berufe; Personensystematik – Ausgabe 1992. Wiesbaden 1992

Stender, Jörg: Berufsbildung in der Bundesrepublik Deutschland. Teil 2: Reformansätze in der beruflichen Bildung. Stuttgart 2006

Stooß, Friedemann: Das Verhältnis von Tätigkeit und erlerntem Beruf – eine Skizze zum Flexibilitätskonzept des IAB – für den Arbeitskreis „QUALIFIKATIONSBEDARF 2000" beim

Ministerium für Wirtschaft, Mittelstand und Technologie Baden-Württemberg. Nürnberg 1989

Studium über berufliche Bildung. Wege und Berechtigungen. Bonn, im September 2009; http://www.kmk.org/fileadmin/pdf/PresseUndAktuelles/2009/09-09_Hochschulzugang_Berufliche_Bildung.pdf (Abruf 14.10.09)

Tessaring, Manfred/Wannan, Jennifer: Berufsbildung – der Schlüssel zur Zukunft. Lissabon-Kopenhagen-Maastricht: Aufgebot für 2010. Synthesebericht des CEDEFOP zur Maastricht-Studie. Hrsg. CEDEFOP, Luxemburg 2004

The Bordeaux Communiqué on enhanced European cooperation in vocational education and training. Communiqué of the European Ministers for vocational education and training, the European social partners and the European Commission, meeting in Bordeaux on 26 November 2008 to review the priorities and strategies of the Copenhagen process; http://europa.eu/rapid/pressReleasesAction.do?reference=IP/08/1772&format=HTML&aged=0&language=DE&guiLanguage=en

Ware, George W.: Berufserziehung und Lehrlingsausbildung in Deutschland. Frankfurt am Main 1952

Wefelmeyer, R. u. H.: Lexikon der Berufsausbildung und Berufserziehung. Wiesbaden 1959

# Stichwortverzeichnis